그날이
우리의 창을
두드렸다

그날이
우리의 창을
두드렸다

세월호의 시간을 건너는
가족들의 육성기록

─416세월호참사 작가기록단 씀─

창비

봄은 어떻게 다시 오는가

그날 이후 다섯번째 봄입니다. 우리는 봄이 희망의 상징이기 힘든 시대를 살고 있습니다. 그러나 봄은 아직 절망의 상징 또한 아닙니다. 희망과 절망의 사이에, 깊이를 헤아릴 수 없는 상처를 입고 싸우는 사람들이 있습니다. 지난 5년간 세월호 참사의 진상규명과 안전사회 건설을 위한 '416운동'을 견인해온 세월호 유가족들입니다. 재난 유가족이 이렇게 지속적이고 광범위한 활동을 펼치는 것은 한국사회에서 유례가 없는 일입니다. 그 일은 어떻게 가능했던 것일까요. 세월호 유가족에게 지난 5년은 어떠한 시간으로 남아 있을까요.

유가족들은 말합니다. 이렇게 싸울 수 있었던 것은 가족을 잃었기 때문이라고요. 나보다 소중한 어린 자식을 잃었기 때문에, 사랑하는 형제자매를 잃었기 때문이라고요. 애도하고 싶은데 죽음의 이유조차 알려주지 않는 국가와 사회의 부정의함 때문이라고요. 그런데 정말 그것만이 이유일까요. 같은 상처가 있어도 그 상처를 안고 가는 길은 사람마다 다릅니다. 사람은 억울하기에 분노하고 싸우기도 하지만, 억울하므로 주저앉기도 합니다. 우리가 나약해서가 아니라 상처란 것의 속성과 그것을 이용하는 자들의 잔혹함 때문입니다. 각자가 놓인 삶의 조건 또한 모두 다르기에 한 사람의 선택이 어떻게 구성되는가를 밝히는 일은 쉽지 않습니다.

그러나 우리가 '싸우는 유가족'을 보며 분명하게 말할 수 있는 사실 하나가 있습니다. 그들이 펼치는 싸움의 빛깔에 관해서입니다. 그들은 그저 억울함을 풀기 위해서가 아니라, 부정의와 싸우기로 선택한 사람들입니다. 세상이 그들의 삶을 송두리째 흔들었지만, 뒤흔들려야 할 것은 세상임을 깨달았습니다. 너를 사랑하는 마음을, 너와 같은 모두를 살리는 마음으로 넓히기로 마음먹은 사람들입니다. 그들은 그날 이후 나를 둘러싼 세상을 이전과 다르게 구성하며 살아왔습니다.

그사이 세월호의 타임라인을 훑어보면 참으로 많은 일이 있었습니다. 2016년 9월 세월호 참사 특별조사위원회가 강제로 종료되었고, 그해 말 최순실 게이트가 터졌습니다. 탄핵을 촉구하는 촛불광장이 펼쳐졌고 시민의 힘으로 2017년 3월 대통령 박근혜를 파면하고야 말았습니다. 그리고 얼마 되지 않아 거짓말처럼 세월호가 수면 위로 올라왔습니다. 그해 5월 선거를 통해 정권이 바뀌었고, 가을에는 '사회적 참사의 진상규명 및 안전사회 건설 등을 위한 특별법'이 국회에서 통과되었습니다. 그리고 2018년 말, 2기 특별조사위원회가 조사 활동을 시작했습니다.

'사건'의 시간으로만 보자면 격변의 시간이었습니다. 얼핏 사건 해결의 진전이 이루어지는 것처럼 보이는 시간이기도 했습니다. 그 시간 속에서 참사를 겪은 한 사람 한 사람의 삶은 어떠한 궤적을 그렸을까요.

우리 사회는 참사를 겪은 한 사람이 그날 이후의 시간을 어떻게 살아내고 있는가를 묻고 듣는 일에 익숙하지 않습니다. 다시 말해, 아는 게 별로 없습니다. 세월호 이전에 한국사회에서 참사가 다루어지는 방식은 보통 다음과 같았습니다. 참사 직후 사건에 대한 진단이 남발되고, 사건 해결은 보상 문제로 축소됩니다. 참사에 대한 세간의 관심은 대개 시간이 지남에 따라 점차 사그라듭니다. 조금 '큰' 사건이라면 추념일에 불러내어 피해자의 안부를 묻기도 하지만 그렇게라도 기억되는 사건은 극소수에 불과합니다.

사회적 관심이 사라져도 피해자의 삶은 계속됩니다. 그러나 그의 삶은 완전히 변해버렸습니다. 사건 자체가 '해결'의 수준으로 마무리되는 일은 거의 없지만, 사회적 해결이 잘 이루어진다고 가정하더라도 피해자의 삶은 참사 이전의 모습으로 돌아가지 못합니다. 상실과 고통을 안은 채 낯선 삶을 살아가야 한다는 것은 무엇일까요. 참사의 피해자가 진실을 밝히기 위해 기약할 수 없는 긴 싸움을 해나간다는 것은 또 무엇일까요.

우리는 어렴풋한 질문 몇가지만을 품고 지난해 여름부터 416 가족협의회에서 활동하는 세월호 유가족과 생존자 가족을 만나기 시작했습니다. 세월호 피해자들 중 어째서 또 단원고 학부모의 이야기냐고 묻는 분이 계실지도 모르겠습니다. 우리는 지난 5년 동안 416운동의 중심에 섰던 유가족들의 시간을 주목했습니다. 재난을 사회적으로 함께 겪어내면서 이루어진 변화와 그 안에서 개인의 삶이 그린 지형을 보고자 했습니다. 반년 가까운 시간 동안 5명의 기록자가 53명의 세월호 참사 유가족과 4명의 생존자 가족을 인터뷰했습니다.

　6장으로 구성된 이 책은 '고통의 단어 사전'으로 시작합니다. 고통
이란 무엇일까요. 아프다, 무기력하다, 답답하다, 화가 난다, 우울하
다… 이렇게 감정이나 상태를 표현하는 말이 고통을 표현하는 말일
까요? 세월호 유가족의 '단어 사전'에는 문고리, 에어컨, 농담, 문진
표, 임플란트처럼 특별한 감정을 자극하지 않는 일상어들이 등장합
니다. 참사는 내가 일상이라고 알고 있던 모든 것이 부서지는 경험입
니다. 물건과 행동과 관계와 사건의 의미가 이전과는 전혀 다르게 다
가오게 됩니다. 삶 속에서 뜻하지 않은 순간에 부재를 인식하고, 그
부재의 결과를 몸에 새기는 일이 반복됩니다. 말로 표현할 수 없는
사회적 고통은 이 부서진 일상의 결을 하나씩 더듬어 살필 때에야 희
미하게라도 그 모습을 드러내는 것이 아닐까요.
　'고통의 단어 사전'의 뒤를 잇는 장 '세월호의 지도'는 세월호의
공간에 새겨진 기억에 관해 말하고자 합니다. 우리가 존재한다는 것
은 늘 어떠한 공간 속에 있다는 것입니다. 살아간다는 것은 시간만
이 아니라 공간과 맺는 관계를 포함합니다. 그렇기에 공간은 그 속에
선 사람들을 보여줍니다. 같은 유가족이라 하더라도 한 공간의 의미
를 모두가 같게 공유하는 것은 아닙니다. 유가족은 균질한 존재가 아
니기 때문입니다. 세월호 유가족들의 투쟁에서는 중요하게 기억되는
공간이 많습니다. 그것은 여러모로 이 사건의 특수성을 반영합니다.
세월호가 침몰한 곳은 팽목항 인근이지만 유가족들에게 투쟁의 거
점이 된 공간은 팽목만이 아닙니다. 세월호의 지도가 그리는 공간들
은 참사 이후 지금까지 유가족들에게 자행된 사회적 부정의를 증언

하고 있습니다.

세번째로 만나게 될 이야기는 '416가족의 탄생'입니다. 지난 5년 간 세월호 참사의 진상규명을 향해 뚜렷이 진전된 바가 있다면, 그것은 416세월호 참사 가족협의회의 성장일 것입니다. 이 장은 그것이 어떻게 가능했는지, 416가족협의회가 어떤 변화의 과정을 밟았는지를 담았습니다. '416가족'은 유가족 스스로 쓰기 시작한 이름입니다. 416가족협의회의 회원 명부는 혈연과 혼인으로 맺어진 전통적 가족 단위로 구획되어 있지만 '416가족'은 그러한 개별 가족의 총합이라고만 할 수는 없습니다. 세월호 유가족과 생존자 가족은 같은 아픔을 가진 재난 피해자로서의 정체성을 공유할 뿐 아니라, 같은 목적을 가지고 함께 싸우는 투쟁의 공동체로서 '416가족'의 의미를 적극적으로 구성해왔습니다. 다채로운 사람들로 구성된 416가족은 서로 영향을 주고받으며 각자에게 맞는 싸움의 자리를 만들어갔습니다.

네번째 장은 '가족의 재구성'입니다. 세월호 참사의 유가족은 '학부모'만이 아니지만, 사회적으로 '세월호 유가족'은 단원고 희생 학생의 엄마 아빠로 이해됩니다. 우리 사회에는 가족을 상상하는 특정한 방식이 있습니다. 성별과 가족 내 위치에 따라 가족 구성원에게 부여된 역할과 규범이 존재합니다. 그것은 가족 구성원이 서로에게 품는 기대로도 연결됩니다. '가족'을 뒤흔든 재난은 우리 사회에서 가족이 어떻게 구성되는가를 되묻게 합니다. 상실을 안은 가족 구성원들은 가족 이데올로기와 역동하며 슬픔을 겪어내고 가족과 부모됨의 의미를 재구성합니다. 그것은 살아가기 위한 몸부림이기도 하고, 누군가는 그 과정에서 자신을 돌아보며 새로운 인식과 사유를 끌어내기도 합니다. 그러나 부서진 자리는 여전히 폐허로 남은 채이기도 합니다.

다섯번째 장 '다시 만난 세계'는 친족 관계 이외의 사회적 관계가 어떻게 부서지고 다시 만들어지는가에 관한 이야기입니다. 무엇이 사회적 고통을 겪는 한 사람을 사회와 고립시키는지, 관계의 연결과 확장은 어떻게 이루어지는지를 주목할 필요가 있습니다. 이것은 참사를 겪은 후 피해자가 '사회적 존재로서의 나'와 만나게 되는 이야기이기도 합니다. '416운동'의 지속과 확장에는 유가족의 곁에 선 시민들의 힘도 컸습니다. 416운동은 여러 우연의 중첩이 아니라 여러 주체들의 상호 연대의 과정이자 결과라 할 수 있습니다. 그 시간은 어떤 결의 무늬를 지니고 있을까요.

끝으로 '시간의 숨결'은 지금을 통과하는 유가족들의 다양한 마음을 담았습니다. 기억도 맹세도 시간 속에서 풍화합니다. 정권도 바뀌고 이제 많은 것이 이루어지지 않았느냐고 묻는 사람도 있습니다. 불안과 기대로 진동하는 유가족들의 목소리는 사실 분명한 하나의 이야기를 하고 있는 것이기도 합니다. 세월호 참사의 진상을 숨김없이 밝히고 애도가 가능할 사회적인 조건이 아직은 만들어지지 못했다는 사실 말입니다. 유가족들은 진상규명이 이제 시작이라고 말합니다. 세월호 시간의 중요한 국면마다 들어온 말이지만, 그 구체적 의미는 매번 달랐습니다. 세월호 유가족들은 앞으로 어떤 시간을 열어가고자 하는 걸까요. 그리고 지금 이 글을 보는 당신은 어떤 시간을 열어가고 싶은가요.

이 책을 만들기 위해 인터뷰를 해준 57명의 이야기는 한 사람이 듣는다면 잠도 안 자고 꼬박 엿새는 들어야 하는 방대한 양입니다. 긴

이야기를 한권의 책으로 압축하자니 아쉬운 마음이 큽니다. 전하지 못한 아까운 이야기는 다른 방식으로라도 전해질 수 있도록 고심하고 있습니다. 인터뷰를 요청했을 때 마음을 내어준 57명의 세월호 유가족과 생존자 가족, 그리고 416가족협의회에 깊은 감사를 전합니다. 고통 속에서도 싸우기를 멈추지 않는 당신들 곁에서 우리는 세상에서 가장 큰 용기를 배웁니다.

다시 돌아온 봄,
304명의 희생자 한분 한분께 애도의 마음을 전합니다.
장례는 치렀지만, 돌아오지 못한 다섯분의 이름을 기억합니다. 단원고등학교 교사 고(故) 양승진 님, 학생 고 남현철 님, 고 박영인 님, 그리고 제주도로 이사하던 중이었던 아버지와 아들, 고 권재근 님과 고 권혁규 님.

세월호 구조 활동을 지원하다 순직한 소방관과 잠수사들께도 애도의 마음을 전합니다. 이 참사가 할퀸 여러 죽음이 있음을 또한 기억합니다. 고통과 싸우며 삶을 지켜내고 계신 생존자들, 그리고 동거차도 주민들을 비롯해 호명되지 못한 많은 세월호 피해자들에게도 연대의 마음을 전합니다. 이 책이 기억과 연대를 위한 발걸음에 작은 보탬이 되기를 바랍니다.

2019년 4월
416세월호참사 작가기록단을 대표하여
박희정

세월호의 시간

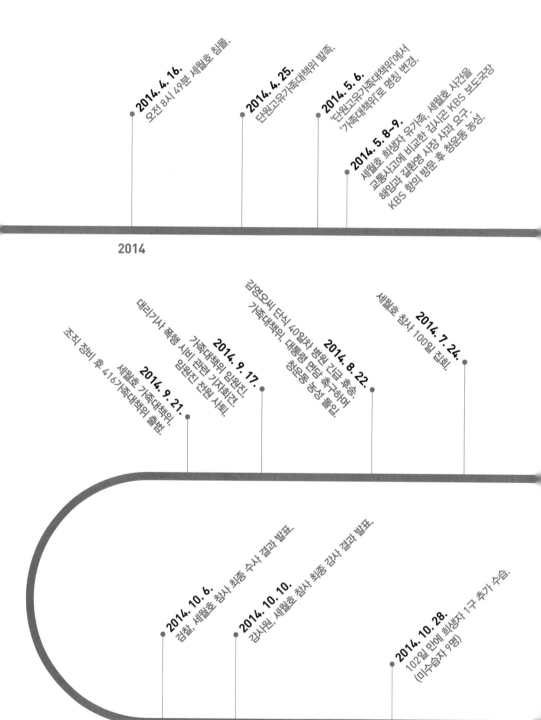

2014. 4. 16.
오전 8시 49분 세월호 침몰.

2014. 4. 25.
단원고유가족대책위 발족.

2014. 5. 6.
'단원고유가족대책위'에서 '가족대책위'로 명칭 변경.

2014. 5. 8~9.
세월호 희생자 유가족, 세월호 사건을 교통사고에 비교한 김시곤 KBS 보도국장 해임과 길환영 사장 사과 요구. KBS 항의 방문 후 청운동 농성.

2014

2014. 9. 21.
조직 정비 후 416가족대책위로 출범.

2014. 9. 17.
대리기사 폭행 시비 관련 가지환경. 임원진, 전원 사퇴. 가족대책위 임원진.

2014. 8. 22.
김영오씨 단식 40일차 병원 긴급 후송. 가족대책위, 대통령 면담 촉구하며 청운동 농성 돌입.

2014. 7. 24.
세월호 참사 100일 집회.

2014. 10. 6.
검찰, 세월호 참사 최종 수사 결과 발표.

2014. 10. 10.
감사원, 세월호 참사 최종 감사 결과 발표.

2014. 10. 28.
102일 만에 희생자 1구 추가 수습. (미수습자 9명)

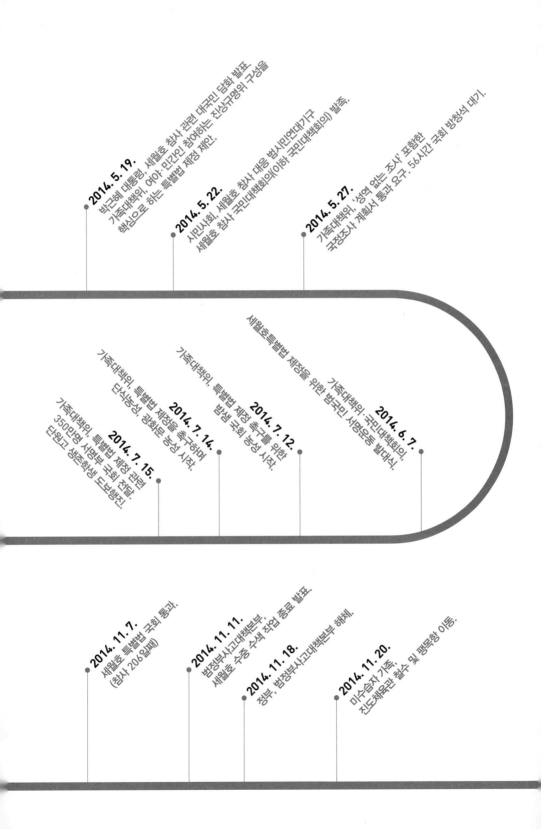

2014. 5. 19.
박근혜 대통령, 세월호 참사 관련 대국민 담화 발표.

가족대책위, 여야·민간인 참여하는 진상규명위 구성을 핵심으로 하는 특별법 제정 제안.

2014. 5. 22.
시민사회, 세월호 참사 대응 범시민연대기구 (세월호 참사 국민대책회의(이하 국민대책회의) 발족.

2014. 5. 27.
가족대책위, '성역 없는 조사' 포함한 국정조사 계획서 통과 요구. 56시간 국회 방청석 대기.

세월호특별법 제정을 위한 범국민 서명운동 발대식.

2014. 6. 7.
가족대책위, 국민대책회의,
세월호특별법 제정을 위한 범국민 서명운동 발대식.

2014. 7. 12.
가족대책위, 특별법 제정 촉구를 위한
밤샘 국회 농성 시작.

2014. 7. 14.
가족대책위, 특별법 제정을 촉구하며
단식농성. 광화문 농성 시작.

2014. 7. 15.
가족대책위, 특별법 제정 관련
350만명 서명부 국회 전달.
단원고 생존학생 도보행진.

2014. 11. 7.
세월호 특별법 국회 통과.
(참사 206일째)

2014. 11. 11.
범정부사고대책본부,
세월호 수중 수색 작업 종료 발표.

2014. 11. 18.
정부, 범정부사고대책본부 해체.

2014. 11. 20.
미수습자 가족,
진도체육관 철수 및 팽목항 이동.

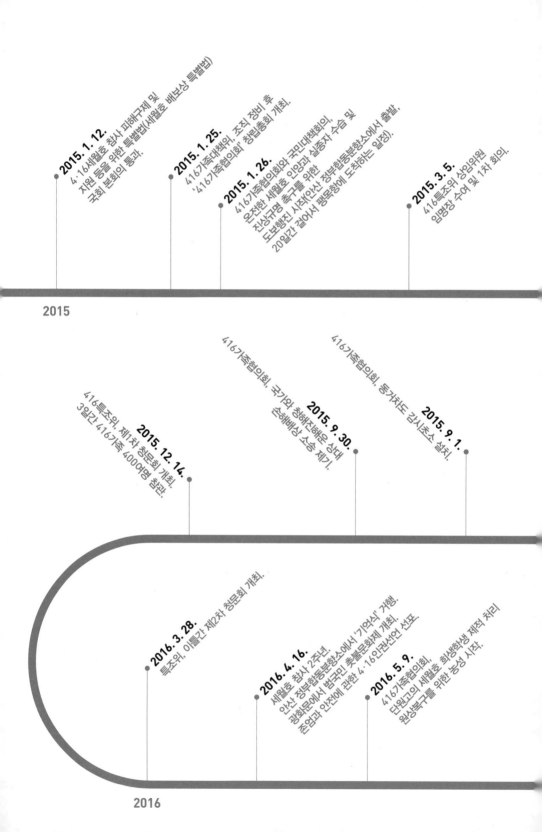

2015. 1. 12.
4·16세월호 참사 피해구제 및 지원 등을 위한 특별법(세월호 배보상 특별법) 국회 본회의 통과.

2015. 1. 25.
416가족대책위, 조직 정비 후 '416가족협의회' 창립총회 개최.

2015. 1. 26.
416가족협의회와 국민대책회의, 온전한 세월호 인양과 실종자 수습 및 진상규명 촉구를 위한 도보행진 시작(안산 정부합동분향소에서 출발, 20일간 걸어서 팽목항에 도착하는 일정).

2015. 3. 5.
416특조위 상임위원 임명장 수여 및 1차 회의.

2015

416가족협의회, 동거차도 감시초소 설치.
2015. 9. 1.

416가족협의회, 국가와 청해진해운 상대 손해배상 소송 제기.
2015. 9. 30.

2015. 12. 14.
416특조위, 제1차 청문회 개최. 3일간 416가족 400여명 참관.

2016. 3. 28.
특조위, 이틀간 제2차 청문회 개최.

2016. 4. 16.
세월호 참사 2주년. 안산 정부합동분향소에서 '기억식' 거행. 광화문에서 범국민 촛불문화제 개최. 존엄과 안전에 관한 4·16인권선언 선포.

2016. 5. 9.
416가족협의회, 단원고의 세월호 희생학생 제적 처리 원상복구를 위한 농성 시작.

2016

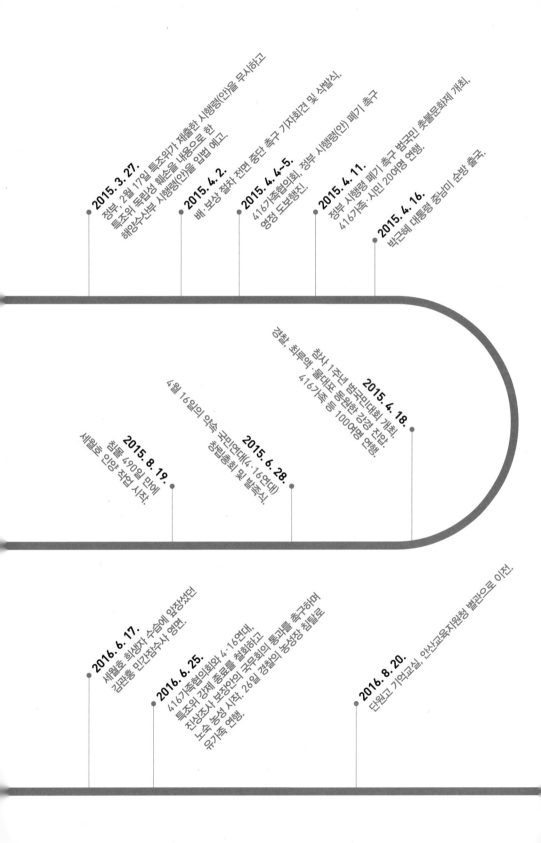

2015. 3. 27.
정부, 2월 17일 특조위가 제출한 시행령(안)을 무시하고
특조위 독립성 훼손을 내용으로 한
해양수산부 시행령(안)을 입법 예고.

2015. 4. 2.
배·보상 절차 전면 중단 촉구 기자회견 및 수발실.

2015. 4. 4~5.
416가족협의회,
영정 도보행진.

2015. 4. 11.
정부 시행령(안) 폐기 촉구
정부 시행령 폐기 촉구 범국민 촛불문화제 개최,
416가족·시민 20여명 연행.

2015. 4. 16.
박근혜 대통령 중남미 순방 출국.

2015. 4. 18.
세월호 참사 1주년 범국민대회 개최.
경찰, 초무위·물대포 동원한 강경 진압.
416가족 등 100여명 연행.

2015. 6. 28.
4월 16일의 약속 국민연대(4·16연대)
창립총회 및 발족식.

2015. 8. 19.
참사 490일 만에
세월호 인양 착업 시작.

2016. 6. 17.
세월호 희생자 수습에 앞장섰던
김관홍 민간잠수사 영면.

2016. 6. 25.
416가족협의회와 4·16연대,
특조위 강제 종료를 철회하고
진상조사 보장안의 국무회의 통과를 촉구하며
노숙 농성 시작. 26일 경찰의 농성장 침탈로
유가족 연행.

2016. 8. 20.
단원고 기억교실, 안산교육지원청 별관으로 이전.

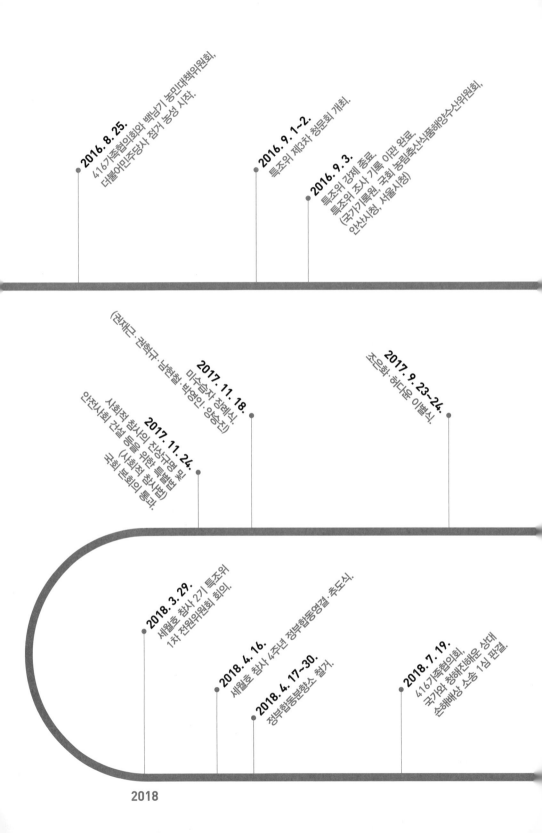

2016. 8. 25.
416가족협의회와 백남기 농민대책위원회,
더불어민주당사 점거 농성 시작.

2016. 9. 1~2.
특조위 제3차 청문회 개최.

2016. 9. 3.
특조위 강제 종료,
특조위 조사 기록 이관 완료.
(국가기록원, 국회 농림축산식품해양수산위원회,
안산시청, 서울시청)

2017. 9. 23~24.
조은화·허다윤 이별식.

2017. 11. 18.
미수습자 장례식.
(전재근·권혁규·남현철·박영인·양승진)

2017. 11. 24.
사회적 참사의 진상규명 및
안전사회 건설 등을 위한 특별법안
(사회적 참사법)
국회 본회의 통과.

2018. 3. 29.
세월호 참사 2기 특조위
1차 전원위원회 회의.

2018. 4. 16.
세월호 참사 4주년 정부합동영결 추도식.

2018. 4. 17~30.
정부합동분향소 철거.

2018. 7. 19.
416가족협의회,
국가와 청해진해운 상대
손해배상 소송 1심 판결.

2018

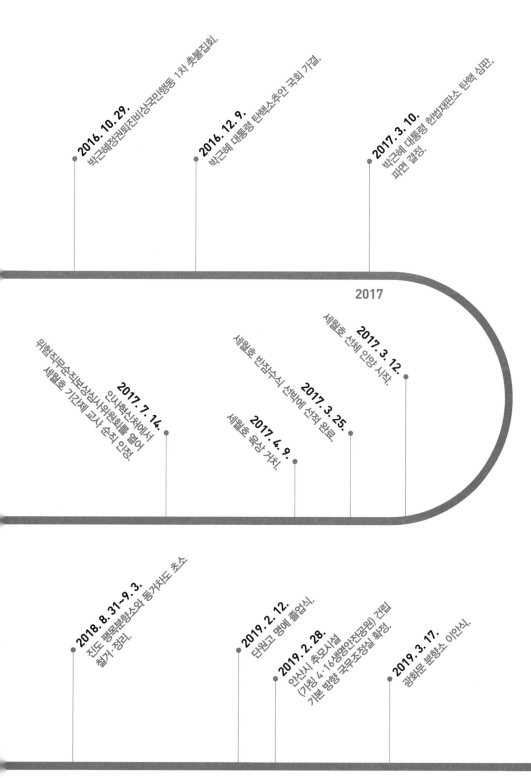

2016. 10. 29.
박근혜정권퇴진비상국민행동 1차 촛불집회.

2016. 12. 9.
박근혜 대통령 탄핵소추안 국회 가결.

2017. 3. 10.
박근혜 대통령 헌법재판소 탄핵 심판,
파면 결정.

2017

2017. 3. 12.
세월호 선체 인양 시작.

2017. 3. 25.
세월호 반잠수식 선박에 선적 완료.

2017. 4. 9.
세월호 육상 거치.

2017. 7. 14.
인사혁신처에서
위험직무순직보상심사위원회를 열어
세월호 기간제 교사 순직 인정.

2018. 8. 31~9. 3.
진도 팽목분향소와 동거차도 초소
철거·정리.

2019. 2. 12.
단원고 명예 졸업식.

2019. 2. 28.
안산시 추모시설
(가칭 4·16생명안전공원) 건립
기본 방향 국무조정실 확정.

2019. 3. 17.
광화문 분향소 이안식.

2019

1
장

고통의 단어 사전

아깝다, 불쌍하다, 가엾다…
이 마음이 어떤 말로도 표현이 안 돼요.
이 세상에는 제가 느끼는 이 상실감을 표현할 단어가 없는 것 같아요.
참사 나고 얼마 안 되었을 때는 아침에 눈을 뜨면 참을 수 없이 허전했어요.
남편과 나, 아이 둘, 이렇게 네 명이 있어야 하는데 세 명밖에 없었어요.
지금은 세 명이 있는 게 일상이 되어버렸어요.
이 풍경이 자연스러워졌다는 게 어떨 때는 소름끼쳐요.
여전히 가슴이 아픈데, 아프다고 말하면서도
아이 없는 이 공간에 익숙해져가는 것이 문득문득 속상하고
너무 미안해요. 마음 같아서는 죽을 때까지
이 일상도 낯설어야 하는데 언제부터인지 낯설지가 않아요.
아이가 오지 않았는데… 올 사람이 안 오면 기다려주어야 하는데…
이제는 기다리지 않아요…
기다려도 오지 않는다는 걸 아니까요…

박유신(정예진 엄마)

ㄱ 간병

사고 이후로 친정에 연락을 안 했어요. '엄마'라고 부르면 주아가 나를 부르던 게 생각나서 엄마를 부를 수가 없었어요. 1년 정도 지나서 친정에서 연락이 왔어요. 친정어머니 당뇨가 악화돼서 돌아가실 것 같다고요. 마지막일 것 같아서 사고 후 처음으로 병원에 갔어요. 나는… 눈물이 안 날 줄 알았거든요. 내가 주아를 보내는 그 고통을 겪었는데… 그래서 엄마를 봐도 눈물이 안 날 것 같았는데… 눈물이 나더라고요.(눈물) 엄마를 보니까 눈물이 났어요.

'아… 이 사람도 엄마지… 내 엄마지… 내가 죽으면, 내가 주아를 보내고 아팠던 것처럼 엄마도 아파하겠구나…'

측은한 마음이 들었어요. 누군가 엄마를 돌봐줘야 하는 상황이었는데 할 수 있는 사람이 없었어요. 주아를 보냈는데… 나밖에 할 사람이 없었어요.

1년 뒤에는 시어머니도 요양병원에 모셨어요. 두 어머니가 뇌경색으로 쓰러져 계시는데, 친정어머니는 당뇨도 있어서 먹는 것에 제약이 많고, 시어머니는 원래 고기를 안 드셔서 항상 과일을 챙겨드려야 해요. 그렇게 한 지가 2년 넘었는데 아주 잘 드세요. 내 손으로 먹이면서도 속으로는 그러죠.

'어머니… 그렇게 잘 드시면 어떡해요…'

아픈 사람을 보면 말로는 오래 사셔야죠, 하면서도 속으로는 그래요. '이렇게까지 하면서 사실 필요가 있어요? 더 어린 나이에 가는 사람도 많아요.' 친정어머니가 최근에 쓰러지셨다가 깨어나셔서는 막 드시는데… 한숨이 나왔어요. '살려고 저렇게 먹는구나.' 요양원에 가보면 누운 채로 13년째 사시는 분도 계세요. 이렇게 돌아가실 분들이 많은데 왜 우리 애들이 그렇게 빨리 갔을까… 그분들 보면 안쓰러워야 하는데 그런 마음이 안 들어요. 그러면서도 3~4일에 한번씩 바나나 반송이, 천도복숭아 한팩씩 사두는 걸 절대 빠뜨리지 않아요. 살가운 딸처럼, 엄청 잘하는 며느리처럼 일일이 과일을 깎아드려요. 처음 입원했을 때는 아침 점심 저녁으로 죽 쑤어서 두달 동안 다녔어요. 노인들은 돌아가실 것처럼 축 처져 계시다가도 먹이니까 또 살아나더라고요. 내가 죽이는 건 못해도 살리는 건 할 수 있어, 하면서 살려는 놓는데 속마음은 또 '아… 왜 이렇게까지 하면서 사시는 거예요?' 하는 내 모습이 너무 괴로워서 생각하죠.

'그래, 이럴 거 없이 내가 죽어야 돼. 어머니, 오래 사세요. 내가 죽어야지.'

벽을 보고 눕지를 못해요. 주아가 그 배에 갇혀서 숨을 못 쉬었을 걸 생각하니까 벽이 내 앞에 있으면 가슴이 터져버릴 것 같아요. 미쳐버릴 것 같아요. 밀폐된 공간을 못 참겠어요. 뛰쳐나가야 해요. 나는 숨쉬기가 힘들면 밖에 나가 걸어요. 남편하고 사이가 안 좋거나 어머니 간병으로 힘들 때면 시간도 잊어버리고 몇시간이고 미친 듯이 돌아다니면서 아이를 찾아요.

'너는 항상 엄마랑 같이 있어. 내 가슴속에 묻었으니까. 엄마랑 같이 가자, 죽을 때까지…'

생각은 그렇게 하는데도 또 헤매면서 찾고 있어요. 왜 없을까… 어딘가에 있을 것 같은데… 그런데 어디를 가도 없어요…

정유은(김주아 엄마)

ㄱ 개나리

남편은 내가 우는 걸 보기 힘들어해요. 처음에는 내가 울고 있으면 "언제까지 그렇게 울고만 있을 거야!" 하면서 소리를 질렀어요. 그러면 나도 "당신도 울어! 누가 못 울게 해?" 그러면서 언성 높이고. 남편이 문을 쾅 닫고 나가버리면 세상에 나 혼자만 남겨진 것 같았어요. 모두 다 나를 떠나가는 것 같아서 감정을 주체하지 못했어요. 아빠라는 사람도 이 슬픔을 지겨워하는구나, 어떻게 아빠가 돼서 저렇게 냉정할까, 너무 미웠어요. 나는 힘들어도 호연이 이야기하고 싶었어요. 하지만 남편은 내가 아플까봐 걱정했던 거예요. 산 사람은 살아야 한다고요.

남편은 건강이 나빠졌어요. 호연이 발인을 5월 2일에 했는데 5월 15일에 직장에 복귀해서 지금까지 다니고 있어요. 어떤 아빠들은 울고불고 한다던데 우리 남편은 내 앞에서 그런 적이 없어요. 딱 한번 우리 둘이 엄청 운 적이 있어요. 1주기 봄이었어요. 차를 타고 호연이한테 가는 길에 개나리가 많이 피어 있었어요. 나는 차창 밖을 보면서 울었어요. 남편은 내가 울어도 입을 꾹 다물고 팔짱 끼고 있는 사람이에요. 아휴, 너무 미웠어요. 그런데 그날은 남편도 힘들었나봐요. 차를 세우더니… 울더라고요.(울먹임) 자식 잃고 건강 잃고 모든 게 망가졌다면서 운전대를 치면서 막 울더라고요. 저렇게 힘들면서 왜 그동안은 돌부처라도 되는 것처럼 표현을 안 했을까 싶었어요. 그날 둘이서 실컷 울고 호연이 보고 왔어요.

우리 호연이가 카레를 무척 좋아했어요. 호연이 생각나서 처음에는 카레를 못해 먹었어요. 지금은 호연이를 생각하려고 카레를 해요. 애 아빠는 카레 안 좋아하거든요. 그래도 해주면 "카레 맛있네"라고 얘기해줘요. 그러면 나는 "당신 때문에 한 거 아니야. 호연이 생각나서 한 거야" 하고 핀잔을 줘요. 그런 말을 나눌 수 있을 정도로 둘 다 마음이 조금은 너그러워졌어요. 전에는 그런 말 하는 것 자체도 다 부질없었거든요. 이제 그런 농담을 할 정도는 되었나봐요.

유희순(김호연 엄마)

ㄱ 그리다

미술 심리치료를 받을 때였어요. 선생님이 지현이 물건 중에서 제일 그리고 싶은 걸 떠올려보라고 했어요. 그때 시계가 생각났어요. 지현이 수학여행 가기 전에 내가 백화점 가서 그 손목시계를 사줬어요. 지현이가 물속에서 나왔을 때도 그 시계가 돌아가고 있었어요. 장례 치르고 집으로 돌아와서 지현이 책상에 시계를 올려놨는데 내가 그 시계를 쳐다볼 수가 없었어요.

시계 자체가 두려움으로 다가왔어요. 그래서 안 보고 지냈는데 선생님이 그리고 싶은 게 뭐냐고 하니까 그 시계가 떠올랐어요. 시계를 갖다놓고 그리기 시작했어요. 그림을 그리려면 굉장히 정밀하게 관찰해야 해요. 쇠로 된 테두리도 그려야 하고, 분침도 그려야 하고, 초침도 그려야 하고, 시곗줄 구멍도 일일이 그려야 해요. 시계를 아주 열심히 봐야 돼요.(웃음) 내가 그 시계를 그렸어요. 그것도 엄청 잘 그리는 거예요. 두려워서 쳐다보지도 못했지만 한편으로는 너무 보고 싶었던 거예요. 보고 싶으니까… 그리게 되는 거잖아요. 그리다보니까 자연스럽게 만질 수 있게 되었어요. 그렇게 치유가 되더라고요.

이 시계처럼 아직 못 보는 것이 있어요. 지현이 사진요. 아직은 두려워요. 아… 그래서 지현이 앨범도 숨겨놨어요. 세희네 집에 가보면 세희 사진으로 꽉 차 있어요. 세희 엄마는 맨날 세희 사진을 봐요. 그러고는 나한테 얘기해요. "이게 세희야. 네살 때 찍은 거야." "이건 우리 세희가 만든 작품이야." 그러면 나는 맞장구를 쳐줘요. "세희가 정말 손재주가 좋았구나." 마치 나는 세월호 유가족이 아닌 것처럼요.

그런데 나는 아직 못하겠더라고요. 핸드폰에도 지현이 사진이 한장도 없어요. 어쩌다가 지현이 사진이 눈에 띄기라도 하면 깜짝 놀라요. 지현이 언니들이 집에다 걸어놓은 사진이 있는데 그것도 자세히 못 봐요.

자다가도 지현이가 한번씩 가슴에 콱 들어올 때가 있어요. 그럴 때는 벌떡 일어나서 TV를 봐야 해요. 지현이가 마음속에 자리잡는 게 너무 무서워요. 거기에 들어가지 않으려고 내가 도망가는 것 같아요. 사진을 보면… 내 안의 감정을 건잡을 수 없을 것 같아요. 우리 지현이 어렸을 때 모습을 보면 또 얼마나 보고 싶겠어요… 언제쯤 사진을 볼 수 있을까… 잘 모르겠어요.(침묵)

전옥(남지현 엄마)

ㄱ 기도

　이렇게 끝까지 활동했던 건, 지금 생각해보면 우리 혁이가 아니고 (울먹임) 나를 위해서였던 것 같아요. 동거차도에서 세월호 인양 작업을 감시하던 초소를 철거하고 산을 내려오던 날, 비가 와서 길이 미끄러웠어요. 내가 넘어져서 뒹굴었는데 그 순간 내 입에서 욕이 마구 터져 나왔어요. 개새끼들, 다 죽여버리고 싶다고, 새끼를 억울하게 보낸 내가 왜 이런 짓을 해야 되냐고, 엄청나게 분노가 차올라서 욕이라도 안 하면 견딜 수가 없었어요. 이건 진짜 기가 막힌 일이잖아요. 자식 잃은 부모들이 몇년 동안 섬에다 움막을 짓고 살았다는 게… 있을 수도 없는 일이잖아요.

　나 살려고 그렇게 정신없이 다녔던 것 같아요. 안 그러면 죽을 것 같았어요.(눈물) 우리 혁이 보내고 진짜로 눈만 뜨면… 박근혜고 뭐고 다 죽여버리고 싶었어요. 미치겠더라고요! 나는 무교였거든요. 가게 일이 워낙 많으니까 교회나 성당에 가는 시간도 아까웠어요. 그럴 시간 있으면 차라리 일을 하지, 그런 생각이었는데 혁이를 보낸 후에는 하느님을 곁에 안 두면 죽을 것 같았어요. 6개월 동안 교리공부를 하고 세례를 받았어요. 하지만 하느님을 믿는다고 용서가 되지는 않더라고요. 혁이가 보고 싶을 때마다 다 죽여버리고 싶어요. 그리고 또 기도를 해요. 잘못했다고, 용서해달라고. 그래도 또 미워요. 그렇게 안 하면 견딜 수가 없어요. 나는 천사가 아니니까. 천사도 그건 용서 못 할 거라고 생각해요…(침묵)

조순애(강혁 엄마)

30

└ 노란 선

국가배상청구 소송할 때 생존학생들 건강 감정을 받으려고 건강 보험 기록을 다 뗐었어요. 사고 이전에는 소아과, 이비인후과 정도밖에 안 갔던 아이들이에요.(울먹임) 그런데 지금은 정신과에 다니고 약이 없으면 불안해요… 우리 애가 뜬금없이 울면 정말 미칠 것 같아요.(울음) 의사 선생님하고 이야기하면서 펑펑 울었어요. 왜 그렇게 눈물이 났을까… 집에 와서 곰곰이 생각해봤어요. 억울함이더라고요. 그때 처음 느꼈어요. 아, 우리가 억울한 거구나.

유가족분들이 항상 억울하다고 말씀하실 때도 나는 억울하다고 생각하지 못했어요. 우리 애는 살아서 왔으니까. 살아서 온 것, 그것 하나만으로도 감사하면서 살아야지, 했어요. 그런데… 이런 삶을 사는 거잖아요. 죄인처럼 숨죽이고 남들이 알까봐 쉬쉬하고…

그 일이 없었다면 우리 아이는 평범하게 살았을 거잖아요. 평생 친구들을 버리고 왔다는 죄책감을 갖고 살지 않아도 되잖아요. 그 고통으로 자기 허벅지를 베고 손목을 긋는 아이들이 있다는 게… 너무 억울해요…(울음) 지금은 괜찮은 듯 보이지만 나중이라도 우리 애가 그러면 어떡해요? 늘 불안해요. 뉴스를 보다보면 그 뉴스에 달린 나쁜 댓글까지 보게 되잖아요. 그중에 단어 하나가 자극이 돼서 마음을 건잡을 수 없게 되면 어떡해요? PTSD(외상후 스트레스 장애)는 언제 어떻게 활성화될지 모르는 거잖아요.

유가족분들은 폭탄이 터졌고, 우리는 시한폭탄을 안고 있는 것 같아요. 그중에는 폭탄이 해제된 사람도 있겠지만 안심할 수 없는 거잖아요. 파란 선을 잘랐어야 되는데 노란 선을 잘랐을 수도 있잖아요. 해제되었다고 안심하고 있었는데 아무도 모르는 순간에 다시 폭탄이 째깍째깍 돌아가고 있는 거면 어떻게 하나요? 오늘 아침에도 아이가 울고 있었어요. 문을 여는데 불안했어요. 별일 없겠지… 불안한 마음을 누르면서 들어갔어요. 이름을 불렀더니 네, 하고 대답하더라고요. 나는 가슴을 쓸어내려요. 가족을 잃지 않고는 그 마음 모르는 거라지만 우리 마음도 아무도 몰라요.

아이가 뜬금없이 울 때마다 생각해요.

'아직도 세월호 안에서 나오지 못했구나… 아직도 갇혀 있구나…'

내가 내 아이의 마음을 다 알 수 없다는 것, 그게 정말 답답하고 힘들어요. 나쁜 일이 생기지 않기를 바라면서 조마조마하면서 살아요. 마치 당뇨병을 '안고 산다'고 표현하는 것처럼, 불안한 마음을 안고 그렇게 함께 사는 것 같아요.

문석연(생존학생 이시원 엄마)

└ 농담

예전에는 교회에 열심히 다녔어요. 저희 식구를 끔찍하게 챙겨주시던 집사님 내외가 계셨어요. 그 집 아이들이 우리 아이들과 또래여서 아예 그 집 앞집에다 방을 얻었어요. 내가 음식은 잘 못해도 애들 아침은 안 굶겼는데, 이사하고 나서는 아침을 거의 그 집에서 먹였어요. 그 집에서 그렇게 해줘서 이혼하고도 내가 세영이를 데리고 있을 수 있었어요. 그분들이 우리한테 그만큼 잘해줬는데… 지금은 교회에 나가지 않아요.

예전에 교회에 또다른 집사님이 계셨는데, 그분 아들이 초등학교 3학년 때 인라인스케이트를 타다가 트럭에 치여 죽었어요. 그때 저를 포함해서 교회 신도들이 이것저것 많이 도와줬는데 왜인지 그다음부터 집사님이 교회를 안 나오더라고요. 속으로 내가 욕을 했어요.

'장례 치를 때 우리가 잠도 안 자면서 열심히 도와줬는데 왜 교회를 안 나와? 어떻게 그럴 수가 있어?'

그런데 내가 사고를 당해보니까 그 마음을 알겠더라고요. 참사 후에 교회에 갔는데… 우리 세영이는 없고 세영이 친구들만 있어요. 나는 세영이 빈자리만 봐도 눈물이 나는데 세영이 친구들은 신나게 뛰어다니고 하하호호 즐거워. 애들이니까 그러는 게 당연하다는 걸 알면서도 아… 못 보겠더라고요. 나만 아파요. 그래서 안 나갔어요. 아이고, 사람이 입장이 바뀌어봐야 그 마음을 알지, 정말 그 생각이 들더라고요.

스무살 때부터 직장생활하면서 일을 쉰 게 한달도 채 안 될 거예요. 무슨 일을 하든 열심히 했어요. 처음에는 화물차 운전을 했고 세영이 갓난아기 때부터 시내버스 운전을 하다가 아이가 큰 다음에는 고속버스 회사로 옮겼어요. 자녀들 대학 학자금까지 주는 회사여서 어렵게 들어간 곳이었어요. 회사에서 나를 무척 챙겨줬어요. 사고 첫날부터 사장님이 나 밥이라도 먹이라면서 입사 동기들을 팽목항으로 내려보냈어요. 필요한 것 있으면 다 얘기하라고 하고, 장례식 때 버스도 지원해줬어요. 장례 치른 후에도 회사에 계속 다녔는데, 회사 생활이 예전 같지가 않더라고요.

전에는 기사들이 졸면서 운전했다고 하면 이해를 잘 못했어요. '밤에 일찍 자면 안 졸리잖아' 속으로 그랬었죠. 그런데 사고 후에 제가 불면증이 생겨서 잠을 못 잤어요. 새벽 5시쯤 되어야 잠이 드는데 아침이면 또 일을 해야 하니까 계속 졸린 거예요. '안 되겠다. 좀 쉬면서 생활패턴을 바꾼 후에 일해야지.' 그래서 휴직했다 복직하기를 몇 번이나 반복했어요. 그런데도 쉽게 안 고쳐지더라고요. 그러다가 2016년 촛불집회가 한창일 때, 지금 일을 할 때가 아니다 싶어서 아예 그만뒀죠. 회사에서는 언제든지 받아줄 테니까 휴직하라고 했는데, 나한테 그렇게 고맙게 해줬는데도 그냥 그만뒀어요. 그리고 촛불집회에 마음 편하게 참여했죠.(웃음)

사고 전에는 회사 사람들이랑 잘 어울렸어요. 나는 농담하고 장난치는 걸 되게 좋아하거든요. 사람들이 그래요. 내 얼굴에 장난기가 가득하다고요. 그런데 사고 후에는 그걸 못하겠더라고요. '저 사람 자식 잃은 사람 맞아?' 그런 소리 할 것 같아서. 같이 술 한잔하면 서로 재밌는 얘기도 할 수 있는 건데 내가 끼면 괜히 사람들이 눈치 보는 것 같고요. 그러다보니 사람들과 어울리는 게 어려웠어요. 친구들도 많은 편이었는데 거의 안 만나게 되고. 대인 관계가 다 끊긴 것 같아요. 그런데 괜찮아요. 아무렇지도 않아요. 아쉬울 것도 없어요. '내일모레 죽을 건데 뭐…' 마음이 그렇거든요.

2014년에 겨울옷을 다 버렸어요. 겨울까지 살아 있을 것 같지 않았어요. 그런데 또 살게 되더라고요. 그냥저냥 지내다가도 갑자기 세영이가 예쁜 짓 하던 게 떠오르면 하… 미쳐버려요.(울음을 삼키며) 뭐 하러 사나… 그런 생각이 들어요. 회사 그만두고 이듬해에 개인택시를 샀어요. 영업용 버스를 무사고로 3년 이상 운전한 사람은 개인택시를 살 수 있는데, 1년간 쉬면 그 자격이 사라져요. 그래서 일단 샀죠. 그런데 일을 거의 안 하고 있어요. 애들 키우려면 돈 버는 게 당연하다고 생각하며 살았는데 지금은 목적이 없어요. 돈 벌어서 특별히 애들한테 잘해준 건 없지만, 그래도 애들 입에 먹을 거 들어가는 것만 봐도 배불렀는데… 이제는 사는 게 의미가 없죠…

한재창(한세영 아빠)

² 라면 냄새

처음에 밖에 나갔을 때는 유모차에 앉아 있는 아기조차도 밉더라고요. 이런 말 해도 되는지 모르겠는데 정말 그랬어요. 세상 사람들이 다 가해자 같았어요. 모든 사람들이 나를 힘들게 하고 나의 슬픔을 즐기는 것 같고… 사람들이 밉고 싫었어요.

아니, 사실은… 부러웠어요. 옆집에서 나는 라면 냄새도 부러웠어요. 큰애는 지방에서 학교를 다녀서 식구라고 해봤자 남편하고 저 둘이에요. 남편하고 둘이 있으면 한마디도 안 하고 살거든요. 강아지만 쓰다듬었어요. 옆집에서는 음식 냄새, 사람 소리가 새어나오는데 우리 집은 개미 한마리 없는 것처럼 썰렁한 것이 너무 슬프고 초라하게 느껴졌어요.

그 감정은 변하지 않을 거라고 생각했거든요. 그런데 시간이 지나니까 꽉 닫혔던 마음이 조금씩 열리더라고요. 다시 어린아이들 예쁜 것도 보이고요. '우리 호연이도 저맘때 저런 짓 했는데… 참 예뻤는데…' 그런 생각이 들고요. 나보다 더 비참한 사람은 없을 거라고 생각했는데… 그러게요… 나보다 힘든 사람도 보이기 시작하고… 어느 순간 내 마음이 여기까지 온 거예요. 처음에는 모든 마음이 닫힌 채로 세상이 끝날 거라고 생각했는데, 내 마음이 여기까지 왔구나… 이런 마음은 뭘까… 내가 호연이의 부재를 인정하고 받아들여서 그런 것 같아요.

지금 내 마음에는 세상이 있는 그대로 보여요. 슬픈 일이 눈에 보이기도 하고, 다른 사람이 행복해하는 게 좋아 보이기도 하고요. 예전에는 다른 사람이 행복한 게 샘나고 질투 났는데 조금씩 달라지더라고요.

작가님 이름도 호연이라고요? 작가님이 뭘 물어보실까 생각하면서 인터뷰하러 오는데 우리 호연이 어릴 때 모습부터 쭉 생각이 나는 거예요. 옷 다 벗고 뛰어다니던 모습도 생각나고. 우리 호연이 얘기하니까 더 보고 싶네요. 궁둥이도 만져보고 싶고.(한숨)

유희순(김호연 엄마)

□ 마주하다

2015년 말이었는데, 단원고등학교(이하 단원고)에서 기억교실을 철거한다고 할 때여서 감정적으로 무척 힘들었어요. 그 이야기를 했더니 의사 선생님이 부정적인 감정들을 외면하지 말고 뚫어지게 보는 것도 필요하다고 말씀하셨어요. 그때는 선생님이 말씀을 너무 쉽게 하시는 것 같아 좀 화가 났어요.

그해에 대학에 복학했어요. 복학하자마자 4·16세월호 참사 피해구제 및 지원 등을 위한 특별법 시행령(이하 특별법 시행령) 싸움이 시작되어서 부모님들이 삭발을 하셨어요. 저희 엄마도 삭발하셨고요. 유가족 형제자매들도 기자회견, 도보행진을 했어요. 복학한 게 잘한 일인지 생각이 복잡해서 학교생활에 집중하기가 어려웠어요. 주변의 유가족 부모님들이나 활동가들도 지금은 세월호에 더 집중해야 하는 때가 아니냐고 하셨어요. 하지만 저는 학력이나 학벌도 무시할 수 없다고 생각했어요. 우리를 도와주는 사람들 중에는 서울대학교 출신들이 많았고, 그들의 네트워크는 힘이 세 보였거든요. 피해 당사자가 말하는 건 전문성이 없다고 폄하됐어요. 그런데 전문가들이라고 다 옳은 말만 하는 건 아니라는 걸 우리가 다 봤으니까 피해자인 우리가 힘을 길러야 한다고 생각했어요.

그래서 학교를 계속 다니기로 했는데 다니는 내내 마음이 복잡했어요. 어떤 날은 '내가 진짜 하고 싶은 게 뭘까?' 생각하다가도 또 어떤 날은 '희생된 아이들이 하고 싶었던 것들을 내가 대신 해야겠다'고 생각했어요. 유가족 부모님들과 많은 시간을 보내면서 희생된 학생들의 이야기를 많이 들었더니 그애들이 꿈에도 나오고 길에서도 보였어요.

학교 다니는 동안 유가족이라는 사실을 밝히지는 않았지만 굳이 숨기지도 않았어요. 제 얼굴이 기사에 난 적도 있으니까 아는 사람도 있었을 거예요. 어느 날 제가 한약을 먹고 있었는데 그걸 본 동기가 '건강 되게 챙긴다'는 식의 말을 했어요. 기사에 나온 제 사진을 보고 "유가족이 머리 염색도 하네"라며 조롱하는 댓글도 달리고요. 그런 걸 듣고 보는 날에는 하루 종일 기분이 안 좋아서 아무것도 할 수가 없어요. 그래서 더 보지 않으려고 했던 것 같아요. 그즈음에 백남기 어르신이 물대포에 맞아 쓰러지시고 세월호 유가족들이 광화문에서 목줄을 묶고 싸운 적이 있어요. 나는 그 싸움에 함께하지 못하고 내 공부를 한다는 죄책감 때문에 너무 힘들었어요. 그때 의사 선생님 말씀을 들어서 더 괴로웠던 것 같아요.

'대학 다니는 것, 그 평범한 일상으로 돌아가겠다고 애쓰는 것도 이렇게 힘든데, 아무렇지 않은 척 살아내려고 엄청나게 많은 에너지를 쓰고 있는데, 그 현실을 어떻게 마주하라는 거지? 그 감정들을 어떻게 바라보라는 거지?'

그걸 마주했다가는 무너질 것 같았어요. 분노가 치밀어오르거나 엄청 우울해지면서 기분이 마구 왔다 갔다 할 텐데, 주변에서 그걸 다 이해해줄 수 없잖아요.

참사 나고 2년 정도는 너무 힘들었는데, 어느 정도 시간이 지나니까 의사 선생님 말을 이해하겠더라고요. 두려운 현실을 마주할 시간이 필요하겠구나, 느끼게 됐어요. 그후에 개인적인 시간도 가지려고 노력하고 제가 하고 싶은 일도 해보면서 점점 나아진 것 같아요. 산

티아고 순례도 다녀오고, 친구들이랑 여행도 다녀오면서 직면할 힘이 생긴 것 같아요. 힘들 때는 여전히 주저앉게 되지만 그래도 다시 일어서기까지의 시간이 짧아진 것 같아요. 올해는 일도 하면서 세월호 공부 모임을 함께하고 있어요.

박보나(박성호 누나)

⌐ 머리카락 #1

'우리 혁이 흔적 하나라도 찾고 싶다…'

혁이 장례 치르고 집으로 돌아와 방에서 누워만 지냈을 때 계속 이 생각을 했어요. 그때 후드티가 딱 떠올랐어요. 사고 나기 얼마 전에 혁이 누나가 혁이한테 후드티를 사줬거든요. 그 옷을 두세번 입었을 때 사고가 나는 바람에 내가 그걸 빨지를 못했던 거예요.

'거기에 혹시 머리카락이 남아 있지 않을까?'

자리에서 벌떡 일어났어요. 장롱에서 후드티를 꺼내서, 햇빛 들어오는 창문 앞에다 펼쳐놓고 머리카락을 찾았어요. 여덟개를 찾았어요. 네개씩, 네개씩 나누어서 코팅을 했어요. 혹시나 하나를 잃어버리더라도 나머지 하나는 남을 테니까요. 아… 한동안은 그 머리카락을 지갑에 넣어서 다녔어요. 지금은 장롱에 보관하고 있어요. 잃어버리면 안 되니까요.

지금도 한번씩 혁이 머리카락을 만져요. 가끔 한번씩 꺼내서 만질 수 있는 게… 그것밖에 없어요. (울음)

조순애(강혁 엄마)

▫ 머리카락 #2

특별법 시행령 만들 때 광화문에서 삭발했던 일을 잊을 수 없어요. 삭발하는 게 쉬운 결정은 아니었어요. 여자니까요. 지금이야 아이를 잃고 나서 제가 많이 깨이고 달라졌지만 예전에는 오히려 집회하고 싸우는 사람들에게 손가락질하는 사람 중 하나였어요. 사람들이 삭발하자니까 '어, 하기는 해야지' 하고 생각했지만 솔직히 말해 몹시 갈등했어요. 그래서 남편 핑계를 대려고 남편한테 물어봤어요. 애 아빠가 무척 보수적이거든요.

"여보, 삭발한다고 하는데, 나도 할까?"

"해야지."

가슴이 철렁, 하는 거예요. 남편이 하지 말라고 하면 안 했을 거예요. 다음 날 삭발하러 가는 버스 안에서도, 광화문에 앉아서 차례를 기다리는 동안에도 계속 망설였어요. 그러다가 내 차례가 되었는데 머리를 밀어주시는 분이 저를 뒤에서 꼭 안아주시면서 "어머니 죄송해요, 죄송해요" 그러는데 그 말에 눈물이 확 쏟아졌어요… 그분도 이런 참사 때문에 자기가 엄마들의 머리를 밀어야 한다는 것이 너무 마음이 아팠겠죠. 그렇게 삭발을 하고 흩어져서 전단지를 돌리고 있는데 우리 큰아들한테 전화가 왔어요.

"엄마, 삭발하셨어요?"

그러더니 막 울어요. 인터넷으로 봤대요. 그 당시 아들은 대학교 1학년이라 서울에서 자취를 하고 있었어요. 내가 "응, 삭발했어" 하니까 잘하셨다면서 그냥 끊더라고요. 그리고 그날 밤 10시 넘어서 집에 들어갔더니 아들이 집에 와 있었어요. 남편이 "어디 봐" 그래요. 내가 모자를 쓰고 있었는데 그 모자를 벗으면서 "어때?" 하니까, 우리 아들이 그랬어요.

"엄마, 예뻐요."

그 말을 듣는데 너무너무 마음이 아픈 거예요… 엄청 울었어요. 남편도 잘했다면서 나를 꼭 안아주더라고요. 그때 기억들을 잊어버릴 수가 없어요. 엄마, 예뻐요. 그 말을 지금도 잊을 수가 없어요. 정말 이렇게까지… 해야만 하는 건가… 그전에는 미처 알지 못했던 세상을 하나씩 하나씩 배워가면서 떠난 아이에게도, 남아 있는 아이에게도 매일매일 미안하고, 측은하고… 아… 못난 부모여서 진짜 가슴 아프고 미안해요…

이미경(이영만 엄마)

문고리

　처음에는 이 집이 너무 힘들었어요. '지현이를 보내고 내가 어떻게 그 집으로 들어갈 수 있을까? 지현이 없는 집에서 어떻게 살까? 나는 그 집에서 못 살아.'

　지현이 방을 볼 수가 없어서 방문을 닫아놓고 열지도 않았어요. 난 뭐든지 힘들면 안 보려고 하나봐요. 지현이 침대를 보는 것도 무서워서 방문이 열려 있으면 얼른 닫아버렸어요. 너무 괴로워서 이사를 가야겠다고 했더니 어떤 사람이 그러더라고요. 지현이가 제 침대에 앉아서 엄마 일하는 모습, 엄마 밥하는 모습 보고 싶어하면 어떡하느냐고요. 그 얘기를 듣고서 조금씩 조금씩 열다보니까 지금은 열어놓고 살아요. 지현이 침대도 볼 수 있고요.

　1년이 지나고 2년이 지나니까 이사 안 가길 잘했다는 생각이 들었어요. 이 집에서 지현이를 추억하는 게 더 좋아요. 그런데 이 집이 오래된 집이라 아무래도 이사를 해야 할 것 같아요. 또 두려워요. 이사해야 한다는 생각만 하면 미쳐버리겠어요.

　지현이를… 버리고 간다는 느낌…

　이사 문제를 두고 지현이 언니들과 이야기를 나눈 적이 있어요. 큰애는 딱 잘라서 말해요. "난 이사 안 가." 걔는 성격이 그래요. 그런데 둘째는 눈물을 뚝뚝 흘리면서 그러는 거예요. 이사를 하고 안 하고가 중요한 게 아니라 이 집을 떠난다는 것 자체가 너무 두렵대요. 지현이 키 쟀던 벽, 지현이가 쪼그리고 앉아서 TV 보던 자리, 그 공간이 없어지는 게 너무 무섭다고요. 둘째 마음이 내 마음하고 똑같더라고요. 그날 둘이서 진짜 많이 울었어요.

　큰 집, 좋은 집, 그런 것은 하나도 중요하지 않아요. 지현이가 제주도 수학여행 간다고 인사하고 나갔던 그 문… 지현이가 잡았던 문고리… 그런 게 소중한 거예요. 이 집을 통째로 갖고 가면 좋겠어요… 그애 체온이 묻어 있는 건 어떤 것도 놓고 가고 싶지 않아요.(울음)

전옥(남지현 엄마)

문진표

본래 건강 체질이어서 1년에 한번 감기몸살 정도 앓았던 게 다였는데, 416 이후에 혈압, 당뇨, 고지혈증, 부정맥, 통풍 이런 것들이 복합적으로 몰려오다보니… 몸이 아픈 건, 그냥 일상이 되어버렸어요. '좀 견디면 되겠지' 하고 견뎌버리는 거야. 어떤 날은 학질에 걸린 것처럼 몸이 벌벌 떨리는데도 병원에 안 가요. 한편으로는 이렇게 몸이라도 아픈 게 차라리 낫다는 생각이 들어요. 안도감이 들어요. 스스로에게 형벌을 준다고 할까… '아… 자식한테 못해준 거 벌받는구나. 당연히 받아야지' 이런 생각하면서.

2014년 11월까지 팽목항에 있다가 세월호 수색 작업 끝난 후에 안산으로 왔어요. 그 겨울에 건강검진을 받으러 병원에 갔어요. 검사하기 전에 정신건강에 대한 문진표를 작성하는데… 내가 봐도 거의 미친놈이더라고요. 3분의 1 정도 체크하다가 "나 안 할래요!" 하고 일어나버렸어요. 그뒤부터 정신감정 같은 건 오히려 피하게 돼요.

한번은 무릎 수술을 해서 한동안 깁스를 했던 적이 있어요. 깁스 풀고 재활치료를 하는데, 오랫동안 안 썼던 근육이나 관절을 구부렸다 펴면, 발목 같은 데 삐어서 뼈 맞출 때처럼 되게 아프대요. 그런데 나는 별로 안 아프더라고요. 그래서 가만히 있었는데 의사가 놀라는 거예요. 안 아프냐고 물어보기에 안 아프다고 대답했더니 무슨 큰일 당한 적 있냐고 묻더라고요. 그래서 세월호 유가족이라고 했죠. 선생님이 "아… 그래요…" 하면서 조언해주시기를, 몸이 조금이라도 아프면 무조건 병원에 가라고 했어요. 왜 그러냐고 물었더니 고통지수가 1부터 10까지 있고 보통 사람들이 3, 4 정도부터 아파서 못 견딘다고 표현한다면 나는 8, 9 정도의 상태인데도 못 느낀다는 거예요. 몸이 아프다는 신호를 보내도 내가 그걸 인지하지 못한다는 거죠. 내가 그걸 알아챌 때는 아주 위급한 상황이니까 빨리 병원에 가야 한대요. 통증을 잘 참는 게 아니고 통증이 아예 느껴지지 않는 상태인 거죠.

내가 1970년생이니까 마흔아홉인가, 마흔여덟인가… 마흔아홉이라고 칩시다. 2014년, 그러니까 마흔다섯살까지 살아온 인생보다 2014년 4월 16일부터 지금까지 살아온 인생이 더 길게 느껴져요. 416 이전과 416 이후에 체감하는 시간이 극명하게 달라요. 어렸을 때부터 사건 전까지 차곡차곡 추억을 쌓아왔던 그 시간이 전부 무의미해지고 416 이후의 시간들만 남았어요… 이제 5년째인데 1년이 10년 같아요.

수많은 일들이 있었고, 숱하게 많은 사람들을 만났고, 볼 꼴 못 볼 꼴 다 봤어요. 이렇게 5년을 보냈더니 몸이 따라가지를 못해요. 일주일에 5일 일하면 이틀은 앓아누워요. '아, 몸이 왜 이러지?' 보통의 삶을 살았다면 10년 주기로 몸이 늙어간다고 느껴질 텐데, 1년 주기로 급격하게 늙어가는 것 같아요. 시간이 다르게 흘러요. 남들하고도 다르고, 내가 여태 살아왔던 시간하고도 다르고.

장훈(장준형 아빠)

미역국

딸내미하고 손잡고 팔짱 끼고 장 보러 온 사람들이 제일 부러워요. '좋겠다…' 생각하면서 한참을 바라봐요. 명절 되면 은정이랑 옷 사러 다녔던 게 생각나서 백화점을 못 가요. 그냥 홈쇼핑에서 사요. 저번에도 신랑 옷 사주려고 갔다가 하나도 못 사고 그냥 돌아왔어요. 우리 딸은 아주 효녀였어요. 엄마 아빠 생일에 생일상을 차려줬어요. 내가 미용실을 했는데, 끝나고 돌아오면 밤 10시쯤 됐어요. 그러면 케이크, 샴페인, 과일 같은 걸 사다놓고, 음식도 몇개 만들어서 상을 차려놓고 기다렸어요. 생일이 돌아오면 그 생각이 나요.

'집에 들어가면 혹시 우리 딸이 상 차려놓고 기다리지 않을까?'

그 기억 때문에 그날 이후로 우리 부부 생일을 도저히 챙길 수가 없었어요. 언니가 내 생일에 같이 저녁 먹자고 하는데도 피했어요. 마음이 아파서 은정이 생일도 못 챙겼고요. 미역국도 안 끓여 먹고 지나가다가 올해 은정이 생일에 처음으로 미역국을 끓였어요.

"여보, 이거 미역국이야… 알지?"

그랬더니 남편이 대답해요.

"응, 알아."

"당신 생일이나 내 생일은 따로 하지 말고 은정이 생일날 이렇게 미역국 한그릇씩 먹자. 1년에 한번씩만 이렇게 먹자."

그날 처음으로 둘이서 미역국 한그릇씩 먹었어요.

박정화(조은정 엄마)

^ㅂ 밥통

처음 3, 4년은 남편이 꼴도 보기 싫고 너무 미웠어요. 당신을 안 만났다면 내가 이런 고통을 안 당했을 텐데, 하고 생각하니까 그 사람이 뭘 먹는 모습도 보기가 싫었어요.

"딸 잃고 너는 그게 입으로 들어가냐?"

아들이 뭘 먹으러 가자고 해도 혼냈어요.

"너는 지금 그게 입으로 들어가?"

나도 먹으면서 말이죠… 살아야 되니까 안 먹을 수는 없는데도 먹는 것, 마시는 것, 입는 것, 모든 게 다 보기 싫었어요. 아들도 밉고 남편도 밉고 나 자신도 너무 미웠어요. 안 먹을 수만 있다면 진짜로 안 먹고 살고 싶더라고요. 그래놓고도 너무 배가 고프니까 나도 모르게 밥통을 끌어안고 먹다가 배가 좀 차면 막 울어요…

'아, 내가 너를 잃고도 때가 되면 입에 음식을 넣고 추우면 옷을 입는구나.'

이런 모든 과정들이 정말 싫을 때가 많아요. 우울증이 밀려와요. '이런 생각 안 하려면 내가 은정이한테 가야지… 빨리 은정이한테 가고 싶다…' 집에 혼자 있으면 그런 생각이 마구 들어요. 신앙생활을 했기 때문에 술이라는 걸 몰랐는데, 지금은 술이 없으면 잠을 못 잘 정도로 의존하고 살아요. 냉장고에 항상 술이 가득 차 있어요. 맨날 은정이 생각하면서 술 먹고 울고불고하고 남편하고 싸우니까 하루는 아들이 그러는 거예요.

"엄마, 나 좀 봐줘… 나도 엄마 아들이잖아."

그 말 듣는데 정신이 번쩍 들더라고요.

'아, 네가 있었지…'

그때부터 아들을 돌보기 시작했어요. 일부러 뭐 먹고 싶냐고 물어보고, 데리고 나가서 먹이기도 하고요. 아들은 엄마 아빠 힘들까봐 자기 아픈 건 내색을 안 해요. 지금 군대에 있는데 휴가 나와서 같이 있을 때도 내가 술 먹고 울면 방에 들어가서 문 닫고 나오지 않아요.

우리 딸내미랑 같이 살았던 집을 아들이 되게 힘들어했어요. 사고 난 후에 아들이 집에 들어오지를 않는 거예요. 하도 안 오기에, 대체 왜 그러냐고 물어봤더니 은정이 생각이 나서 도저히 못 오겠다고 하더라고요. 둘 다 고등학생이어서 하굣길에 같이 오곤 했거든요. 아들이 자전거 타고 와서 단원고 앞에서 딸을 만나요. 햄버거나 핫도그 물고서 둘이 도란도란 얘기하면서 집까지 걸어왔어요. 그 길이 힘들어서 집에 오지를 못하고 친구네 집에서 자고 왔던 거예요. 어떻게 했으면 좋겠니, 물으니까 이사 가고 싶대요. 나는 은정이 있는 이 집이 좋았지만 아들이 힘들어하니까 어쩔 수 없이 이사했어요. 그런데 지금은 아들도 이사한 걸 후회해요. 어느 날 그래요. "엄마, 우리 이사 왜 했지? 그냥 은정이 추억 있던 집에 살걸."

남은 아이들이 걱정이에요. 나라에서 그애들을 보호해주는 것도 아니고 다 우리 책임이잖아요. 나도 아픈데 살아 있는 내 자식까지 끌어안고 가야 하니까 그것도 아파요.

박정화(조은정 엄마)

50

^ㅂ 비워두다

　단원고 근처 연립주택에 살았어요. 거실에 방 두개 딸린 집이었는데 윤희하고 동생이 한방을 썼어요. 그런데 윤희가 크면서는 동생하고 같이 방을 쓰는 게 불편한지 자꾸 거실로 나오더라고요. 그래서 윤희는 거실에서 자고 동생이 방을 썼어요. 내가 약속했었어요.

　"수학여행 다녀오면 두 사람이 쓸 수 있게 방을 리모델링해줄게."

　참사 뒤에 이사 안 하려고 했는데 마음이 힘들더라고요. 윤희 생각 때문에 힘든 게 아니라 주위 시선이… 사람들이 뭐라고 하는 건 아닌데… 동네 사람 만나는 게 힘들었어요. 먹어야 사는데, 슈퍼에 뭘 사러 가려고 해도 '자식 잃고도 목으로 먹을 게 넘어가나?' 이런 시선이 느껴지는 것 같고. 그래서 2015년 말에 신도시 쪽으로 이사했어요. 윤희 방을 따로 만들어주겠다는 약속도 지키고 싶었고요. '썬퍼니처' 가구 매장에 가서 책상, 책꽂이, 장롱, 서랍장을 샀어요. 윤희가 좋아하는 수수한 스타일로 마련했어요.

　한번이라도 윤희가 다녀갔으면 좋겠어요…

김순길(진윤희 엄마)

^ㅂ 보험금

시골에 있는 친정에 다녀오는 길인데 음… 하늘이 너무 맑고 푸르니까… 혼자 걸어오면서 울었어요. 항상 주아랑 같이 다니던 길이에요. 엄마 껌딱지처럼 어디든 따라다녔거든요. 주아는 지금 평택 서호 추모공원에 있어요. 주아 앞에서 내가 그랬어요.

'너는 여기 있지만, 항상 내 가슴에 같이 있어.'

생각은 그렇게 하는데도 나도 모르게 아이를 찾아요. 어디를 가든 주아를 찾고 있어요. 그런데… 없어요… 애가 갈 만한 곳은 다 가봤는데 정말 연기처럼 홀연히 사라진 것 같아요.

제가 그 아이를 많이 의지했어요. 그애 없는 삶은 생각해본 적이 없어요. 당연히 내가 먼저 죽을 거라고 생각해서 보험 들 때도 전부 주아를 보험 수익자로 올려놨어요. 올케언니가 보험 영업을 해서 아이들 보험을 많이 들어두었거든요. 사고 후에 올케언니한테서 연락이 왔더라고요. 보장 내용이 전부 치료 위주여서 사망 보상금은 없다고요. 맞아요. 보험 가입할 때 올케언니한테 내가 그랬죠.

"자식이 간 다음에 내가 돈이 왜 필요해?"

아이가 아플 수 있다는 걱정은 했어도 떠날 수 있다는 건 상상도 못했어요. 애가 내 옆에 없는 게, 아직도 믿기지 않아요. 가족관계증명서를 떼면 나이도 제일 어린 아이 옆에 '사망'이라고 적혀 있어요. 서호추모공원에 가면 유골함들을 유심히 쳐다봐요. 나도 모르게 어린 나이에 죽은 사람들을 찾고 있어요.

'우리 아이가 제일 어리지 않기를… 우리 아이가 제일 어리지 않

기를…'

그런데 우리 아이가 제일 어린 것 같아요. 속으로 생각하죠.

'그래, 이 애들에 비하면 나는 너무 오래 살았어. 지금 죽어도 여한이 없어.'

며칠 전에 심하게 아팠어요. 사고 후에 한달에 한번은 체하는 것 같아요. 밤 12시가 넘어가면 마치 깨진 병으로 뱃속을 긁는 것 같은 고통이 있어요.

'아… 죽고 싶다… 이래서 사람들이 자살을 하는구나.'

아무 미련이 없더라고요. 전에는 아무리 아파도 주아의 마지막 고통에 비하면 아무것도 아니라고 생각해서 아프다는 말도 안 하고 병원도 안 갔었어요. 작년에 처음으로 건강검진을 했는데 의사가 다른 검사를 더 해보자는 거예요. 하고 싶지가 않았어요. 만약 어디가 안 좋다고 해도 그냥 받아들일 생각이었어요. 그런데 올해부터는 아프니까 짜증이 나더라고요. 검사를 하면서도 이런 생각이 드는 거예요.

'만약에 암에 걸리면 치료를 받아야 할까? 더이상 삶에 미련도 없으니 아프면 그냥… 자는 듯이 가고 싶다…'

아버지한테 그 얘기를 했더니 아버지가 그러시더라고요.

"그럴 수만 있다면 얼마나 좋겠니…"

정유은(김주아 엄마)

^ㅂ 비켜서 있다

동생 얼굴이 생각나지 않을 때, 동생이 사무치게 그립지 않을 때, 그때가 제일 힘들었어요. 빈자리가 느껴지지 않을 때, 그래서 더이상 슬퍼하지 않고 더이상 보고 싶어하지 않을 때. 지금은 시간이 지나고 심리상담도 받아서 좀 괜찮아졌는데 1년 전까지만 해도 그랬어요. 그러니까 죄책감이죠. 차라리 죽을 것같이 슬프고 아프면 마음이 편해요. 슬픔이 느껴지지 않는 것이 더 힘들었어요. 사고 당시에 팽목항에 가지 못했어요. 그게 두고두고 죄책감으로 남았어요. 그런 일을 겪고도 입시를 준비하고, 대학에 들어가고, 다른 애들처럼 멀쩡하게 학교 다니고, 그리고 동생이 내 머릿속에서 점점 잊힌다는 게 죄스럽고 힘들었거든요.

앞에 나서서 싸우는 유가족들 보면서 부끄러웠던 적이 많았어요. 엄마만 봐도 몸이든 정신이든 돌보지 않고 싸우러 나가시는데, 나는 영만이를 사랑하지 않았나, 나는 슬프지 않은가, 그리워하지 않는 건가, 너무 괴로웠어요. 김수영의 시에 이런 구절이 있어요. '아무래도 나는 비켜서 있다.' 내가 딱 그랬거든요. 할 수 있는 만큼은 노력했다고 생각해요. 엄마 따라서 집회에도 나가고 일상생활하고, 최대한 조율할 수 있을 만큼 했다고 생각하는데… 그게 문제인 거예요.

조율했다는 것.

이런 일을 겪고도 일상생활과 조율하면서 살아갈 수 있다는 것.

나한테는 슬픔보다 죄책감이 더 힘든 감정이었던 것 같아요.

이영수(이영만 형)

^ 4인용 식탁 #1

주현이는 고기를 정말 좋아했어요. 하루는 주현이 동생 생일이어서 고깃집에 갔는데 눈물이 나서 먹을 수가 없는 거예요. 그러니까 외식을 못하게 되었어요. 주현이가 고추장찌개도 좋아해서, 고추장찌개 끓였다고 하면 야간자율학습을 하다가도 집에 와서 먹고 갈 정도였어요. 그러고 보니 그후로 고추장찌개를 한번도 안 해 먹었네요.

집에 식탁이 있는데 참사 후에 그 식탁에 가족이 둘러앉아 제대로 식사를 해본 적이 없어요. 식구가 네명에서 세명으로 줄었어요. 엄마, 아빠, 주현이 동생 모두 각자의 생활을 하면서 하루하루를 이겨나가느라 모이지를 않아요. 그 식탁이 무의미해졌어요. 이제 네개의 의자가 다 채워질 수는 없겠지만 그래도 언젠가 우리 가족이 그 식탁에 함께 모일 수 있게 되었으면 좋겠어요.

김정해(안주현 엄마)

ᵇ 4인용 식탁 #2

우리는 외식을 자주 했어요. 우리 부부하고 딸 셋, 다섯 식구예요. 식당에 가면 보통 테이블이 4인용이니까 항상 다섯명이 앉을 수 있는 자리를 찾아야 했어요. 사고 후에 한번은 네명이서 식당을 갔는데… 아무 데나 앉을 수 있더라고요. 가슴이 철렁 내려앉았어요. 너무 슬펐어요. 그러다 어느 날, 윤민이 언니가 남자친구를 데려와서 둘러앉았더니 그 친구까지 다섯명이 되었어요. 나는 속으로 '다섯명이네' 해요. 엊그제는 어떤 사람이 나한테 뭘 줬는데 다섯개를 주더라고요. 그럼 나는 또 속으로 생각하는 거예요.

'어머, 우리가 다섯 식구인지 어떻게 알았을까?'

윤민이 자리가 나한테는 없어지지 않았어요. 네명이 앉고 다섯명이 앉는 것, 남들한테는 별것 아닌 듯 보여도 나한테는 아주 중요해요. 차를 타면 아이들 세명이 뒷좌석에서 서로 가운데 앉지 않으려고 싸웠어요. "이번에는 네가 앉아." 가운데 앉게 된 아이는 "어우, 가까이 오지 마" 그러고. 자기들끼리 자리다툼하느라 시끄러웠던 게 계속 생각이 나요. 참사가 나고 모든 게 변했죠. 하지만 윤민이가 내 딸이라는 것, 내 가족이라는 것, 우리가 다섯 식구라는 것은 변하지 않았어요. 윤민이 자리는 그대로 있죠.

박혜영(최윤민 엄마)

56

^ 생일 #1

우리 예진이는 예진이 동생 의찬이 생일날, 4월 22일에 돌아왔어요. 2015년 1주기 때 광화문에서 경찰들하고 몸싸움을 하다 다쳐서 병원에 입원했었어요. 그때 내가 우리 예진이 돌아온 날에만 너무 집중하다보니까 아들 생일을 까먹고 지나가버린 걸 나중에야 알았어요. 너무 미안해서 "의찬아, 너 22일에 생일이었어" 그랬더니, "알아요" 그러는 거예요. 그러니까 더 미안했어요. 그래서 아들네 반에 간식을 보내줬어요. 좋아할 줄 알았거든요. 그런데 우리 아들은 누나하고 성격이 달라서 자기가 드러나는 걸 싫어해요. 선생님이 "의찬이어머님이 간식 쏘셨다! 모두들 의찬이와 어머님께 고맙다고 박수 한번 치자!" 이랬는데 얘는 그게 싫었던 거예요. 예진이는 신이 나서 자기가 먼저 자랑할 애거든요. 그러니까 나는 아들한테 또 미안했어요. 2016년부터는 아들 생일 안 까먹고 밥이라도 챙겨주려고 신경을 써요. 나에게는 너무 아픈 날이지만 좋게 생각하기로 했어요. 둘 다 엄마한테 온 날이라고요. 비록 예진이는 아프게 왔지만, 그때 그렇게 온 게 다행이라고요.

박유신(정예진 엄마)

✦ 생일 #2

뭐든지 처음이 힘들어요. 지현이 첫 생일이 다가올 때 정말 힘들었어요… 그날을 어떻게 보내야 할지 생각만 해도 두려웠어요. 그런데 첫째가 지현이 생일 파티를 해주겠다고 하더라고요. 그러면서 음식은 뭘 할까, 선물은 뭘 할까, 고민하더니 나한테도 이것저것 준비를 시켰어요.

그때 안산에 사는 고려인들이 뭐라도 보탬이 되고 싶다면서 지현이 생일을 함께 챙겨줬어요. 우리한테는 아무것도 할 필요 없다면서 고려인 음식으로 다 준비해주셨어요. 나는 지현이 좋아하는 대게 요리만 해 갔고요.

그날은 꼭… 우리 지현이 시집보내는 느낌이었어요. 기뻤어요. 준비해주신 분은 계속 우는데 나는 기뻤어요. 마치 딸 결혼식의 혼주처럼 서서 손님들 맞이하고 어서 오라고 안아주고 와줘서 고맙다고 인사하고.(웃음) 사회자가 지현이에 대해서 한 말씀 하라고 했을 때도 기쁜 이야기를 하고 싶더라고요. 그래서 웃으면서 기쁜 마음으로 이야기했어요.

생일이 다가올 때는 너무 힘들고 무서웠는데 막상 생일날은 썩 괜찮은 마음으로 보냈어요. 그래서 다음 해에도 지현이 생일에 파티를 했어요. '이번에는 무슨 선물을 할까? 누구를 초대할까? 음식은 뭘 해야 맛이 있을까?' 이런 생각 하면서 생일을 맞이하니까 좋더라고요.

지현이를 아는 친구들이 그날만이라도 우리 지현이를 기억하고 마음만이라도 지현이와 함께하는 게 좋아요. "내일 지현이 생일이에요." "아, 지현이 생일이구나." 사람들하고 이런 말 나누는 것도 좋아요. 우리 지현이 절대 잊어버리지 말라고 1년에 한번씩 각인시켜주는 거죠. 몸으로는 못 만나지만 이렇게 마음으로 만나는 거죠.

전옥(남지현 엄마)

° 약속

샤워할 때 단 한번도 세영이 생각을 하지 않은 적이 없어요.

'우리 딸내미는 그 추운 바다에서 떨다 죽었는데 나는 물 온도 맞추고 있네…'

세영이 입관할 때 세영이 귀에다 대고 말했거든요.

"조금만 기다려. 아빠 금방 따라갈게."

그렇게 얘기해놓고서 이렇게 살아 있는 것 자체가 미안해요. 우리 딸이 나한테 진짜 잘해줬는데… 자고 일어나면 모든 게 꿈이었으면 좋겠어요. 그럼 먼저 살던 인생보다 몇 배는 더 열심히 행복하게 살 수 있을 것 같은데. 그렇게 소중한 걸 왜 이제 알았을까. 죽더라도 딸내미 만날 수 있으면 좋겠어요.

세영이 꿈을 꾸면 그렇게 좋아요. 꿈꾸다가 깨면 바로 적어요. 더 자고 일어나면 잊어버릴까봐. 몇 월 며칠 무슨 꿈 꿨는지 핸드폰에 다 적어놨어요. 그런데 그 핸드폰을 잃어버렸네…(한숨)

한재창(한세영 아빠)

° 에어컨

예진이는 더위를 많이 타는 아이였어요. 2014년 3월에 미리 에어컨을 주문했어요. 그해 여름이 아주 더울 거라고 해서 그때 이미 에어컨이 동이 났을 정도였어요. "예진아, 드디어 다음 달에 에어컨 온다!" 하고 카카오톡 메시지(이하 카톡)를 보냈더니 예진이가 "야호!" 하고 답장을 했어요. 그런데 설치하려고 한 날이 참사가 있었던 그 주 토요일이었거든요. 그 정신없을 때 설치 기사님이 예진 아빠한테 연락을 했어요. 예진 아빠가 지금은 설치 못한다고 했더니 그쪽에서 환불은 안 되니까 나중에 설치하러 온다고 했대요. 그래서 6월 즈음에 에어컨을 설치했는데 예진이 생각이 나서 켜지를 못했어요. 2014년에도 못 켜고 2015년에도 못 켜고… 아무리 더워도 못 켜겠더라고요. 예진이는 그렇게 덥게 지내다가 에어컨 한번 쐬어보지도 못하고 갔으니까. 하루는 남편이 나더러 그러는 거예요.

"이 미련한 사람아, 엄마가 그러고 있으면 예진이가 좋아하겠냐! 예진이 생각하면 더 켜야지."

그래서 2년이 지나서 처음 켰어요. 수박도 못 먹었어요. 예진이가 수박을 너무 좋아해서 깍둑썰기 해놓으면 엄청 잘 먹었어요. 참사 후에는 수박을 얻어도 옆집에 주거나 못 먹고 계속 버리게 됐어요. 한 2년 지나니까 사람들이 예진이 생각해서 먹으래요. 그런데 그게 먹히나… 그러다가 올해 처음으로 우리 가족이 수박 한 통을 먹었어요.

'아이고, 참. 산 사람은 먹어지네' 하면서.

박유신(정예진 엄마)

° 열여덟

어느 날 꿈을 꿨는데 준우가 나타났어요. 준우를 찾으려고 배를 타고 가는데 준우가 탄 배를 만난 거예요. 도둑처럼 얼른 그 배로 넘어 갔어요. 3층에 준우가 있었어요. 너무 기뻐서 "준우야, 준우야" 불렀어요. 준우가 고개를 숙이고 있다가 얼굴을 들었는데 얼굴이 준우 동생 태준이인 거예요. 그런데 하는 짓은 딱 준우였어요. 준우가 어쩐지 빨리 가버릴 것 같다는 생각이 들었어요. "너 금방 갈 거야?" 준우가 말은 안 하고 고개를 끄덕끄덕해요. "엄마가 너 안아도 돼?" 또 고개를 끄덕끄덕해요. 그래서 준우를 안았는데… 준우 심장이 너무 차가웠어요.(눈물) 차가워서 안을 수가 없었어요. 깨서는 엉엉 울었어요. 그리고 곰곰이 생각했어요. 왜 준우가 태준이 얼굴로 나타났을까?

그즈음 태준이가 너무 힘들어했어요. 나는 태준이 눈치도 봐야 하고 남편 눈치도 봐야 하죠. 밥을 해야 되니까 내 감정은 숨기고 살아요. 시댁까지 신경써야 해서 너무 힘든데 아들까지 나를 힘들게 하니까 밉더라고요. 그런데 그날 그 꿈을 꾸고는 이런 생각이 들었어요. '아… 우리 준우가 태준이로 살아가겠구나. 태준이의 모습으로 계속 준우를 봐야겠다. 준우가 이렇게 살아 있구나! 그러니까 포기하면 안 돼. 오늘 태준이가 먹은 초콜릿도, 냉장고에 있는 아이스크림도 우유도 다 준우가 먹는 거네. 태준이가 기쁘면 준우도 기쁘고 태준이가 슬프면 준우도 슬프겠네.' 나는 준우만 그리워하면서 지냈는데 이제 태준이가 눈에 들어왔어요. 태준이 속에 준우가 있는데 왜 그걸 모르고 다른 데만 보고 있었지?

2017년에 태준이가 열여덟살이 됐어요. 나는 우리 아들에게 열여덟살 4월이 안 올 줄 알았어요. 그런데 태준이한테도 열여덟살 4월이 왔어요. 나는 숨을 꼴딱꼴딱 쉬어요. 그 시간을 못 넘어갈 줄 알았어요. 그런데 4월이 가고, 5월이 오고⋯ 이제 열여덟살 5월은 태준이뿐만 아니라 준우의 눈으로도 보는 거예요. 다시 보는 거예요. 태준이로 인해서 열여덟살 6월도 보고, 7월도 보고, 겨울도 보게 되더라고요. 열여덟살 준우 엄마에서 멈춰버린 줄 알았는데 태준이의 눈으로 그 세월을 넘어왔어요. 그리고 태준이는 열아홉살이 됐어요. 아, 준우가 동생을 넘겨주고 있나보다⋯ 생각하니까 너무 고마워요.

태준이는 연기 학원을 다녀요. 다달이 들어가는 학원비를 나는 병원비라고 생각해요. 어느 날 학원 선생님이 나한테 전화를 했어요. 태준이한테 하고 싶은 연기를 해보라고 했더니 계속 우스꽝스러운 연기만 했대요. "나는 이게 재밌어요" 하면서. 그러던 애가 한두달이 지나니까 갑자기 손을 들더니 "선생님, 저 슬픈 연기 할 수 있어요" 하더래요. 그러고는 팽목항 바다에 누군가가 둥둥 떠다니는 걸 표현하면서 학원이 떠나갈 정도로 악에 받쳐서 소리를 질렀대요.

"이 바보 같은 녀석, 이준우! 너는 왜 못 살아났어! 너는 왜 물에 빠져서 동동거리는데!"

그러고는 굉장히 서럽게 울어서, 그대로 뒀다가는 애가 어떻게 될 것 같았대요. 수업 끝난 후에 선생님이 아무래도 뭔가 있다 싶어서 불안한 마음에 나한테 전화를 하셨던 거예요. 태준이한테는 다른 아이들하고 다른 깊은 슬픔 같은 게 있다고 하시면서. 실은 세월호 유가족이라고 했더니 깜짝 놀라셨어요. 그 학원 다니던 제자 두명도 희생되어서 한동안 학원 문을 못 열었대요.

요새는 내 모든 신경이 다 태준이를 향해 곤두서 있어요. 정부의 세월호 대책은 온통 어른들을 위한 거지, 아이들을 위한 건 하나도 없어요. 나는 이길 만해요. 사람들은 자식 잃은 부모한테는 밥도 사주고 위로도 해주잖아요. 우리는 그렇게라도 조금씩 풀 수 있지만 아이들은 자꾸 쌓여요. 사고 났을 때 중학교 2학년이던 애가 벌써 고등학교 졸업을 해요. 이제 사회로 나가야 하는데, 애들이 상처받아서 자살이라도 하면 어떡해요? 한순간도 아이를 혼자 놔둘 수가 없어요. 사람이 일을 저지르는 건 순식간이잖아요. 태준이가 자해를 했었어요. 얼마 전에도 나한테 연락을 했어요.

"엄마, 나 병원 데려다줘. 지금 아니면 안 될 것 같아. 지금 와줘. 지금 당장. 나 죽을 것 같아."

아이가 엄마한테 살려달라고 호소를 해요. 고등학교 들어가서 1년 동안 그렇게 힘들어했어요. 내년에는 안 그러겠지… 2학년 때 또 그랬어요. 3학년 때는 안 그러겠지… 3학년 때 또 그랬어요. 우리는 항상 불안해요. 아이가 커도 불안할 것 같아요. 아이들이 너무 불쌍해요. 지금도 태준이 상태 확인하느라고 남편이 계속 전화를 해요. 병원을 알아보는 중이에요. 이따 저녁에는 담임 선생님하고 상담이 있어요. 큰애를 그렇게 잃었는데 태준이는 잃고 싶지 않아요. 주위에서는 직장을 알아봐라, 새로운 걸 배워봐라 하는데 그럴 수가 없어요. 나의 할 일은 이 아이를 잘 지켜주는 거예요. 준우는 못 지켜줬으니까요.

장순복(이준우 엄마)

° 요구르트

우리 혁이 가방이 딱 한달 십일 만에 올라왔어요. 바다 냄새가 말도 못해요. 온 집안에 그 냄새가 진동했는데, 그런 냄새는 처음 맡아 봤어요. 세번을 빨아도 안 없어졌어요. 식초를 넣으면 냄새가 없어진다고 해서 식초에도 담가봤는데 그래도 그 냄새가 났어요. 그때가 딸이랑 남편이랑 같이 서명운동을 다닐 때였어요. 욕실 욕조에 혁이 교복을 담가놓고 나왔어요. 그리고 그날 지방 어느 모텔에서 셋이서 잤는데 딸이 아침에 일어나더니 "나 소름 돋았어…" 그래요. 혁이가 교복을 입고 욕실로 들어가는 꿈을 꿨대요. 자기가 집 나올 때 요구르트에다 빨대를 꽂아놓고는 메모지에 "혁아, 엄마 아빠 누나 서명 받으러 갔다 올 테니까 집 잘 보고 있어"라고 써놓았는데, 그래서 진짜 혁이가 온 것 아닌가 싶다는 거예요.

그전에는 몰랐는데 그 이야기를 듣고 나니까 별생각이 다 들었어요. 온 집안에 혁이 환영이 가득 차 있는 것 같았어요. 혁이 유류품을 간직하려고 빨아서 옥상에 널어놓았거든요. 전에는 옥상에 가면 하늘도 보고 한참 앉아 있다 내려왔는데 그날은 왠지 무서워져서 빨래를 걷어서 도망치듯이 내려왔어요.

저희 집이 50평이었거든요. 혁이랑 같이 살 때는 넓다는 생각을 한 번도 안 해봤는데 혁이가 없으니까 집도 너무 넓어 보이고 여기저기서 환청도 들렸어요. "엄마! 엄마!" 안방에서 혁이가 나를 부르는 것 같고요. 욕실 문이 열리는 소리만 나도 깜짝깜짝 놀랐어요.

어느 날은 혁이 방에서 혁이가 자고 있는 걸 봤어요. 너무 놀라서 넘어질 뻔했어요. 사실은 우리 딸이었어요. 내가 너무 놀라니까 딸도 깜짝 놀랐어요. 혁이 냄새를 맡고 싶어서 그 방에서 잤대요. 아… 무섭더라고요. 그 집에서 더는 못 살겠어서 이사했어요. 이사 와서는 식구들끼리라도 방에 드나들 때는 꼭 노크했어요. 그렇게 긴장한 채로 지냈어요.

조순애(강혁 엄마)

° 인터폰

세월호 참사 100일째 되던 날 서울 광화문에서 추모 문화제를 했었는데, 비가 억수같이 내렸어요. 천둥 번개가 막 치는데 너무 무서웠어요. 그때 우리 아이 마지막 순간을 생각했어요.

'나는 땅 위에서 많은 사람들에게 둘러싸여 있는데도 이렇게 무서운데… 어른인 나도 이렇게 무서운데… 내 새끼는 얼마나 무서웠을까…'

납골함에다가도 2014년 4월 16일에 세상을 떠난 것으로 적었어요. 며칠 더 버텼으면 그 시간만큼 고통스러웠을 거잖아요. 다른 사람들은 아이가 돌아온 날로 많이들 썼다던데, 나는 차라리 그때 세상을 떠났다면 고통은 좀 덜했겠지, 두려움은 좀 덜했겠지, 하는 마음으로 썼어요. 숨이 턱까지 차도록 나올 수 없었을 아이의 고통을 느껴보려고 세면대에 물을 받아서 머리를 담가보았는데 그것조차도 고통스러웠어요.

추모제 다녀온 후에 너무 힘들어서 몇달 동안 집 밖을 안 나가고 밤낮 술만 먹었어요. 이렇게 먹다보면 죽겠지, 하면서. 그때는 유가족들이 안 보이면 혹시 나쁜 생각 할까봐 서로 연락하고 찾으러 다닐 때였어요. 내가 안 나오니까 도언 엄마가, 그때는 도언 엄마인지도 모를 때였는데, 매일매일 우리집에 찾아왔어요. 누가 벨을 눌러서 인터폰을 보면 도언 엄마가 서 있었는데, 문도 열어주지 않았어요. 그러면 도언 엄마는 한참 서 있다 가고, 다음 날 또 왔어요. 그렇게 끈질기게 오더니 어느 날은 그러더라고요.

"예진 엄마, 이렇게 가면 나중에 예진이 어떻게 보려고 그래… 힘내야 돼."

그때부터 그 언니가 나를 데리고 간담회에 다녔어요. 다른 지역에서 열리는 간담회에 가는 날에는 새벽에 나가서 다음 날 새벽에 들어왔어요. 남편이 좋아했어요. 남편이 퇴근해 들어오면 집도 엉망이고 나는 늘 술에 절어서 울기만 하고 있었는데 내가 그렇게 활동을 하니까. 아들은 자기가 챙길 테니까 걱정하지 말라면서요.

아들한테 미안하다고 말했더니 아들이 그랬어요. "저 괜찮아요. 당연한 거죠. 엄마는 내가 그런 일 당했어도 그렇게 하셨을 거잖아요." 고맙기도 하고 미안하기도 하죠.

박유신(정예진 엄마)

° 임플란트

한번은 퇴근 시간에 지하철을 탔어. 사람들에 밀려서 들어갔는데 사람들 사이에 꽉 끼어 있으니까 숨이 막혀서 경기가 일어나려고 해. "제가 너무 힘들어서 그러는데 잠깐만 비켜주세요, 비켜주세요"하면서 겨우겨우 창문가에 가서야 숨을 쉬었어. 창밖을 보니까 조금 괜찮더라고. 나중에 생각해보니까 촛불집회 할 때도 그랬어. 사람들이 마구 밀면 전투경찰(이하 전경)들도 방패로 밀어서 그 사이에 끼이잖아. 그게 너무 무서운 거야. 현수막 들고 행진할 때도 가운데는 못 서겠어. 바깥쪽으로 빠져야 마음이 좀 놓여. 무슨 일이 있으면 빠져나갈 수 있다는 게 위로가 됐어. 그때는 그게 병인지도 몰랐지.

임플란트를 하러 치과에 갔어. 첫번째 날은 괜찮았어. 두번째 하는 날 얼굴에 천을 덮어씌우는데 죽을 것 같은 거야. 내가 참을 수가 없어서 "잠깐만요. 나 이거 안 쓰고 싶어요. 물 튀어도 괜찮으니까 그냥 해주세요" 했더니 간호사가 조명이 너무 밝아서 눈을 꼭 가려야 한대. 그래서 간신히 눈만 덮고 했어. 그래도 너무 힘들어서 간호사한테 손 좀 잡아달라고 했더니 수술 준비해야 돼서 손을 잡아주기는 어렵다면서 쿠션을 주더라고. 그래서 쿠션을 끌어안고 버텼어. 정말 죽을 것 같았는데 겨우 참고 했던 거야. 세번째는 도저히 못 견디겠더라고. 마취까지 다 했는데 수술 도중에 못하겠다고 나와버렸어. 그때 알았지.

'아… 나 치료받아야 하는구나…'

세월이 가면 나아질 거라고 생각했는데 점점 악화되더라고. 그동안은 피하면서 살았던 거야. 비 오는 날이나 캄캄한 밤에는 운전을 못했거든. 두가지 조건이 합쳐진 자동 세차장은 절대로 못 들어가. 좁고 캄캄하고 물소리가 들리니까… 세월호가 떠올라서 못하겠어. 그런 날들이 길어지니까 내가 좀 이상하다는 걸 깨닫게 된 거지. 상담을 받으러 갔더니 의사 선생님이 공황장애, 불안장애라면서 꽤 진행이 됐대. 참사 후에 억울하고 분해서 싸우고 돌아다닐 때는 내가 우울한지 어떤지 신경을 못 썼는데 정권이 바뀌면서 그 마음이 점점 가라앉더라. 옛날에도 아프기는 했지만 신경쓸 여유가 없었는데 이제 뭔가 바뀔 것도 같으니까 한꺼번에 밀려오는 거지.

약 먹은 지 7개월 정도 됐어. 내가 아프다는 걸 식구들이 알아. 남편이 운전도 다 해주고 항상 내 곁에 붙어 있었어. 그게 도움이 많이 됐는지 이제는 남편만 옆에 있으면 비행기를 타도 괜찮을 정도가 됐어. 그래서 의사 선생님한테 약을 줄이고 싶다고 했는데 의사 선생님이 "좀 빠른 것 같기는 하지만 그래도 한번 줄여볼까요" 하더니 약 하나를 줄여줬단 말이야. 그런데 이틀이 딱 지나니까 우울증이 막 밀려와. 전에는 혼자 있어도 그냥저냥 TV도 보고 핸드폰도 보면서 지낼 수 있었는데 약을 줄이니까 막 눈물이 나려고 하고, 차라리 누가 나를 건드려서 펑펑 울었으면 좋겠다는 생각이 들었어. 말도 하기 싫어. 남편이 불러도 대답도 안 해. 얼굴 보기도 싫고 그냥 울고만 싶어. 사람 만나는 것도 싫고 집에만 있으려고 해. 그런데 집도 답답해서 막 뛰쳐나가고 싶은 거야. 그래서 수리산 둘레길을 걸었어. 혼자 음악 들으면서 걷는데 기분이 완전히 가라앉아. 울음을 꾹 참고 있어서 누가 툭 건드리면 바로 악, 하고 울 것 같은 기분이 돼. 약을 완전히 끊은 건 아니니까 눈물이 나오지는 않는데, 그러니까 더 악으로 깡으로 참고 있는 것 같은 심리 상태가 돼. 다 싫어. 다 짜증나. 그게 더 심해지면 큰일이 나는 거겠지. '아, 내가 아직 약을 줄일 때가 아니구나' 깨닫고는 다시 약을 늘렸잖아.

난 이 약들이 나쁘지 않더라고. 잠을 잘 수 있다는 게 참 좋았어. 밤 12시쯤 약을 먹고 핸드폰 조금 보고 있으면 졸려. 예전에는 잠들려면 1~2시간 뒤척여야 했는데 약을 먹으면 30분 안에 자. 길게 자지는 못하고 3~4시간이면 다시 깨지만 그래도 잠이 드는 것 자체가 좋았어. 나는 예민한 사람이어서 머리가 엄청 아팠거든. 싸우러 다닐 때도 두통약, 감기약을 세개씩, 네개씩 갖고 다니면서 먹으면서 싸웠어. 잠도 잘 오지, 머리도 안 아프지, 감기도 안 걸리지, 얼마나 좋아?(웃음) 꼬박꼬박 잘 먹고 있어. 감정 기복이 있는 편인데 기분도 어느 정도 유지해주니까 도움이 되는 것 같아. 그래도 치과는 아직 못 가. 이 하나를 빼놓고는 아직도 못 가고 있네.(한숨)

박혜영(최윤민 엄마)

ㅈ 장충동 왕족발

식당을 23년 했어요. 옆도 뒤도 안 보고 오직 앞만 보고 살았어요. 오전 11시에 가게에 나가서 새벽 2~3시까지 주방에서 장화 신고 일했어요. 아이한테 물려주겠다는 욕심에, 주방에서 일하다 죽어도 좋다고 생각했어요. 첫애 낳은 후부터 친구 한번 안 만났어요. 오직 가게, 집, 가게, 집. 그리고 가족끼리 놀러간 게 전부였어요. 주위에서 우리한테 지독하다고 했지만 그래도 행복했어요. 이 정도면 됐지 싶다가도 사람 욕심이 그게 아니잖아요. 더 벌고 싶고, 더 부유하고 싶고. 그렇게 살아왔는데 4월 16일에 아이 찾으러 가면서 모든 게 부서져버린 것 같아요. 아이 찾은 후에는 가게 셔터 내려놓고 딸이랑 아빠랑 같이 서명 받으러 다녔어요. 지금은 희망이라는 것도 없고 어떻게 살아야 할지도 모르겠어요. 계획을 짤 수가 없어요. 그냥 눈 뜨면 살아 있나보다…

어디 가서 우리 아이 그렇게 됐다고 말 못하겠어요. 동정하는 눈빛이 싫어요. 우리는 임대사업 하면서 장사를 했어요. 세입자들이 우리 손을 잡으면서 힘내라고 그래요. 자존심이 상해요. 우리는 4층에 살았어요. 집도 넓고 좋았죠. 집으로 올라가다보면 세입자들이 삼겹살 구워 먹고 웃고 떠드는 소리가 들려요. 너무 행복해 보여요. 그 계단을 울면서 올라가요. 좋은 집으로 가는데 울면서 가요… 그래서 2014년 10월에 다 정리하고 아파트로 왔어요. 좀 낫더라고요. 아파트에 살면 서로에 대해 잘 모르잖아요. 4년 됐는데 우리에 대해서 아무것도 몰라요. 그게 좋아요. 예전 집에서는 장사하면서 살았으니 동네 사람들이 다 알았거든요. 사고 났을 때 내가 진도체육관에서 혁이 이름 찾다가 없으니까 기절해버리는 모습을 MBC에서 모자이크 처리도 안 하고 계속 내보냈대요. 우리 엄마도 TV에서 딸이 응급차로 실려가는 걸 보고 기절했대요. 동네 사람들도 다 봤겠죠. 나만 보면 그 얘기를 하니까 견딜 수가 없더라고요.

참사 후에 남편이 건물을 청소하고 있었는데 어디선가 찬송가 소리가 들리더래요. 그걸 들으면서 남편이 주저앉아 울었대요. '내가 지금 뭐 하는 짓이지? 자식도 없는데 이걸 왜 하고 있어야 하지?' 그래서 다 정리했어요. 후회는 안 해요. 돈만 생각했으면 건물도 안 팔고 장사도 했을 거예요. 장사 잘됐거든요. 우리가 원한 게 돈이었다면 장사도 계속하고, 임대사업도 계속했을 텐데, 중요한 건 돈이 아니었어요. 내 새끼가 왜 그렇게 죽어야 했는지…(울먹임) 그게 중요했어요. 그래서 모든 욕심을 버리고 미친 듯이 서명 받으러 다녔어요. 건물 팔아서 아파트 샀고 나머지로 생활비 쓰는 거예요. 들어오는 것 없이 한달에 300~400만원은 나가는데 그것도 4년이 넘었잖아요. 언젠가 대충 따져보니까 2억원 가까이 썼더라고요. 돈 쓴 거 후회 없어요. 후회되면 지금이라도 다시 장사하면 돼요. 그런데 하고 싶지 않아요. 돈 벌고 싶은 마음이 없어요. 맥이 빠져버렸어요. 너무 허무해요.

조순애(강혁 엄마)

^ㅈ 전단지

소리 없이 우는 게 습관이 됐어요. 시연이 동생도 소리 내어 울지
않아요.(침묵) 가족끼리는 세월호에 대해, 시연이에 대해 대화하지 않
아요. 서로 아프니까요. 음… 가족들끼리 그런 대화를 하는 게 더 어
려운 것 같아요. 내가 세월호 활동하느라고 둘째를 잘 못 챙겨주는데
도 화내지 않고 잘 다녀오라고 응원해주고 혼자서 이렇게 잘 커줘서
고마워요. 말하지는 않지만 서로 의지하고 있다는 걸 알아가고 있는
것 같아요.

처음으로 둘째를 붙잡고 펑펑 울었던 적이 있어요. 2018년 4월
16일 영결식 날이었어요. 그전에는 둘째 앞에서 운 적이 한번도 없어
요. 전날 목포신항에 갔다가 안산으로 올라오면서부터 눈물이 터졌
는데 멈추지가 않았어요. 소리 없이 울었어요. 집에 와서도 둘째한테
들키지 않으려고 계속 세수를 했어요. 아이가 거실로 나오면 나는 방
에 들어갔어요. 일부러 눈 안 마주치려고 부엌에 있다가 방에 들어갔
다가 하면서 가만히 앉아 있지를 못했어요.

그렇게 영결식 아침이 되어서 내가 먼저 분향소에 나왔어요. 둘째
는 행사 시간 맞춰 온다고 저보다 늦게 나왔고요. 분향소에 도착했
더니 아이들 영정사진이 바깥에 나와 있었어요. 그걸 보고는 그때부
터… 눈물이 터진 거예요. 막 소리를 치면서 울기 시작했어요. 눈물
이 멈추지 않았어요.

'둘째 오기 전까지 진정하자, 진정하자…'

울면서 다짐을 하고 조금 진정이 되는가 했는데 막상 둘째를 보니

까… 또 주체가 안 되는 거예요. 아이를 안고 막 울었어요. 그애도 울었는데 티를 내지 않으려고 한쪽 손은 내 어깨를 잡고 다른 쪽 손으로는 전단지를 잡고 보는 척을 했어요. 그런데 그 아이 눈물이 내 손에 뚝뚝 떨어지는 거예요… 영결식이 끝날 때까지 우리는 손을 붙잡고 있었어요. 말은 하지 않았지만… 서로가 어떤 마음인지 알 수 있었어요.

윤경희(김시연 엄마)

^ㅈ 졸업 #1

2018년 2월에 제훈이 동생이 졸업을 했어요. 둘째한테는 너무 기쁜 자리인데 제훈이 생각이 안 날 수 없더라고요. 아이가 살아 있었으면 두번째 졸업식이었을 텐데, 하나를 건너뛰고 둘째 졸업식을 한다고 생각하니까 눈물이 멈추지가 않았어요. 모두가 기쁜 그 자리에서 아… 그것보다 더한 이방인은 없더라고요. 나만 고립된 것 같았어요. 그렇다고 아들한테 그런 모습을 보일 수는 없잖아요. 아이를 따라다니면서 열심히 사진을 찍었어요. 일부러 바쁘게 돌아다니고 더 크게 웃었어요. 아이한테 포커스를 맞추니까 눈물이 조금 가셨던 것 같아요. '아… 결혼식도 이렇겠구나. 손주가 생겨도 이렇겠구나' 생각했어요.(침묵)

이지연(김제훈 엄마)

^ㅈ 졸업 #2

시연이는 음악을 하고 싶어해서 안산디자인문화고등학교 공연콘텐츠과를 가려고 했어요. 입학 지원을 했는데 떨어졌죠. 그게 나에게는 제일… 아픈 일이에요. 시연이가 그 학교에 합격했다면 단원고에도 안 갔을 텐데… 시연이 동생도 그게 마음이 아팠던지 언니 대신 언니 꿈을 이루겠다면서 안산디자인문화고등학교 공연콘텐츠과를 가겠다는 거예요. 둘째는 그림을 그리는 아이였는데 음악하는 과에 가겠다니까 말렸죠. 그런데도 듣지 않았어요. 입학설명회장 입구에서 아이를 붙잡고 설득했어요. 정히 네 뜻이 그러면 이 학교를 다니되 시각디자인과로 가라고요. 한참 설득해서 그렇게 하기로 하고 입학했어요.

둘째가 고등학교 졸업하던 날 내가 많이 아팠어요. 전날부터 계속 걱정했어요. 내가 너무 울 것 같았거든요. 내가 울면 둘째가 많이 속상할 텐데… 졸업식에 가서 둘째와 눈도 마주치지 못했어요. 친구들이랑 한껏 즐거워야 하는 날인데 나 때문에 분위기를 망칠까봐 미안했어요. 시연이는 졸업을 못했잖아요. 5년 전 그 학교 그 강당에 시연이와 함께 있었죠. 시연이 손을 잡고 입학설명회를 들었어요. 거기에 시연이는 없고 시연이 동생이 서 있었어요. 우리 시연이가 이 학교에 왔다면, 여기서 졸업을 했다면 얼마나 좋았을까… 그곳은 시연이 동생이 아니라 시연이가 가고 싶었던 학교니까요.

윤경희(김시연 엄마)

^ㅈ 졸업 #3

시연이가 중학교 3학년 때 나는 한국방송통신대학교(이하 방통대)에 입학했어요. 시연이 고등학교 졸업하는 해에 나도 대학을 졸업하니까 둘이 같이 유럽여행 가자고 약속했어요. 그런데 시연이는 졸업을 못하고 참사가 났죠.(침묵) 그 상황에서 더이상 공부를 못할 것 같아서 학교를 그만둘까도 싶었는데 같이 공부하던 언니들이 "시연이랑 약속한 것도 있으니 시연이한테 졸업장을 선물로 주면 어때?" 하고 얘기를 해줬어요.

시연이는 내가 공부하는 걸 무척 좋아했어요. 시연이 초등학교 1학년 때부터 중학교 3학년까지, 나는 살림만 한 사람이라, 녹색어머니회 일에 한번도 빠진 적이 없었어요. 어느 날 어떤 엄마가 갑자기 못 나오게 되어서, 담임 선생님이 시연이한테 "내일 너희 어머니 시간 되시니?" 물었더니 시연이가 그랬대요. "안 돼요. 우리 엄마 방통대 입학해서 공부해야 돼요." 선생님이 웃으면서 나한테 물으시더라고요. "어머니, 공부하세요?" 시연이가 학교에서 자랑을 많이 했대요. 내 생일 때 시연이가 책도 선물했어요. 맨 앞장에다 '방송통신대학교 교육학과 1학년 윤경희'라고 써주었어요. 애들이랑 같이 공부하는 게 좋았어요. 일부러 교양과목도 세계사 같은 걸 들어서 시험 기간 되면 서로 문제 내주고 맞히고는 했어요. 시연이를 위해서라도 졸업하고 싶었어요.

세월호 활동하느라 바쁜 와중에도 학교 과제를 했어요. 1학기 과제 마감이 4월 중순인데 그때는 팽목항에도 가야 하고 간담회도 가야 했거든요. 간담회도 스무개씩 있었는데 지금 생각하면 리포트를 어떻게 썼는지도 모르겠어요. 좋은 점수는 아니었지만 그렇게 간신히 졸업을 했어요. 그리고 우리 시연이 영정사진을 들고 졸업사진을 찍었어요…(침묵) 같이 유럽도 못 가고, 같이 졸업도 못했지만 그래도 졸업장은 딴 거죠. 잘했다고… 생각해요.

윤경희(김시연 엄마)

＊ 충전

참사 후에 나는 직장을 바로 그만뒀는데 남편은 그해 6월에 복직했어요. 국회에서 노숙 농성할 때 다른 아빠들은 일 그만두고 같이 노숙하는데, 예진 아빠는 그러지 못하니까 너무 서운했어요. 유가족 중에는 직장 다니는 사람들에 대해 대놓고 나쁘게 말하는 사람들도 있었어요. "지금 돈이 벌려?" 하면서요. 그때는 나도 온통 예진이 생각밖에 없었는데, 사람들까지 그런 소리를 하니까 더 화가 나는 거예요. 남편한테 화를 냈어요. "예진이도 없는데 돈은 벌어서 어디다 쓰려고 그래!" 남편이 아무 소리도 안 하더라고요.

한참 지나서야 남편이 이야기했어요. 남편도 그때 너무 힘들어서 미치는 줄 알았대요. 내가 미쳐서 돌아다니고 있으니 자기라도 정신 똑바로 차리지 않으면 안 될 것 같았다고, 수년을 다니던 길인데도 길을 잃고 헤맬 때가 한두번이 아니었다고요. "나는 뭐 아빠 아니냐!" 그러는데 미안하더라고요. 지금 생각하니 남편이 그때 그렇게 살아준 게 고마워요.

남편은 지금도 그 회사를 계속 다니고 있어요. 영업직이라 거래처를 많이 다니는데 차에다 노란리본을 붙여놓으면 회사에서 누가 떼어버리기도 하나봐요. 그럴 때마다 마음이 많이 힘들었을 텐데… 나는 그것도 모르고 모든 원망을 남편한테 했거든요. 당신 만나서 이렇게 된 거다, 당신이 운이 없는 사람이라 예진이가 이렇게 된 거다, 별의별 소리를 다 했어요. 보통은 내가 아무리 화를 내도 다 받아주던 사람인데 언젠가는 성질나서 뛰쳐나갔던 적이 있어요. 늦게까지 집에 안 들어오더라고요. 전화를 했더니 핸드폰도 집에 두고 나갔어요. 분향소에서 자는가 싶어서 가봤는데 거기에도 없었어요. 가깝게 지내는 유가족들한테도 연락을 해봤는데 아무도 못 봤대요. 너무 걱정이 되어서 경찰서에 신고했어요.

경찰이 최근에 찍은 사진을 달라고 해서 광화문에서 찍은 걸 줬더니 그걸로 전단지를 만들고 경찰을 200명 정도 풀어서 동네를 샅샅이 뒤졌어요. 그런데도 자정이 다 되도록 못 찾았어요. 우리 동네에 산이 하나 있거든요. 그 산에서 간혹 목을 매는 사람이 있었어요. 경찰들이 자기들끼리, 그 산에는 가봤냐고, 혹시 거기 목맨 사람 없었냐고 이야기하는 소리를 듣는데 너무 불안했어요. 새벽에 집 안에 있을 수가 없어서 문밖을 서성이고 있는데 형사가 왔어요. 뒤에 오는 사람을 가리키면서 "저기 오시는 분이 남편분 맞으세요?" 하고 물었어요. 맞더라고요. 맞다고 하니까 형사가 남편한테 "본인 맞으면서 왜 아니라고 그래요?" 그러는 거예요. 형사가 전단지 보여주면서 물어보니까 남편이 창피했던 것 같아요.

내가 남편한테 어디 갔다 왔냐고 물었는데, 지금까지도 말을 안 해 줘요. 나쁜 생각을 했던 것 같아서 그뒤로는 굉장히 조심하면서 지내요. 나도 순간순간 '살아서 뭐 해' 하는 생각이 들 때가 있거든요. 그럴 때 누가 잘못 건드리면 사람이 어떻게 될지 모르잖아요. 우리는 편이 없는 것 같거든요. 그런데 내 편이라고 믿었던 사람마저 그러면 진짜 살고 싶지 않은 거죠.(한숨)

아들하고 신랑이 내 눈에 안 보이거나 집에 없으면 불안해요. 그 불안이 극복이 안 돼요. 둘 다 집에 있어야만 집에서건 밖에서건 내가 술을 한잔이라도 먹을 수가 있어요. 한명이라도 집에 돌아오지 않으면 술자리에 앉아 있어도 술을 먹을 수가 없어요. 혹시라도 무슨 일이 생기면 달려갈 준비가 되어 있어야 한다고 생각하는 거죠. 계속 불안한 상태로 사는 거예요. 두 사람이 다 들어오면 그 시간만큼은 안심이 되니까, 그렇게 충전하는 것 같아요. 내일 또 하루 종일 그 불안을 견뎌야 할 내 마음을 충전하면서 그렇게, 그렇게, 그냥 버티는 것 같아요.

박유신(정예진 엄마)

^ㄹ 토라지다

집 안에 침묵이 흘러요. 식구들은 각자 떨어져서 하고 싶은 거 하고, TV 볼 때도 대화가 없어요. 가족이 함께 밥 먹고 아이와 이야기하는 시간도 없어졌고요. 승묵이 빈자리도 컸지만 웃고 떠들던 생활이 사라졌다는 것도 너무 힘들었어요. 딸아이와 같이 쇼핑을 하러 가도, 예전 같으면 이게 좋네, 저게 좋네, 수다도 떨고, "그건 너무 짧지 않아? 안 돼" 하면서 실랑이를 벌였을 텐데 이제는 그러지 않아요. "응, 그래. 너 하고 싶은 대로 해" 그러면서 그냥 아이를 따라다니기만 해요.

외모든 옷차림이든, 아이는 아이답게, 어른은 어른답게, 그런 생각을 갖고 살았어요. 승묵이는 옷을 고를 때 브랜드를 중요하게 보는 게 아니라 값이 싸더라도 예쁜 것, 튀는 것을 좋아했어요. 염색도 무척 하고 싶어했고요. 나는 그걸 이해하지 못했고 싫어했어요. 그게 너무 미안하죠. 그래서 딸한테는 하고 싶은 것 다 하게 해요. 나중에 또 후회가 될까봐요.

서로 실랑이를 벌이고, 다투고, 할퀴고, 토라지던 생활 자체가 없어졌어요. 아이도 마찬가지겠죠. 엄마가 상처받을까봐 제대로 내색하지 않아요. 평범한 가정이라는 게, 기분이 안 좋으면 토라지고 의견이 안 맞으면 싸우고, 그러다가 미안하면 맛있는 거 만들어주면서 화해하는 그런 거잖아요. 그런 생활 자체가 없어졌어요.

은인숙(강승묵 엄마)

ㅍ 팔, 다리, 수염

밤에 작은아들 자는 모습을 보고 있으면 건우와 연년생이라 그런지 비슷한 느낌을 받아요. 머리로야 아니라는 걸 알지만요… 옛날에 회사 끝나고 새벽에 들어오면 자고 있던 건우 녀석한테 가서 괜히 얼굴 한번 만져보고, 팔이나 다리도 만져보고, 배도 만져보고 그랬거든요. 그때 그 느낌… 잊어버렸었거든요. 그런데 어느 날 작은 녀석이 자고 있는 모습을 물끄러미 바라보다가 얼굴을 만져봤어요. 수염 난 것도 만져보고, 가슴이나 배도 만져보고, 팔다리도 만져보고… 그러니까 예전에 건우를 만졌을 때 느낌이 살아나더라고요. 지금도 가끔 작은아들이 잘 때 만져봐요. 그런 느낌, 잊고 싶지가 않아요. 그런 느낌을 잊는다는 게 가장 두려워요.

김광배(김건우 아빠)

ᵖ 편지

2014년 12월 21일 밤 11시쯤 막내한테서 누나가 이상하다고 전화가 왔어요. 정신없이 달려갔더니 소희가 교복을 입고 가슴에 이름표를 여러개 달고 누워 있었어요. 멀리 떠나는 사람처럼 장롱에 옷도 다 정리해놓고요. 소희가 먹던 약이 있었는데 그걸 한꺼번에 다 먹고 손목을 세번인가 그었어요. 119에 전화해서 병원으로 옮기고 위세척을 했어요. 다행히 생명에 지장은 없었어요. 한동안 병원에 입원해 있어야 했지만요.

그날 밤 아이를 병원에 두고 잠깐 집에 왔는데… 베개 밑에 소희가 써둔 편지가 있었어요. 그동안 고마웠다, 친구가 너무 그리워서 가겠다, 그런 내용이었죠. 그냥 멍하고… 아무 생각도 안 들고, 다 싫은 거예요. 뭐 하러 사나… 그런 생각이 드니까 주체가 안 되더라고요. 그날 나도 죽으려고 했어요. 칼로 그었는데… 아직도 흉터가 있어요. 그런데 교회 목사님이 전화하셔서는 "소희 아빠 힘내. 막내도 있잖아. 막내 지켜줘야지" 하시는데 정신이 번쩍 들었어요. '아, 나한테는 막내도 있었지.' 트라우마라는 게 그렇게 무섭다는 걸 그때 알았어요. 가족 중에 한 사람이 잘못되면 다른 가족들도 따라서 잘못되는 건 순식간이겠더라고요.

소희가 초등학교 5학년, 막내가 3학년 때부터 내가 애들을 혼자 키웠어요…(눈시울 붉어짐) 그것도 너무 미안한데… 이런 사고를 당하니까 더 미안하고… 그래서 내가 세월호 활동에 더 매달리는 것도 있어요. 부모가 되어가지고 이거라도 해줘야지. 막내가 소희를 엄마처럼

따랐어요. 누나가 잘못되면 자기도 따라가겠다고…(침묵)

소희는 유치원 때부터 선생님이 꿈이었어요. 유치원 때는 유치원 선생님, 초등학교 때는 초등학교 선생님, 중학교 때는 중학교 선생님이 꿈이었어요. 고등학교 가더니 그 꿈이 교수로 변하더라고요. 공부할 거라면서 단원고로 갔어요. 대학을 국문학과로 갔는데… 1학년 다니더니 도저히 못 다니겠다면서 내려놓은 상태예요. 꿈이 다 무너져버렸죠. 못하겠대요.

그애들 학교생활이 어땠겠어요? 어떻게 공부가 되나요? 참사 직후에 살아온 아이들은 연수원에서 합숙생활을 했었는데, 그것도 편치 않았는지 학교로 돌아가고 싶다고 했어요. 그렇지만 생활이 제대로 될 수가 없죠. 정신과 약을 먹는 아이들은 멍하고, 여학생들은 쉬는 시간이면 사고 전 자기 교실에 가서 친구들 빈 책상에 앉아서 우는 거예요. 남학생들은 감정을 폭발시켜야 하는데 그러지를 못하니까… 한번은 학교에서 전화가 와서 가봤더니 아이들 세명이 탈진 상태였던 적도 있었어요. 그만큼 아이들이 많이 힘들어하고 희생된 친구들을 그리워하고 있었죠. 소희는 9반 보미와 둘도 없는 단짝이었어요. 보미는 희생됐어요. 소희가 그날 그 길을 택한 것도 보미와 다른 친구들이 그리워서였어요.

트라우마는 몸속에 내재해 있다가 힘들 때 나오는 거라고 하던데 앞으로도 걱정이에요. 한번이 어렵지, 두번 세번은 쉽다던데… 나는 아마 죽을 때 눈을 못 감고 죽을 거예요. 유가족분들이 나를 보고 이렇게 이야기하세요.

"우리는 가슴에 묻으면 되는데 당신들이 걱정이다…"

소희 소식 듣고 제일 먼저 달려온 것도 보미 엄마였어요. 보면 서

로 아프죠. 소희가 보미네 집에서 놀다가 자고 오기도 하고 보미가
우리 집에 와서 자기도 했어요. 보미네와 우리는 만나면 서로 아픈
게 보여요. 나는 보미 엄마를 보면 말을 못하고… 보미 엄마도 나를
보면 그렇겠죠. 소희는 살았지만… 이렇게 아프니까요.

박윤수(생존학생 박소희 아빠)

^ㅎ 한마디

기록자   아버님, 이 이야기만큼은 꼭 책에 적고 싶다 하시는 게 있다
            면 한마디 해주세요.

한재창   누구한테 하고 싶은 말요?

기록자   누구한테든 상관없어요.

한재창   ……(잠시 침묵) 세영아, 아빠가 지금은 네가 보기에 좀 시원찮
            은 것 같아도 앞으로 더 열심히 하고 더 자주 너를 찾아갈게.
            세영이가 친구들한테 인기 많았던 것만큼 아빠도 욕 안 먹는
            아빠가 되도록 더 열심히 할게. 그러니까 아빠 꿈에 자주 나
            와줬으면 좋겠다.

한재창(한세영 아빠)

글: 홍은전

2장

세월호의 지도

명분과 신념이 깃든 장소도 있고,
아니면 말 그대로 싸워야 하는 장소도 있을 텐데,
그런 것들이 전체적으로 조금씩 손상되는 게 아닌가 싶어요.
예전에는 내가 흔들릴 때마다 마음을 다잡으려고 단원고나 분향소를 갔어요.
혹시라도 내 욕심이 앞설까봐 우리 아이 입장에서 다시 한번 생각하고.
우리 아이들이라면 어떻게 했을까…
그곳에 가면 복잡하고 걱정되고 옆으로 새려던 마음이 싹 잘려나갔어요.
원점으로 돌아갈 수 있는 방법이었죠.
어떤 부모님들에게는 그런 곳이 동거차도고,
팽목이고, 광화문이었을 텐데… 우리는 계속 싸워야 하는데
싸움의 중간중간마다 생각을 확인하고 정리하는 기준점이 됐던
장소들이 사라져가고 있어요. 생각을 정리하기가 쉽지 않고,
잊히길 원하는 사람들이 바란 게 이런 것이겠구나 싶고. 겁이 나요.

박요섭(박시찬 아빠)

팽목

건우 생각나면 내려가요. 당일치기로 갔다 오거나 며칠 있다 올라오기도 하고. 팽목에 등대가 있거든요. 거기 한번씩 왔다 갔다 하고, 멍하게 있다가 건우 생각하다 다시 오고. 내가 건우를 그 자리에서 직접 보고 안았으니까… 그 차디찬 몸을 내가 안았으니까…

김정윤(김건우 아빠)

지옥도 그런 지옥이 없었어. 울고불고 소리 지르다 기절하고 아비규환이었지. 밤에라도 애들이 나오면 신상, 특징, 이런 게 TV로 나와. 그러니 다 멍하게 앉아서 TV만 쳐다보는 거야. 우리 애가 나올까? 생각하면서.

처음에는 안 나오길 바랐지. 나온 애들은 이미 죽은 애들이니까. 안 나오면 살아 있을 확률이 있는 거잖아. 그런데 사흘이 지나가니까 나왔으면 좋겠다… 난 윤민이가 고통받는 게 싫더라고. 에어포켓 얘기 나왔잖아. 난 솔직히 에어포켓을 믿지 않았어. 에어포켓이 있다고 해도 나는 싫었어. 애가 얼마나 무서웠을 거야, 얼마나 힘들었을 거냐고… 애가 이틀, 사흘… 그 컴컴한 공간에서 목까지 차오르는 차가운 물속에 있는 걸 상상조차 하기 싫은 거야. 사흘이 넘으니까 '빨리 나왔으면, 차라리 고통이나 받지 않았으면…' 그런 생각이 들더라, 엄마란 사람이…

박혜영(최윤민 엄마)

애 아빠가 팽목에 저를 못 오게 했어요. 애들 챙기라고. 첫째가 그때 거의 발작 상태였거든요. 시어머니도 저희 집에 와 계셨는데 어머님이 매일 대성통곡을 하시니까 제가 울 수가 없는 거예요. 우는 것도 혼자 숨어서 울었어요. 예은이한테 너무 가고 싶은데 못 가고 있으니까 친정 언니가 저를 끌고 목포에 내려갔어요. 왜 바보같이 집에 있냐고. 목포에 갔더니 애 아빠가 여기가 어딘 줄 알고 왔냐고 여긴 지옥이라고, 지옥! 소리소리 지르면서 빨리 집으로 돌아가라고 해서 울면서 다시 올라왔죠. 그래서 예은이 올라올 때 예은이를 못 봤어요. 애 아빠가 처음에는 못 알아봤다고 하더라고요. 엄마들은 아니거든요. 나는 발끝만 봐도 알 수 있는데, 고갯짓만 봐도 '아, 예은이구나' 알 수 있는데…

박은희(유예은 엄마)

준영이가 일주일 만에 물에서 나왔는데 애기를 못 만지게 하는 거예요. 우리 체온이 36도라 만지면 애가 녹는대요. 안 구한 거 다 봤는데, 왜 죽었는지도 모르는데, 마지막 인사도 못했는데, 애를 만질 수조차 없는 거예요…

이튿날 새벽 1시에 임시 가관을 하는데 애기가 전날 본 모습하고 너무 달랐어요. 처음에 봤을 때는 마치 자는 것 같아서 흔들어 깨우면 "엄마" 하고 일어날 것 같았는데… 녹는다는 애를 냉동고도 준비가 안 돼서 상온에다 하루를 둔 거예요. 애기가 퍼래졌어요. 가관도 관에 수습하는 것도 아니고 큰 지퍼팩에 넣었는데, 지퍼에 입이 낀 거예요. 가관을 하고 다시 자갈밭 위에다 애를 올려놓더라고요. 그때 그 처참함은… 이루 말할 수가 없어요. 너무 부당하다고, 억울하게 죽은 내 새끼 마지막 가는 길에 예의라도 좀 지켜달라고 하고 싶은데 말을 못하겠는 거예요. 그러면 내 새끼한테 더 심하게 할까봐. 또 내 아이 찾았다고 내 속에 있는 억울함 다 표현하면 아직도 안 나온 애들이 많은데 그애들한테 피해가 갈까봐 말을 못하겠는 거예요. 그래서 제가 병원에 도착해 제일 먼저 한 말이 뭔 줄 아세요? "우리 애기 좀 얼려주세요, 우리 애기 좀 얼려주세요…"

임영애(오준영 엄마)

어떤 엄마가 화장을 해요. "왜 화장을 해?" 그랬더니 예쁘게 하고 있어야 애가 올 것 같대. 막 욕을 했죠. "애가 저 바닷속에 있는데 화장을 해?" 그런데 정말 애가 돌아왔어요. 진짜로 집에 가서 청소하고 불 켜놓고 밥해놓고 그러면 애들이 돌아왔다니까. 저도 태민이가 하도 안 나오니까 답답하기도 하고 한번쯤 다녀오자 싶어서 집에 가서 밥해놓고, 불도 켜놓고, 문도 안 잠그고 내려왔어요. 그런데 진짜로 그다음 날, 5월 3일에 태민이가 올라왔어요. 250명 중에서 231번으로.

20일까지는 애들이 올라오면 부모들이 일일이 다 확인했어요. 애들이 창문 붙잡고 얼마나 두들겼는지 손을 든 상태로 굳어 있는 거야. 100명 넘는 아이들을 보고 나니까 너무 힘들어서 더이상은 못 보겠더라고요.

태민이 올라온 날, 네댓명이 올라왔어요. A4 용지에 인상착의를 기재해 붙여놨는데 그중에 한명이 우리 태민이 같은 거예요. 확인을 해달라니까 DNA 검사부터 해야 된다고 기다리래. 25일 넘어서부터는 훼손이 심해서 눈으로는 판단이 안 되니까 DNA 검사부터 했거든요. 다음 날 아침 일찍 전화가 왔어요. "태민이 맞는 것 같은데 확인 좀 해

주세요." 애 아빠가 먼저 확인한다고 갔는데 안 오는 거야. 하도 연락
이 없어서 가보니까 제가 못 보게 이미 태민이를 다 싸놓은 거예요.
염할 때도 병원에서 얘기를 하더라고요. 엄마는 안 보는 게 좋겠다고.

  2년 정도 지났을 때 애 아빠가 하는 말이 태민이 얼굴이 찢어져서
피로 흠뻑 젖어 있었대요. 얼굴 살갗도 좀 많이 벗겨졌더라고. 그러
면서 자기는 태민이가 예쁘게 웃고 있는 사진을 봐도 마지막 그 모습
이 겹쳐서 태민이를 볼 수가 없다고…

문연옥(이태민 엄마)

다 찾아서 한번에 같이 올라갑시다, 합동 장례 치릅시다, 약속했는
데 상황이 안 되다보니까 하나둘 올라와서 각자 장례를 치렀지. 그런
데 팽목 소식은 계속 들리고 안산에 있다가는 미쳐버릴 것 같더라고.
사실 부모들 생각은 안 했어. 애들 생각만 나는 거지. 통닭 사주면 같
이 먹던 우재 친구들, 중·고등학교까지 같이 다닌 우재 초등학교 친
구들, 그 친구들이 아직 안 나온 거야. 그래서 팽목에 다시 내려왔어.
처음에는 진도체육관에 갔는데 내 아이를 찾았다는 죄책감에 누구
아빠라고 말을 못하겠어. "누구요?" 그러면 "아, 아닙니다" 그러고
그냥 옆으로 가. 뺑뺑 돌다가 체육관에는 못 있겠다 싶어서 팽목항
으로 왔어. 그때가 2014년 10월이었는데, 그때부터 목포·진도·해남·
광주에서 온 시민들이랑 등대에서 기다림의 문화제를 하면서 눌러
앉았지. 도와주시는 분들 밥해 먹이고, 나비 목걸이, 가죽 팔찌 만들
며 팽목 분향소를 지키다보니 어느새 4년이 갔어.

고영환(고우재 아빠)

팽목을 좀 오랫동안 다녔어요. 너무 힘들어하는 가족들은 바지선을 못 탔어요. 저는 아이들을 어떻게 수습하고 있는지, 우리 아이들 유품, 유류품 올라오는 거 똑똑히 지켜봐야겠다는 생각에 바지선을 탔어요. 그러다 가방 하나, 명찰 하나, 옷가지 하나라도 찾으면 그게 우리 아이들같이 느껴지는 거예요. 소중하고 안타깝고 억울하고 분노가 치밀고… 마음은 복잡한데 그러면서도 계속 찾아주고 싶었어요. 부모들이 얼마나 좋아할까, 그게 서로에게 작은 힘이라도 될 수 있지 않을까 싶고. 그런데 또 그 순간이 제일 힘들었던 것 같아요. 혜선이가 저 어둡고 침침한 바닷속에서 갔는데 그 장소에 내가 왜 와 있을까? 그런 생각에.

성시경(김혜선 엄마)

안산

아이가 일주일 만에 돌아왔어요. 신발도 없이 젖은 양말만 신고 있는 걸 보니 억장이 무너지더라고요. 아이 올라온 날 날씨가 무더웠는데 냉방 장치 있는 차가 준비가 안 된 거예요. 어쩔 수 없이 119 타고 안산으로 올라왔더니 멀쩡했던 아이가 너무 많이 상해버렸어요. 정말 그때 심정은… 그런데 안산 장례식장도 꽉 차서 자리가 없는 거야. 병원에서 우리더러 집에 가 있다 다시 오래요. 아이는 냉동고에 넣고. 그게 말이 돼요? 부모가. 추운 곳에서 나왔으니까 또 추운 곳에 있게 하고 싶지 않았는데 아이를 추운 냉동고에 넣고 이틀 동안 병원 로비에서 계속 기다렸어요. 이틀 지난 다음에 장례를 치르고 아이를 보내줬죠.

성시경(김혜선 엄마)

시연이가 매일 끌어안고 자던 인형을 들고 둘째가 영안실 앞에 먼저 와 기다리고 있었어요. 영안실에 도착하자마자 제가 시연이 옷 갈아입힌다고 지퍼를 딱 열었는데 올라오는 동안 애기가 다 상한 거예요. 눈이 뒤집어지고 입에서 내장 오물이 다 나오기 시작하는 거예요… 그래서 둘째가 언니 보고 싶다고 들어온다는 걸 막으려고 영안실 문을 붙잡고 있었어요. "지금 언니 보면 안 된대. 조금 이따가 보자" 그러고는 바로 냉동고에 넣었어요.

장례 치르는 내내 둘째가 소리 내어 울지 않았어요. 중학생이었는데 상복 입고 내 옆에 서서 내 손 꼭 잡아주며 엄마 힘드니까 절하지 말라고. 발인하는 날 새벽에 입관하면서 처음으로 둘째가 시연이를 봤어요. 테이프로 눈 다 붙이고, 입 안에도 뭘 잔뜩 집어넣어놓은 걸 보더니 둘째가 그때 처음으로 막 소리치며 울었어요. 저한테 화내면서. "언니 안 다쳤다며. 똑같다며. 저게 뭐가 똑같은 거야…"

윤경희(김시연 엄마)

혜정이는 상대적으로 일찍 나왔어요. 병원에서 봤는데 몸은 얼어 있고 구명조끼도 없고. 조끼를 왜 벗겼냐고 물어봤더니 조끼도 없이 나왔다고. 안산으로 가려는데 검시관이 아직 출근을 안 해서 안 된다고 해서 한참을 기다렸어요. 혜정이는 마지막 길에 학교를 못 들어가봤어요. 학교에 학생들이 있으니 피해나 부담을 주고 싶지 않아서 장지 가면서 학교 앞으로만 지나갔죠. 서지도 않고.

혜정이가 단원고에 처음 부임해서 1학년 담임을 맡았어요. 이듬해에 2학년 담임을 맡았는데 1학년 때 맡았던 아이들 중 다섯명이 2학년 때도 같은 반이 되었어요. 그애들이 다… 한명도 살아오지 못했어요.

최재규(희생교사 최혜정 아빠)

다른 생존자들은 모두 이동을 했는데, 어떻게 된 건지 소희만 진도 한국병원에 맨 마지막까지 남아 있게 됐더래요. 생존자 중에서 소희 혼자만 병원에 남아 있으니까 기자들이 소희한테 집중을 한 거죠. 그리고 당시에 애를 1인실이 아닌 여러 사람이 같이 있는 병실에 두고 TV까지 틀어놓은 거예요. 애가 세월호 뉴스를 다 본 거예요. 소희가 울면서 전화를 했어요. 아빠 왜 빨리 안 오냐고. 가서 보니까 두 팔 다 못 쓸 정도로 멍이 들고 반깁스까지 했더라고요. 친구들이랑 서로 끌어올리려고 힘을 쓰다가 그런 것 같은데 자기도 어쩌다 다쳤는지는 정확히 모르겠다고.

주변에 대기 중인 앰뷸런스가 되게 많았는데 안산에 가야 한다니까 택시를 타고 가래요. 애 상태가 되게 안 좋은데, 어 뭐지? 싶었지만 어쩔 수 없이 택시를 타고 단원고로 가서 어떻게 해야 하냐고 물어보니까 거기도 난장판이고 어떻게 해야 할지를 모르더라고요. 그때 먼저 올라온 생존학생들은 고려대학교 안산병원(이하 고대병원)에 있었거든요. 고대병원에 전화를 하니까 응급실까지 꽉 찼다, 더이상 받을 수 없다, 그럼 어떻게 하냐? 한도병원으로 가라, 연락 다 해놨으니까 가시면 된다고 하더라고요. 그래서 한도병원으로 갔는데 그게 아닌 거예요. 누가 나와 있는 것도 아니고, 제가 일일이 수속을 다 밟아야 했어요.

병원에 입원해 있는데 해양경찰(이하 해경)이 와서 조서를 썼대요. 소희가 자기가 쓰겠다고 분명히 말했는데 "아냐, 너 팔 아프니까 아저씨가 써줄게"라고 했대요. 그러고는 해경이 구한 걸로 적은 거예요. 그 조서가 아직도 저희 집에 있는데, 소희가 "아빠 이건 잘못된 건데. 해경이 구한 게 아니라 어민이 구해줬어"라고 얘기를 하는 거예요. 그 정신없는 상황에서도 해경이 굉장히 빨랐죠. 열몇시간 만에 애들 조서 다 받고 지장까지 찍어 갔으니까.

병원에 있을 때 소희가 극단적인 생각을 했어요. 당시 트라우마 때문에 자살을 시도한 게 소희가 처음이니까 기자들이 벌떼같이 몰려들어서 응급실에서부터 난리가 났었어요. 담당 의사 선생님이 "소희가 지금 힘든 이유가 기자들이랑 악성댓글(이하 악플) 때문입니다. 사람들이 지금은 걱정해줄지 모르지만 시간이 가면 갈수록 악플이 더 심해질 거고, 그럼 소희가 그걸 보고 더 힘들어할 겁니다" 그러시더라고요. 소희가 팽목에서 기자들에게 막무가내로 시달린 뒤부터 기자들에 대한 굉장한 트라우마가 생겼다는 거예요. 가족협의회*와 하려고 했던 기자회견을 취소했죠. 죄송하다, 못하겠다.

박윤수(생존학생 박소희 아빠)

참사 직후 너무 힘들고 죽을 것 같아서 병원을 다녔어요. 그런데 병원에서 자기들 데이터 모으려고 형식적으로 치료하는 것 같은 느낌? 또 내가 힘든 얘기를 하면 의사 선생님이 자꾸 내 팔자라고 그러니까 '아, 내가 팔자가 세서 아이를 잡았나?' 그런 생각까지 들고, 가기가 싫더라고요.

* 단원고 피해자 가족들은 2014년 5월 3일 전체회의를 열고 '세월호 사고 희생자/실종자/생존자 가족대책위원회'(이하 가족대책위)를 구성했다. 가족대책위는 설립 당시 200명이 넘는 가족들이 참여했다는 점에서 대표성을 띠고 대내외적인 활동을 시작했다. 이후 가족대책위는 2014년 9월 17일 발생한 '유가족 대리기사 폭행사건'에 대한 책임을 지고 집행부 전원이 사퇴한 후 내부 쇄신이라는 목표하에 9월 21일 '4·16세월호 참사 진상규명 및 안전사회 건설을 위한 피해자 가족협의회'(이하 가족협의회)로 명칭을 변경한다. 이후 가족협의회는 사단법인화를 준비하면서 또 한차례 조직 변화를 겪었다. 세월호 참사의 문제 해결에 오랜 시일이 소요될 것이라는 판단하에 법적 권한과 구속력을 갖는 단체로의 전환을 결정했으며 이에 따라 가족협의회는 2015년 1월 25일 (사) '4·16세월호 참사 진상규명 및 안전사회 건설을 위한 피해자 가족협의회'(이하 416세월호 참사 가족협의회)로 전환한다. 본고에서 사용된 가족협의회는 가족협의회와 416세월호 참사 가족협의회 모두를 포괄하는 표현이다. 한편 일반인 희생자들은 인천 지역 희생자들을 주축으로 한 '세월호 침몰 일반인 희생자 대책위원회'를 구성해 활동하다 2014년 5월 '세월호 일반인 희생자 유가족 대책위원회'를 구성해 정부와의 협상 및 활동을 시작했으며, 현재까지 추모 및 제반 활동을 이어오고 있다.

온마음센터*로 옮겨 정신과 상담을 몇개월 받았어요. 신체요법이라고 해서 마사지 치료도 받고. 아이한테 죄스러워 죽고 싶다는 생각만 들었는데 마음이 좀 잡혀가더라고요. 애한테 해줄 말이 없으니까 아직은 가면 안 되겠구나, 아직 할 일이 남았구나… 원예 프로그램에도 참여했어요. 주말농장 같은 건데, 수인이 1학년 때 제가 단원고 텃밭에서 농사짓는 봉사 활동을 했거든요. 봉사 끝나면 종종 복도에서 수인이 모습을 지켜보곤 했는데 흙을 만지고 땅을 만지면 그때 생각이 나더라고요.

자식 보낸 부모들이 온마음센터에서 치료도 받고 취미 활동도 한다는 게 좀 그런 건 저도 아는데, 이 공간마저 사라지면 유가족들이 전부 다 정신병동에서 만나게 될 것 같아요. 몸 아픈 건 물론이고 마음이 더 아프니까. 지금도 집 밖에 못 나오는 가족들이 되게 많아요. '자식 잃은 부모가' 하면서 사람들과 왕래를 거의 안 해요. 세월호 유가족인 걸 숨기고 싶어하는 분들도 있어요. 이해해주시는 분들도 많지만, 울어줄 만큼 울어주고 봉사도 할 만큼 했다, 우리한테 뭘 더 바라느냐, 우리도 피해자다,라며 비난하고 공격하는 안산 시민들도 많거든요. 뒤에서 수군거릴 때는 화나고 열받지만, 앞에서 대놓고 욕하면 정말 죽고 싶어요. 그래서 앞으로 더욱 온마음센터가 필요할 텐데 우리가 이용하지 않으면 문을 닫을 수밖에 없잖아요? 저는 연극 모

* 정식 명칭은 '안산 정신건강 트라우마 센터'로, '안산 온마음센터'라는 명칭을 병용하고 있으며, 본고에서는 온마음센터로 명기했다. 온마음센터는 세월호 참사와 관련해 피해자 및 안산 시민들의 심리치료를 위해 보건복지부, 경기도, 안산시의 협력으로 만들어진 기관으로 2014년 5월 개소해 현재까지 운영되고 있다. 주된 업무는 416가족 성장지원, 트라우마 회복지원, 역량강화 등이다. 세월호 가족들은 온마음센터의 다양한 프로그램을 이용하는 한편 공간을 대여해 사용하며 관계를 맺어오고 있다.

임도 온마음센터의 장소를 빌려서 했는데 분향소 철거되고 가족협의회가 이사한 뒤에는 모임 장소를 가족협의회로 옮겼어요. 분향소가 없어지니까 세월호 엄마 아빠들이 철수했다고 잘못 알고 있는 사람들이 되게 많아요. 그래서 한 사람이라도 '아, 여기 다 모여 계시구나' 알아야 되니까 부득이 모임 장소를 옮긴 거죠.

김명임(곽수인 엄마)

박근혜가 조문 연출했을 때, 난 그거 보고 진짜 깜짝 놀랐어. 참사나고 4월 29일에서야 화랑유원지에 공식 분향소*를 오픈했거든. 우리 부모들이 올림픽기념관에 있던 영정사진을 새벽 6시부터 옮겼다고. 그런데 일반인들한테는 9시인가, 10시에 개관한다고 그러더니 8시쯤에 갑자기 박근혜가 온 거야. 와서는 유가족들은 한구석에 몰아넣더니 박근혜가 꽃을 들고 가고 웬 할머니 한명이 나타나는데… 와, 뉴스로 보니까… 가관이더만. 난 그 장면 보고 저건 사람 아니다… 그전까지는 정부 욕 많이 하면서도 그래도 대통령이니까 뭐라도 해주겠지, 진상규명에 대해서 뭔가를 해주겠지 그랬는데, 야… 진

---

* 분향소의 정식 명칭은 '정부합동분향소'로 본고에서는 주로 분향소라고 썼다. 2014년 4월 23일 안산 올림픽기념관 와스타디움에 정부임시합동분향소가 설치된 이래, 4월 29일 희생자 위패 및 영정을 화랑유원지로 이동·안치하면서 정부합동분향소가 개소했다. 정부합동분향소가 화랑유원지에 설치되면서 가족대책위(이후 가족협의회로 조직 전환)는 화랑유원지 내 경기도미술관 공간에 가족대책위 사무실을 마련해 사용했으며, 가족 대기실은 정부합동분향소 옆 컨테이너 박스를 리모델링해 만들었다. 정부합동분향소는 세월호 참사 이후 4년간 유지되다가 4주년인 2018년 4월 16일, 희생자 영결식 이후 철거됐다. 지난 4년간 약 92만명의 추모객이 정부임시합동분향소와 정부합동분향소를 방문한 것으로 확인된다. 한편 정부합동분향소 철거 이후 가족 대기실 및 가족협의회 사무실은 단원구청 옆 공터 부지로 이전한 상태다.

짜… 그리고 그 일에 침묵하는 언론을 보면서 언론이 이렇게까지 썩었구나 그제야 알았지.

한재창(한세영 아빠)

　나한테 분향소는 도피처였어. 분향소가 있던 화랑유원지는 꽤 자주 갔지만 분향소 안까지 들어간 건 별로 많지 않거든. 언제 거기를 갔냐면, 내가 도망가고 싶을 때. '아, 정말 못하겠다' 이런 마음이 올라와 그걸 견디고 억누르다가 도저히 안 될 때, 그러면서 죄책감이 들 때 갔어. 가면 한참을 앉아 있다가 어떤 날은 울기도 하고, 어떤 날은 아무 생각 없이 멍하니 있다 나오기도 하고. 또 어떤 날은 영정사진 하나하나 보고, 편지를 읽기도 하고. 그러면서 반성하고 나와. 분향소가 얼마나 무서운데. 다 나를 노려보고 있거든. 예은이만 있는 게 아니라 다 있잖아. 내가 주저앉으면 예은이뿐만 아니라 예은이 친구들 모두한테 잘못하는 거잖아.
　시민들에게는 분향소가 어떤 의미였을까? 잘 모르겠어. 그런데 간혹가다 들어가면 항상 혼자가 아니었어. 시간이 흐르면서 많이들 안 왔지만 하루에도 몇명씩은 꼭 왔어. 영정사진에 일일이 눈 맞춰가면서 눈물범벅이 돼서 나가는 시민들이 항상 있었거든. 여전히 우리 아이들을 만나고 싶어하는 사람들이 있구나, 만나려면 여기를 와야 한다고 생각하는구나. 나는 아빠로서 미안해서 반성하려고 갔다면, 시민들은 다른 종류의 미안함을 느끼고 있는 게 아니었을까? 그래서 이렇게 찾아와서 미안하다고 얘기하고 반성하고 다시 한번 다짐하고 그랬던 게 아닐까?

유경근(유예은 아빠)

분향소가 있어서 아직 끈이 남아 있다고 생각했나봐요. 예진이는 지금 내 곁에 없지만 분향소하고 나하고 다른 가족들하고 뭔가 끈이 이어져 있는 것 같은 느낌? 가족 모임 장소가 거기였고, 연극하러 갔다 오건 합창을 다녀오건 새벽 1~2시에 도착해도 분향소가 있으니까 우리 애들이 기다려주는 것 같아서 애들 한번 보고 가고 그랬거든요. 그런데 분향소 철거되고 처음으로 지방을 다녀온 날 분향소가 없으니까, 우리 애들 잃어버렸을 때 그 느낌까지는 아니지만 그것과 약간 비슷한, 가슴에 커다란 구멍이 뚫린 것 같은 느낌이 들더라고요.

철거 후에 우연히 그 앞을 지나게 됐어요. 우리 애들 분향소 있던 자리, 가족 대기실 있던 자리가 깜깜한 거예요. 그전에는 밤에 사람들이 거기서 운동도 하고, 마음 좋은 사람들은 가족 대기실에 와서 물도 마시고 커피도 한잔씩 하면서 얘기도 나누고 그랬는데, 인적도 없이 너무 깜깜했어요…

박유신(정예진 엄마)

분향소가 있을 때는 우리 애들 좀 빨리 찾고 빨리 진상규명해서 빨리 영결식을 했으면 좋겠다는 생각을 많이 했지. 애들을 빨리 보내주고 싶은 마음이 제일 컸고, 계속 붙들고 있으면 항상 그 생활에 얽매이는 거잖아. 그래서 분향소 철거할 때 시원하기도 하면서 또 한편으로는 답답하기도 하고, 마음이 말할 수 없이 아팠지. 아무것도 해결되지 않은 상태에서 우리가 뭘 믿고 저걸 빼주나 싶고, 정부가 무슨 딴소리할까? 딴짓할까? 두려운 마음에 짜증도 나고 원망스럽기도 하고. 모든 게 다 해결되고 깔끔하게 정리되면 우리도 애들을 편안하게 보내줬을 텐데, 엄마 아빠가 너희들에게 최선을 다했다, 이렇게 조금은 떳떳한 부모 마음으로 보내줬을 텐데… 지현이 결혼할 때 혼수 바리바리 싸서 "엄마 할 도리 다했다" 하면서 시집보내는 거하고 다르니까. 마지막으로 보내주는 건데, 역할을 다하지 못하고 보낸 것에 대한 죄책감이 크지. 부모들한테 짐으로 남겨진 거야. 평생에 씻을 수 없는 죄책감으로…

전옥(남지현 엄마)

우리함께*는 형제자매들의 아지트? 분향소나 이웃,** 온마음센터는 세월호 피해자를 위한 공간이고 거기에 형제자매들이 가면 반겨주시지만, 우리함께는 형제자매들만의 독립적인 공간이라 더 편했던 것 같아요. 부모님 앞에서는 힘들다는 이야기도 못하고 밖에서 세월호 이야기를 하거나 노는 것도 신경쓰였을 때 우리함께를 준비했던 분들이 형제자매들만의 공간을 만들면 어떻겠냐고 제안해주셨고 형제자매들이 직접 공간을 꾸몄어요. 우리함께를 만들 때 형제자매를 위한 프로그램을 만들지 말자는 게 저희가 요구한 규칙이었어요. 거기서 하는 프로그램들은 형제자매가 필요할 때, 하고 싶은 게 생길

* 정식 명칭은 '안산 지역공동체 회복을 위한 복지관 네트워크 우리함께'로 안산 지역 10개 복지관들이 세월호 참사 이후 안산의 지역공동체 회복을 위해 만든 단체다. 2014년 11월 결성된 우리함께는 경기도 안산시 고잔동 연립주택에 사무실을 마련한 뒤 사무실로 쓰는 방 하나를 제외하고는 나머지 공간을 세월호 피해자들, 특히 세월호 희생학생의 형제자매들을 위한 공간으로 개방했다. 형제자매들의 안식처로 기능했던 우리함께는 2018년 하반기에 해산했으며, 공간 역시 사라졌다.
** 정식 명칭은 '치유공간 이웃'으로, 세월호 희생자를 기억하고 남은 사람들의 마음을 보듬기 위해 정신건강의학 전문의 정혜신 등의 민간 주도로 2014년 10월 만들어졌다. 생존자와 유가족을 위한 개인상담 및 치유 프로그램, 희생학생들의 생일 파티, 마음을 담은 소박한 나눔 밥상 등을 운영하고 있다.

때 요청해서 진행됐어요. 집, 학교에서 힘들 때 가서 쉬기도 하고 울기도 하고 형제자매에게 축하할 일이 생기거나 힘들 때도 모이고. 형제자매들과 밖에서 놀다가도 우리함께로 와서 또래들처럼 술 게임도 하고 세월호 이야기나 서로의 형제자매 이야기를 하기도 하고요. 형제자매들끼리 모여 활동을 하거나 인터뷰를 할 때도 항상 그 공간에서 했어요. 개인적인 일이 있을 때도 늘 그 공간을 이용했던 것 같아요. 형제자매 이야기를 좀더 잘 들어주고 공감해주는 공간이다보니까 때로는 집보다 더 편했죠.

괜찮지 않아도 괜찮고 괜찮아져도 괜찮다고 말해주는 공간, 누구의 형제자매, 유가족이 아닌 '나'로 살아도 된다고 서로 응원하고 다짐하던 공간이었어요.

박보나(박성호 누나)

우리함께에 자주 갔어. 주로 형제자매들 위주의 프로그램인데 엄마들이 한번씩 천연화장품도 만들고, 캘리그래피도 하고 그랬어. 엄마공방(현 416 공방)에서도 하는데 여러 이유로 거기 못 가는 엄마들은 우리함께에서 할 수 있도록 따로 프로그램을 짜줬어. 나는 우리함께가 편하더라고. 집도 가깝고. 선생님들한테도 내가 정을 많이 줬던 것 같아. 거기에 있는 사람들이 공간 그 자체잖아? 그 사람들이 어떻게 우리를 품느냐가 중요했던 거지. 그래서 처음에 있던 우리함께 선생님들이 다른 복지관으로 가고, 새로운 선생님이 왔을 때 나는 굉장히 허전했어. 정말 힘들었어. 나랑 끝까지 같이 있어준다고 했는데 가버린 사람마냥. 서운하다는 말만 했지 내 마음을 다 표현하지는 않아서 선생님들은 잘 모를 거야.

우리함께가 문을 닫았을 때는, 미리 내 마음의 준비 과정이 있었나봐. '언젠가는 문을 닫겠구나' 하는 마음의 준비. 처음에 선생님들이 옮겨갔을 때보다는 좀 덜했지만 그래도 굉장히 허전하더라고. 운전하면서 막 울었지. 우리 작은딸도 상처를 많이 받고, 엄청 많이 울고… 형제자매들이 우리함께 공간을 직접 만들었거든. 도배도 자기들이 하고…

전옥(남지현 엄마)

단원고

교실이 저에게는 제일 와닿는 장소였어요. 슬프지 않아서 슬플 때, 기억이 가물가물해서 답답할 때 찾아와서 사진 보고 앉아 있다보면 마음의 위로라고 해야 할지, 뭐라고 해야 할지 모르겠는데 많이 위로가 되고… 아마 영만이가 마지막까지 앉아 있다 간 데라서 그렇지 않았을까. 사고 났을 때 교실에 왔더니 영만이가 교복 재킷도 놓고 갔더라고요. 저는 팽목에 못 갔으니까 제게 사고 현장은 교실인 거예요. 그래서 교실을 빼라고 하는데도 절대 내주기가 싫은 거예요. 그때 제가 많이 했던 말이 사람들이 와서 봐야 한다고, 보고 느끼고 가야 한다고…

이영수(이영만 형)

"학교에 와보니까 이삿짐용 노란 바구니가 있어!"

2016년 5월이었어. 엄마들이 안산 거리극 축제에서 세월호를 홍보하고 있는데 연락이 온 거야. 기겁을 해서 달려갔더니 세상에, 15일간 단기 방학을 하고 그 기간 동안 교실에서 짐을 다 빼서 리모델링할 생각을 한 거지. 우리한테는 한마디 통보도 안 하고. 그러니까 우리가 얼마나 기겁을 했겠어.

또 우리 부모님 중 한분이 아이 서류 떼려고 행정실에 갔는데 아이들이 제적된 거야. 원래 학생을 제적 처리하려면 부모에게 당연히 알려야 하는 거잖아. 법으로도 그렇게 하게 되어 있고. 제적 처리를 할 수밖에 없었다고 해도 알리고 했어야지. 250명이나 되는 아이들 전부를 제적 처리하면서 부모들에게는 일언반구도 없었어. 이걸 알게 된 게 마침 우리가 기억교실 이전을 놓고 학교와 협의하던 때였거든. 학교 행정을 이런 식으로 속여가면서 하는데 우리 아이들을 위한 기억교실을 제대로 만들어주겠냐, 못 뺀다 그러면서 학교에서 일주일 넘게 농성을 했어. 제적 처리된 걸 명예 졸업으로 바꾸는 것도 요구하고.

결론이 안 나니까 그걸 중재한다고 종교인들이 나서서 단원고, 안산시, 경기도 그리고 가족협의회가 모여 회의를 하는데 우리 편을 들어주는 곳이 없는 거야. 애들 학습권이 먼저라고. 우선 교실을 빼고 민주시민교육원이라는 걸 만들어서 추후 거기로 교실을 이전하자, 이런 식으로 얘기가 나왔어. 지금도 정말 섭섭한 게, 안산시에서 활동하는 시민단체들, 우리 일에 함께해줬던 단체들조차 학교는 애들한테 돌려줘야 된다는 식으로 얘기를 했어. 다수가 그쪽으로 치우치니까 우리가 더 버틸 수가 없었지.

그때 교실을 뺀 게 우리가 가장 잘못한 일 중 하나인 것 같아. 제일 아쉬워. 교실을 그대로 두었다면 그 의미가 시간이 가면 갈수록 훨씬 더 커졌을 텐데… 부모들이 더 버텼어야 했어. 그때 교실 빼야 한다고 말했던 사람들도 지금 와서는 후회한다고 그러더라고. 잘못 생각했다고. 지금 안산교육지원청 자리에 민주시민교육원을 짓는데, 하… 그것도 참 쉽지가 않아.

최순화(이창현 엄마)·문연옥(이태민 엄마)

기억 교실 문제가 한창이었을 때였죠. 모두들 화가 나서 얘기를 하다가 형제자매들이 모여서 기자회견을 하면 어떻겠냐는 의견이 나왔어요. 그러다 형제자매들은 물론이고 주변에 단원고 졸업생들이 꽤 있으니까 단원고 졸업생들 연락처를 찾아서 동문들 서명까지 받았어요. 부모님들이 한창 농성할 때 형제자매들과 단원고 졸업생들 이름으로 기억교실 이전을 반대하는 기자회견을 했어요.

꼭 지켜야 한다고 생각했어요. 성호의 학교이기도 하지만 저도 단원고를 졸업했으니까, 그게 후배들이나 학교가 좀더 잘되는 길이라고 생각했어요. 기억교실은 세월호 참사의 교훈을 가장 잘 느낄 수 있는 공간이잖아요. 세월호 참사에서 잘못된 것이 무엇인지, 잊지 말아야 하고 바꿔야 할 것은 무엇인지 깨닫게 해주는 공간이었다고 생각해요. 사라지지 않고 보존할 때 죽음을 존중하지 못하는 문화를 바꾸는 데도 보탬이 되지 않을까 생각했던 것 같아요.

박보나(박성호 누나)

교실 빼는 것 때문에 말이 나왔을 때도 계속 얘기했던 게, 왜 우리가 이렇게 싸우고 있어야 되나? 난 그게 도대체 이해가 안 간다는 거죠. 기억교실은 지금 대한민국이 처해 있는 교육의 현실이고, 현장에 와서 직접 보고 느끼는 산교육의 의미를 갖는 장소잖아요? 정작 이 공간이 필요한 사람들은 어쩌면 우리가 아닌데, 나에게는 정말 힘든 장소인데, 왜 우리가 이걸 지키려고 싸워야 하나. 그래서 더 화가 나더라고요.

결국 교실을 뺐지만 그 과정에서도 납득이 안 가는 부분들이 많았어요. 생존학생 동생들 중에도 단원고에 다니는 애들이 있었거든. 그 부모들이 앞장서서 애들 교실 빼겠다고 책상 들고 나오는 모습을 보면, 아… 같은 부모인데… 저 사람은 자식이 살아서 이 학교를 다니는데 책상을 빼겠다고 저러고 있고, 우리는 자식 보내고 없는데 책상을 지키겠다고 이러고 있는지, 그게 아이러니하더라고. 나는 아직도 이해가 안 가요.

또 선생들이 교실을 빼려고 하는 모습들을 보면서, '도대체 저 사람들은 세월호를 보고 느낀 게 뭘까? 저게 진짜 선생일까? 정말 아이들의 교육을 책임지는 사람들일까?'라는 생각만 들고 교육자라는 생각은 요만큼도 안 들었어요. 우리가 자랄 때 선생님에 대해 가졌던 존경심은 진짜 티끌만큼도 생길 수가 없겠구나, 선생님의 권위를 자기네들 스스로가 다 실추시키는구나, 저 사람들은 교육자가 아니라 그저 월급쟁이 선생, 그냥 직업이 선생인 사람들이구나. 그렇게밖에 안 느껴졌어요.

임종호(임세희 아빠)

부모님들이 저한테 욕을 해요. 왜 준우 동생을 단원고에 보냈냐고, 제정신이냐고. 자기들은 단원고가 너무 싫은 거예요. 하지만 난 우리 둘째가 단원고에 갔으면 좋겠다고 생각했어요. 교장이 밉고 선생이 밉지만 학교 자체는 밉지가 않았어요. 우리 준우의 추억이 너무 많은 곳이니까. 마침 둘째가 형아가 졸업을 못 했으니까 자기가 단원고에 다녀서 형아 몫까지 공부도 하고 졸업도 하고 싶다고 해줘서 고마웠어요. 그런데 생각보다 쉽지가 않더라고요.

둘째가 단원고 들어간 그해 5월에 기억교실 이전 때문에 우리가 거기서 농성하는 걸 애가 목격한 거예요. 자기는 조금은 가라앉히고 싶고, 잊고 싶었던 것 같은데, 우리가 농성을 하니까 아이가 많이 힘들어했어요. 또 그때 아이 친구들이 우리가 유가족인 걸 몰랐어요.

담임도 몰랐어요. 전근을 온 선생들이 많으니까 말을 안 하면 모르는 거야. 학교에서 부모들이 노란리본이나 전단지 나눠주면 몇몇 아이들이 그걸 찢고 구겨버리더래요. 칠판에다가 세월호 배를 거꾸로 그려놓고 웃기도 하고. 그런 걸 보면 너무 비참하고 죽여버리고 싶은 생각이 들었대요. 아이들은 추모에 대해 잘 모르잖아요. 참사 후에 학교 시설이 좋아졌는데, 그 의미를 잘 몰라요. 둘째 애 입장에서는 시설이 좋아진 것도 마음이 아픈데 친구들이 몰라주니까 두 배로 속상한 거죠. 선생님들이 제대로 설명해주는 것도 아니니까 학생들은 잘 모르는 거예요.

저는 또 저 나름대로 둘째 단원고 보내고 농성하면서 단원고를 처음으로 구석구석 보게 되었어요. '아, 여기가 우리 둘째가 다니는 고등학교구나.' 식당도 가보고 도서관도 가봤는데 큰애 다닐 때보다 눈에 띄게 좋아졌더라고요. 나는 '아, 큰애가 둘째 공부하기 좋게 해줬구나. 둘째와 둘째 친구들이 볼 수 있는 책이 더 생겼구나' 싶은데 같이 간 엄마들은 너무 싫어했어요. 우리 애가 죽어서 받은 후원금을 벽에다 발라놨네, 책을 샀네, 식당을 이렇게 해놨네… 우리 애들은 죽었는데 처발라놓으면 뭐 하나? 이런 좋은 책상 사두면 뭐 하나? 이러는데 내 마음이 너무 아픈 거예요. 괴로운 거야. 나에게는 단원고가 큰애 학교이기도 하지만 둘째 학교이기도 하니까 둘째까지 잃기 싫은 거죠. 남아 있는 아이가 보이는 거죠.

부모들이 단원고에 대해서 안 좋게 말하는 게 속상해요. 후배들이 세월호를 기억하고 있다고 말해주고 싶은데, 학교를 쳐다보기도 싫다는 사람들이 있어요. 단원고에 추모 조형물이 세워졌는데 그것도 보기 싫다는 사람도 있고요. 하지만 우리가 안 찾아가면 누가 그곳을 찾아가고 기억해주겠어요. 그래도 끝까지 기억해줄 사람은 단원고 아이들밖에 없는데…

참사 후에도 한해 신입생이 400~500명이나 되는데 그 아이들이 무슨 죄예요? 또 단원고 보낸 부모들은 무슨 죄냐고요. 내 입장에서는 유가족 심정도 이해가 가지만 또 한편으로는 재학생 부모들 입장도 이해가 되더라고. 또 어른들 생각으로 기준을 만들면 아이들은 상처받잖아요. 아이들도 나름의 생각이 있는데 어른들 생각만으로 학교 문제를 다 덮어버리잖아요. 신문도, TV도 그렇게만 떠들고…

장순복(이준우 엄마)

동거차도

동거차도에 들어가려고 들어간 게 아니라 인양이 시작되면서 해양수산부(이하 해수부) 장관이 두번 바뀌었어요. 전임 해수부 장관한테 인양 시작하면 작업하는 배에 탈 수 있게 해주겠다는 약속을 받아냈어요. 그러다가 장관이 바뀌었고, 다시 똑같은 약속을 받는데 막상 인양이 결정되고 업체가 들어오니까 그 약속을 무시하는 거예요. 당시 정부를 믿을 수 없으니까 인양 과정을 안 볼 수는 없고 대안이 있나 찾아봤어요. 팽목에 있으면서 배를 띄워서 갈까 아니면 어디 근처 가까운 데를 찾아볼까 하다가 지성이 아버님이 동거차도가 그나마 가까운 것 같다고.

가보니 진짜 너무 가깝더라고요. 사전 답사 후에 바로 동거차도에 감시초소를 차리기로 결정이 돼서 그때 여덟명이 동거차도에 들어가서 산에 움막을 지었어요. 그 자리에 KBS가 참사 당시에 지었던 움막 구조물이 그대로 남아 있더라고요. 거기에다가 파란색 천막을 좀 덧대서 움막을 설치하고 감시를 시작했어요. 전기가 없으니까 발전기도 가지고 들어가고 물은 산 아래 마을에서 길어 올렸어요. 생필품도 다 지고 올라갔어요. 아무것도 없는 산에 올라간다는 것 자체가 쉬운 일이 아니고, 산까지 고개가 만만치 않아서 처음에는 아버님들만 갔는데, 어머님들도 가겠다는 의지를 비치셔서 어머님들도 들어가게 됐어요. 그러다보니까 불편한 게 많잖아요? 화장실도 만들고, 전기도 들어오게 바꾸고, 또 아는 분이 후원해주셔서 돈도 생기고.

그러면서 본격적인 동거차도 생활이 시작된 거죠.

올라와서 보면, '어, 이렇게 가까운데 왜 못 구했지? 왜 나오라고 안 했지?'라는 생각이 가장 먼저 들어요. 그러면서 의혹이 하나씩 하나씩 꼬리에 꼬리를 물죠. '왜 그랬을까? 왜 안 구했을까?' 그러다 '지금은 대체 무슨 작업을 하고 있는 거지? 왜 낮에는 작업을 거의 안 하지?' 말은 감시라고 했지만 누가, 무슨 작업을 하는지 우리는 알 수가 없어요. 여기서 우리가 할 수 있는 건 큰 배가 들어오면 해수부에 전화해서 무슨 작업인지 확인하고, 기록하고 이런 거예요. 저희들이 인양 작업을 지켜보니 쟤들도 긴장하고 있구나 싶고, 힘은 들지만 부모로서 무엇인가 하고 있다는 마음에 뿌듯하기도 하고. 그러면서 계속 작업을 이어나갔던 것 같아요.

돌아보면 동거차도에 있을 때가 가장 좋았던 것 같아요. 부모님들이 돌아가면서 지키는 것도 그렇고 어머님들까지 들어와서 한겨울 한파도 이겨내고, 단합도 잘됐고. 또 동거차도는 특별한 때 아니고는 일반인들을 하나도 안 받았어요. 한번 동거차도에 들어오면 한동안은 못 나가고 가족들끼리만 있다보니 속에 담아놓은 것들을 마음 놓고 풀 수 있는 장소였어요. 마음껏 술을 먹든, 소리를 지르든, 실컷 울든, 누가 뭐라고 하는 사람이 없잖아요? 특히 아빠들은 진짜 좋았어요. 왜? 아빠들은 아빠들대로, 엄마들은 엄마들끼리 뭉쳐서 갔기 때문에 눈치 볼 사람이 없잖아요? 누구 아빠 운다고 뭐라고 할 사람이 없잖아요?

내가 동거차도에서 딱 세번 울었거든요. 처음 갔을 때 울었고… 그다음에는 배 올라왔을 때. 그때는 너무 속상하기도 하고 무섭기도 해서 크게 울었는데 밖에 있던 기자들도 다 들었을 거예요. 마지막이 배가 목포신항으로 떠나갈 때… 동거차도가 없어지는 걸 보면서 씁쓸한 게 아니라 뭔가 가슴에 커다란 구멍이 뻥 뚫린 것 같은, 그러니까 마음 한구석이 떨어져나가는 느낌이 들었어요. 철수할 때 아이들을 기리는 비석이라도 하나 세우고 나올걸 그랬다 싶고…

정성욱(정동수 아빠)

동거차도 생활 시작한 첫날을 잊을 수가 없어요. 왜냐하면 2015년 9월 1일이었는데 그날이 소희 생일이거든요. 8월 31일 밤에 안산에서 출발해서 목포에서 하루 자고 9월 1일 아침에 배 타고 동거차도에 들어가서 첫 초소, 그러니까 움막을 지은 거죠. 동거차도에 있는 산을 다 올라가봤어요. 그랬더니 그 자리가 제일 잘 보이더라고요. 사실 배는 우측으로 갈수록 더 가까워요. 사진을 찍어도 더 가깝게 찍히고. 그런데 우리가 지켜보며 생활을 해야 해서 제일 평평한 데를 찾다보니까 거기가 된 거죠. 동네 주민분들한테 허락을 받고 올라갔어요. 올라가는 길이 거의 우거진 숲이어서 길을 뚫으려고 했는데 주민분이 거부를 하셔서 길은 못 뚫고, 산길로 짐을 이고 지고 올라갔죠.

저희가 카메라로 작업하는 걸 찍고 기록을 남겼는데 해수부 자료와 비교해보면 그렇게 정확하게 맞지는 않아요. 틀린 곳도 많이 있더라고요. 업체는 작업했다고 하는데 저희 사진에는 그런 게 안 찍혀 있고, 찍을 수가 없는 것도 있었고. 당시에 저희 카메라 위치를 정확히 알고 배를 가리더라고요. 그래서 카메라 들고 반대편 산으로 뛴 적도 있으니까. 그랬더니 거기서 잠수를 하고 있더라고. 잠수 작업할 때 잠수사들이 들어갔다 나왔다 하는 곳 주변에 잠수 장비들이 있었거든요. 그곳에 배를 갖다놓고 가리면서 하더라고요. 그게 너무 웃겼어요.

초창기에는 소니에서 나온 작은 카메라로 봤는데 그걸로는 배 안이 안 보여요. 초소에서 절벽 밑까지 길을 뚫어서 하루 세번씩 밑으로 끝까지 내려가서 카메라로 찍었어요. 위에 있으면 아예 안 보이고, 밑에서 보면 자세히는 아니어도 카메라로 보면 그나마 보이니까. 하지만 여전히 잘 안 보여서 조금 더 좋은 카메라를 구입했어요. 그랬더니 안까지 다 보이더라고요.

박윤수(생존학생 박소희 아빠)

일주일간 혼자도 있어봤어요. 원래는 두명씩 내려가는데 같이 가기로 한 우리 반 아빠가 "어제 마누라가 계단에서 굴러가지고 어깨가 부러졌다"고 하더라고요. 내가 무서움을 되게 많이 타요. 밤길도 혼자 못 가. 높은 건물 올라가는 것도 무서워하고. 세영이가 배에서 못 뛰어내리고 다시 들어간 게… 우리 세영이도 깜깜한 데 무서워하고 혼자 있는 것 무서워하고… 참 쓸데없는 걸 아빠 닮아가지고…

일주일 동안 바지선을 지켜보는데, 잘 보이지도 않아요, 멀어가지고. 망원경으로 들여다보기는 하는데 솔직히 감시라기보다는 상징적인 의미가 크죠. 낮에는 할 게 없어요. 그냥 지켜보고. 그때가 한여름이었는데 밤 되면 춥지만 낮에는 더운데 물은 안 나오지, 물 길러 가려면 산 아래 마을까지 지게 지고 내려가야 되니까 요만한 페트병 하나로 씻었어요. 덥고 씻기도 힘드니까 다 벗고 돌아다니다가 물집이 생길 정도로 살갗이 다 타버리고. 우리가 동거차도 들어가는 날이면 시민들이 이만한 아이스박스 두개에다 일주일치 반찬을 보내주세요. 일일이 이거는 된장찌개, 이거는 김치찌개 적어가지고. 진짜 진수성찬인데 그걸로 밥해 먹었죠. 낮에는 견딜 만한데 밤에는 거기가 바닷가에 산꼭대기라 한적하고 조용한데다 바람이 엄청 심해요. 천막이 막 펄럭펄럭거려서 되게 무섭거든요. 그래서 밤에는 이불 뒤집어쓰고 지냈어요.

한재창(한세영 아빠)

동거차도에 있다보니 저 해역에서 뭘 하고 있는데, 우리가 가야 되는데, 1.5킬로미터 전방까지는 가지도 못하게 하는 거예요. 우리가 배가 있어, 뭐가 있어. 일반 어선을 빌리면 하루에 70만원인가 그래요. 그런데 또 선주는 거기까지도 못 가요. 해경이 아무래도 압박을 해오니까. 그래서 '아, 배만 있었으면' 했는데 몇몇 사람이 "그럼 사자" 그렇게 된 거예요. 7반 상호 아빠한테 배 운전하는 거 살짝 배우고 동거차도 형님이 몇달 동안 뱃길 가르쳐주고. 그러면서 운전도 하게 되고 뱃길도 알게 되고 면허를 따서 제가 끌고 다녔죠. 가족협의회에서 '진실호'를 운전하는 사람은 나밖에 없어요.

배가 뒤집혀 다 죽을 뻔도 했고, 해경들한테 막히기도 했지만 계속 나갔어요. 최소 100미터 앞까지 가까이 가서 계속 뱅뱅 돌아요. 우리가 접근하면 작업을 안 해요. 주로 밤에 많이 작업을 했었는데 선체를 인양해보니까 왜 밤에만 작업을 했는지 이유를 알겠더라고. 절단할 부분 다 절단하고 배는 최대한 손상시키고 그렇게 만들려고 했던 거지.

장동원(생존학생 장애진 아빠)

인양된 세월호가 목포신항으로 갔잖아요? 그뒤에도 우리는 한달 정도 더 동거차도에 있었어요. 왜냐면 그 당시에 배에서 떨어지는 게 많았는데 뭔지 모르잖아요. 그때는 워낙 의심이 많다보니까 뭘 미리 떨구어놓고 철수한 다음에 와서 건져갈 것이다, 이런 생각까지 들어서 끝까지 지키고 있어야 된다, 그러다 정리한 게 5월 4일이에요. 그때는 다 잘될 줄 알았죠.

뭐가 떨어졌냐고요? 세월호 건져올렸을 때 포클레인 한대가 걸려 있었잖아요? 그전에는 지게차가 걸려 있었대요. 지금 그 지게차가 동거차도 바다에 떨어져 있어요. 철근하고 빔 이런 건 말할 것도 없고, 컨테이너에, 조명탄에… 조명탄은 다 납덩이라고 하던데 수천발이 바다에 떨어져 있어요.

그런 게 바다에 떨어져 있으니까 톳이나 돌미역은 자라지도 않고, 멸치도 사라진 상태고. 동거차도 주민들이 힘들죠. 엊그제도 다녀왔는데 주민들이 잡은 걸 제가 봤거든요. "이게 다다" 그러시는데 작년, 재작년에 잡은 것하고 올해 잡은 것하고 양이 완전히 달라요. 얼마 안 되더라고요. 생활이 안 되시는 거죠. 그런데도 너희들 때문에 우리가 이렇게 어렵다고 탓하시지 않고 항상 저희를 안타까워하고 힘내라고 해주셨어요. 물 지고 올라가면 "아이고, 또 올라가나" 그러시고. 동거차도 마을분들만큼 마음 많이 써주신 분들이 안 계세요.

박윤수(생존학생 박소희 아빠)

동거차도 주민들하고 처음에는 많이 어색했죠. 계속 들어가다보니까 주민들하고 조금씩 친해지게 되고 같이 술도 한잔씩 마시고. 또 미역 철에는 일도 거들고 톳 작업도 같이 하면서 주민들하고 관계를 쌓았어요. 그분들이 세월호 때문에 많은 피해를 봤음에도 불구하고 저희들이 동거차도에 들어가서 지낼 때 매정하게 대하지 않으셨어요. 뭐라고 말로 표현을 다 못하겠지만 따뜻한 마음으로 받아주셨어요. 그분들한테는 늘 미안하죠. 어려운 걸 아니까 조금이라도 더 도움을 드렸어야 하는데 우리가 도와드릴 수 있는 부분은 한계가 있고, 그러다보니까 변호사를 연결해준다든지 피해지원을 받을 수 있게 국회를 연결해준다든지 그런 것밖에 못했는데… 저희는 도움을 많이 받았는데 저희들이 해줄 수 있는 게 너무 적어서 생각하면 늘 마음이 무겁죠.

정성욱(정동수 아빠)

목포

탄핵 사유로 세월호가 인용은 안 됐어도 탄핵이 안 됐으면 인양도 안 됐을 것 같으니까, 조금의 위로라면 위로이기는 하죠. 저희도 놀랐어요. 배가 그렇게 휙 올라올 줄은 몰랐으니까.

제가 배 올라올 때 애들 살려내라고 소리쳤던 게 기억나요. 그 처참한 모습을 보는데 꼭 우리 아이들 같은 느낌이었거든요. 그래도 와줘서 고맙다… 이런 모습이라도 돌아와서 고맙다… 부모님들이 아이들 기다릴 때 어떤 모습이라도 괜찮으니까 꼭 돌아만 와달라고 했던 것하고 똑같이, 꼭 아이들이 오는 것 같았어요.

워낙 오랫동안 바닷속에 있었다보니 배가 너무 많이 상해 있었어요. 절단도 많이 해서 이곳저곳이 잘라져 있고. 그 모습이 되게 비참해서 여기저기 찢긴 저희들 마음 보는 것 같기도 하고… 마음이 여러 가지로 복잡했어요. 어쨌든 아이들이 마지막을 보냈던 곳이니까. 처음에는 굉장히 행복하게 웃으면서 올라갔던 곳이고, 놀았던 곳이고, 하룻밤을 보낸 곳이고, 그러다 마지막을 무척 힘들게 보낸 곳이기도 하니까… 네, 아이들 모습 같다가도 우리들 모습 같기도 하고. 마음이 복잡하고, 참 허망하고… 다른 부모님들도 그랬을 것 같아요.

김연실(정차웅 엄마)

"주아야, 배 커?"

"응, 배 커."

"타이타닉만큼 커?"

"응, 타이타닉만큼 커."

배에 탄 주아한테 배 크기를 묻고 싶은데, 배라고는 타이타닉밖에 생각나는 게 없어서 그렇게 물었어요. 목포신항에서 세월호를 직접 봤는데 배가 너무 큰 거예요. 멀리서 봤을 때는 조그만 배 같았는데 가까이서 보니까 타이타닉보다 더 큰 것 같았어요. 우리 애들이 걸어 올라갔던 난간은 아예 없어졌고, 배가 옆으로 누워 있는데 해골 같았어요, 해골. 모든 흔적을 다 쓸어버리고 앙상히 죽어가는 나무 같은. 애들의 영혼이 멈춘 마지막 장소.

세월호 안으로 들어갔는데 애들이 머물렀던 객실은 다 없어졌고, 계단, 식당, 매점을 둘러보는데 우리 주아 체취가 제일 마지막까지 있었던 곳이니까 영화처럼 그 장면들이 눈앞에 펼쳐지더라고요. 나는 가만히 서 있는데 세상은 막 돌아가는 것처럼. '아, 우리 주아가 이 동선으로 움직였겠구나. 계단을 오르락내리락거리면서 친구들하고 얼마나 까불까불했을까?' 눈에 선한 거예요.

아직도 미수습자가 있는데 배 안에는 없고… 그게 너무 마음이 아파요.

정유은(김주아 엄마)

처음에 올라온 세월호를 보고 막 울었더니 어떤 엄마가 저보고 "혁이 엄마, 울면 지는 거야, 울지 마" 그러더라고요. 울면 지는 거라니까 오기가 생겨가지고 다음에 갔을 때는 배 안에 들어가서 우리 혁이가 머물렀던 곳, 잤던 곳까지 다 찍었어요. 제 핸드폰에 저장해놨어요. 역사에 길이 남을 사진이지만 저는 한번도 본 적이 없어요. 안 보고 싶어요. 감당이 안 돼요.

조순애(강혁 엄마)

　인양 후에 우리가 할 수 있는 게 많지 않았어요. 처음에는 배 안에 못 들어갔고 시간이 좀 지난 후에 들어갈 수 있었는데 그때는 미수습자를 찾는 게 우선이었으니까 수색 과정을 전반적으로 같이 살펴보고, 또 한편으로는 증거를 찾기 위해 돌아다닌 거죠. 증거를 찾으면서 가장 중점을 둔 것은 거기서 나오는 아이들 유류품. 그리고 핸드폰, 블랙박스 위주로 살폈어요. 아이들이 핸드폰으로 찍은 영상과 차량용 블랙박스에 찍힌 영상은 하나의 증거가 될 수 있기 때문에 그런 것들 위주로 찾았죠.

　처음에는 선체조사위원회(이하 선조위)*도 전자기기에 대해서는 무관심했어요. 사고 원인을 배에서 밝히겠다는 의도로 갔기 때문에 가족들이 얘기해도 그다지 신경쓰지 않았던 거죠. 그래서 전자기기가

---

* 정식 명칭은 '세월호 선체조사위원회'(이하 선조위)로, 2017년 3월 통과된 '세월호 선체조사위원회의 설치 및 운영에 관한 특별법'(세월호선체조사위법)에 근거해 설립돼 2017년 7월 7일 활동을 시작했다. 선조위의 목적은 인양 후 육상에 거치된 세월호 실물 선체에 대한 과학적인 조사 및 진상규명 증거 확보, 미수습자 수습, 선체의 보관 처리 등에 관한 임무를 수행하는 것이었다. 이후 선조위는 선조위 특별법에 따라 최장 10개월 동안 활동하다 2018년 8월 6일 종합보고서를 내고 활동을 종료했다. 한편 선조위의 종합보고서에는 침몰 원인이 내부에 있다는 내인설과 외력에 의한 가능성을 배제할 수 없다는 열린 안(외력설 포함) 등의 상반된 두개의 의견이 모두 담겼다. 또한 제도개선안과 유류품·유실물에 대한 '세월호 유품 보존·처리 특별조사 보고서'를 작성했고, 세월호 인양 및 거치 과정에 대한 감사원 감사 요구를 결정했다. 그리고 선체 보존·처리 수립계획과 관련해 보존 형태와 활용 방안, 운영 방안, 기타 계획서 발간까지 의결했으나 거치 장소는 결정하지 못한 채 활동을 종료했다(4·16연대 홈페이지 참고. http://416act.net/notice/83772).

나오면 가족들이 다 챙겼어요. 가족들이 가지고 와서 세척해서 보관하고, 선조위에 이게 중요한 자료가 된다는 걸 설명하고. 선조위도 그제야 움직이기 시작했어요. 사실 선조위는 양면성을 가지고 있었어요. 조사한다고 들어왔지만 그 안에는 조사를 방해하는 세력도 있었기 때문에 조사 과정에서 많이 부딪히고 싸우고 그랬죠. 하지만 그러면서도 가족들이 끝까지 포기하지 않았던 게 잘한 일 같아요. 만약에 선조위만 믿고 선조위가 하는 대로 내버려두었다면, 글쎄요? 지금 이만큼까지는 못 왔을 거라고 생각해요. 그나마 가족들이 계속 내려와 상주하면서 이것저것 따져가며 했기 때문에 성과라면 성과라고 말할 수 있을 정도의 일을 한 거죠.

사실 중간에 많이들 포기하려고 했어요. 솔직히 너무 힘들었거든요. 저는 2017년 4월부터 배를 보기 시작했는데 7~8월 정도에 첫 고비가 왔어요. 당시에 처음으로 미수습자가 나왔는데 그걸 보는 것 자체가 너무 힘든 거예요. 계속 꿈에 나오고, 가위눌리고, 잠은 많아야 하루에 3시간? 잠을 거의 못 잤으니까. 트라우마가 생기기 시작하면서 계속 가야 하나, 멈춰야 하나, 고비도 많고 스스로 고민도 많이 했죠. 스트레스가 하도 심해 목포에 있으면서 잇몸이 다 무너지고 치아를 받치고 있는 뼈도 다 무너져내렸을 정도니까. 치아가 8개나 빠졌어요.

일상적으로 하루하루가 힘든 건 마찬가지인데 특별히 힘든 날도 있죠. 배에서 유류품이 나왔을 때. 학생증, 명찰, 이런 게 나오면 부모님한테 어떻게 연락을 드려야 되나? 어떤 식으로 말을 해야 덜 상처받고 찾아갈 수 있을까? 혼자 고민 많이 하고 망설였어요. 공무원들 일하는 스타일을 알다보니까 해수부를 통해서 연락받게 하기 싫었어요. 그래서 배에서 나온 유류품들은 다 제가 직접 부모님한테 연락을 드렸는데 그게 늘 힘들었죠.

정성욱(정동수 아빠)

어떤 분들은 "세월호 매일 보니까 좀 괜찮아지지 않았어요?" 그렇게 물어요. 그런데 세월호를 매일 본다고 해서 과연 우리가 무뎌질 수 있을까요? 목포에 내려갈 때는 정말 힘들어요. 목포에 도착하는 순간부터 세월호가 가슴을 누르는 것 같아요. 진도대교 넘어가는 순간부터 가슴이 너무 아프다, 아프다 그러면서 들어가요. 세월호를 보고 싶어하고 세월호에 들어가고 싶어하는 부모가 어디 있어요? 세월호에 들어갈 때마다 숨이 잘 안 쉬어져요. 입구를 벗어나면 뒤쪽은 빛이 들어와요. 바람도 불고. 그래서 뒤쪽은 좀 괜찮은데, 입구가 너무 힘든 거예요. 늘 '이제 적응해야지, 적응해야 된다니까' 스스로한테 말하면서 들어가는 것 같아요.

저는 추위를 엄청 싫어하거든요. 밖에 나가면 손발이 다 얼어요. 하지만 한겨울에 언 손으로 세월호를 만져요. 아이들이 마지막으로 만졌을 거라 생각하고 그 철판을 만지고 다녀요. 안 아픈 사람이 없을 거예요. 하지만 '지켜봐야지. 내가 아니면 누가 할 거야? 부모니까 해야지' 그 마음으로 늘 목포에 가요.

전인숙(임경빈 엄마)

광화문과 청운동

"제발 좀 가게 해줘. 나 꼭 할 말이 있어. 내가 가서 뭐 대단한 걸 하겠다는 게 아니잖아. 말만 하고 나올게. 제발 우리 좀 들어가게 해줘."

2014년에 대통령을 만나겠다고 청와대에 가려는데 그쪽으로 넘어가지를 못했잖아요. 광화문에서부터 막혀서 전경이랑 싸우고 그랬는데 어느 날은 제가 어떤 전경 멱살을 잡은 것 같아요. 옷을 딱 잡았는데 그 전경이 "어머니, 저도 준영이예요" 하는 거예요. 제가 가슴에다 오준영, 우리 아들 명찰을 달고 갔는데, 자기도 김준영이라고 울먹이면서 얘기를 하는 거예요. 저도 스무살인데 이러시면 저도 다치고, 어머니도 다친다고, 제발 물러서시라고. 우리도 시켜서 어쩔 수 없이 하는 거니까 좀 물러나시라고. 전경들은 전부 다 방패에 진압봉을 들고 있고, 우리는 뚫고 나가겠다고 버티고 서 있으니까 밀고 밀치다 다칠 것 같았나봐요. 그런데 그게 머리를 쳤다고 할까?

제가 그 말을 듣고 그냥 딱 굳어버렸어요. 오준영은 아니지만, 김준영을 그렇게 알게 된 거잖아요. 그 아이 얼굴은 생각이 안 나요. 그런데 금방이라도 눈물이 뚝 떨어질 것처럼 울먹울먹하면서 "다쳐요, 다쳐요, 다쳐요" 했던 눈망울은 눈에 선해요. 그 말이 우리 준영이가 '엄마 다쳐요. 거기까지 가지 마세요' 하는 것 같은 거예요. 나는 엄마니까 가야 되는데, 자식 키우는 준영이 엄마는 못 가겠는 거예요. 그때 걔 가슴속이 어땠을지 모르겠지만 날 보며 자기 엄마를 떠올렸을 거잖아요? 또 걔네 엄마는 TV에서 세월호 집회를 보면서 자기 아들 걱정에 얼마나 힘들까. 아이를 하늘에 보낸 오준영 엄마가 청와대로 가겠다며 김준영의 멱살을 잡았을 때 그 엄마는… 전경들을 뚫어야지 청와대로 가는데 전경들이 모두 준영이 같은 거예요. 온통 준영이가 서 있는 것 같고 그뒤에 준영이 엄마들이 서 있는 것 같은 거예요. 정말 미치겠더라고요.

임영애(오준영 엄마)

내가 국회에서 40일 가까이 노숙 농성을 하다 병원에 실려 갔어요. 병원에 있는데 박영선 의원이 1차 특별법을 만들었대요. 퇴원 수속도 안 하고 바로 광화문에 달려가서 그날로 눌러앉았어요.

1년 반 정도 광화문에서 사는 동안 일베*들부터 서북청년단, 엄마부대까지 얼마나 우리를 가슴 아프게 했는지 몰라요. 광화문에 세월호 상황실이 있잖아요. 일베가 온다 그러길래 일베가 뭔데? 그랬더니 젊은 애들이 폭식투쟁한다고. 그래? 궁금한 거예요. 한번 가봤죠. 글쎄 치킨이랑 맥주를 먹고 있는 거야. 놀랐어요. 젊은 애들이 왜 저럴까? 아무리 정치 성향이 달라도 아픈 사람들이 단식하고 있는데 거기서 폭식투쟁을 한다? 나는 이해가 안 됐어요. 지금도 이해가 안 돼요. 젊은 애들이잖아요? 보니까 전부 20대 초반이더라고. 대화를 시도해본 적도 있는데 대화가 안 돼요. 많이 싸웠죠. 치킨 먹고 김밥 먹는 데 가서 소금도 뿌려보고 물도 뿌려보고. 일베 애들한테 광화문 세월호 농성장에 와서 먹으랬더니 진짜 와서 먹더라고. 그때 일베랑 보수들이랑 싸우다 파출소, 경찰서에도 많이 갔어요. 하아… 그때부

---

* 인터넷 사이트 '일간 베스트 저장소'의 준말이지만 이 사이트를 이용하는 극우 성향의 사람들을 일컫는 말로 더 많이 쓰인다.

터 세상에 대해서 조금씩 안 거죠. '아, 세상이 정말 이렇구나. 아픈 사람한테 와서 난도질하는구나. 왜 세상이 이렇게 됐지? 아픈 사람들을 감싸 안고 위로를 해줘야 되는데 어떻게 더 대못을 박고 난도질을 하지? 세상이 정말 많이 썩었구나…'

사실 처음에 많은 분들이 저를 유가족이라고 생각하지 않았어요. 누구 하나 걸리기만 하면 죽일 것 같은 얼굴을 하고 다니고, 매일 싸우고 있고. 하아, 그때는 솔직히 눈에 뵈는 게 없었어요. 박근혜 대통령 탄핵해야 한다고 하는 시민단체 사람들을 광화문에서 내쫓은 적도 있어요. 그만큼 우리 유가족은 박근혜 정부를 믿었던 거예요. 박근혜가 울면서 사과했으니 뭐라도 해줄 거라 믿었죠. 한달, 두달, 석달이 가면서 서서히 알게 됐죠. 아, 정말이구나. 왜 사람들이 박근혜 정부에 맞서 싸웠는지, 왜 시민단체 사람들이 박근혜를 탄핵시켜야 한다고 했는지 시간이 갈수록 알겠더라고요. 나는 TV에서만 봤죠. 장애인들이 시위하고, 노조가 시위하고. TV에서만 보다가 내가 기동대에 끌려가서 맞는 경험을 하면서 자식 죽은 부모가 억울함을 풀어달라고 하는데 내 나라가 이러는구나. 유가족들을 개 끌듯이 끌고 가서… 아, 그때 생각하면 아직도 굉장히 화가 나요.

오병환(오영석 아빠)

살면서 그렇게 당한 건 처음이었어요. 1주기 때 광화문에서 집회 선두에 섰는데 꼼짝 못하게 하더니 캡사이신을 쏘는 거예요. 쏘고 난 뒤에도 내가 안 물러나니까 내 머리카락을 확 잡더니 자기들 장갑에 캡사이신을 뿌려서 내 눈에 비볐어요. 나도 상대방 경찰 머리를 잡아서 모자 벗겨내고 싸우다가 같이 바닥에 주저앉은 거예요. 경찰은 저를 떼어내려는데 제가 꽉 잡고 안 놔주니까 결국 난리가 났죠. 경찰들이 달려들어 저를 범죄자 체포하듯이 양쪽에서 끌어내면서 무릎을 팍 치는 거예요. 중심이 무너지고 무릎이 바닥에 꿇려지면서 얼굴을 시멘트 바닥에 박았어요. 그랬는데도 뒤로 팔을 확 꺾어서 끌고 가는데, 하아⋯ "내가 범죄자도 아니고 다만 내 새끼 죽은 이유를 알고 싶다는 건데 이게 대한민국 경찰이냐" 그랬어요. 그리고 경찰버스에 가서도 난리를 치며 싸웠어요. 전경들이 나한테 막말을 하는 거예요. 제가 그랬죠. "넌 집에 가면 엄마 없냐?" 없대요. 그러고는 욕을 하는 거예요. '아, 이게 대한민국이구나. 진상규명이 돼도 나는 이 나라에서 못 살겠구나⋯'

이지성(김도언 엄마)

1주기 때 광화문에서 싸우다가 경찰에게 잡혔거든요. 풀려나오면서 제가 막 뭐라고 했더니 경찰이 저한테 그러더라고요. 나는 자식 보내도 당신처럼 안 한다고. 조용히 하라고. 그런데⋯ 자기는 안 보내봤잖아요. 자기 자식을 안 보내봤으니까 그렇게 말을 하는 건데 이 마음이야 본인이 나중에 당해봐야 알겠지만 그게 다 마음에 상처로 남았죠. 집회 나가면 경찰들이 저희를 하나의 뭐랄까⋯ 자기네들을 피곤하게 하는 쓸모없는 인간, 귀찮은 사람 취급을 하는 거예요. 왜? 나를? 뭐 대단하게 대접해달라는 게 아니에요. 우리가 원하는 건 왜 대한민국이 아이들을 구하지 못했는지 아니, 왜 못 구하게 막았는지, 그리고 왜 한명도 잘못했다고 하는 사람이 없는지를 밝혀달라는 것뿐인데.

양옥자(허재강 엄마)

2016년 10월 29일이 첫 촛불집회였잖아요. 그날 모였을 때의 느낌은 그냥 늘상 하던 집회 중에 하나였던 것 같은데 그 이후부터 굉장히 빠르게 숫자도 늘어나고, 구호들도 일주일 단위로 확연히 달라지고. 그런 것들을 보면서 어떤 가능성을 느꼈어요. 2014년부터 박근혜는 철옹성 같았거든요. 아무리 뚫어도 대통령이 막고 있으니까 방법이 없는 거야. 그런데 절대 물러서지 않을 것 같았던 박근혜에게 하야하라는 구호가 나오고, 퇴진 얘기가 나오고, 탄핵까지 나오니까 바뀔 수도 있겠다는 가능성들을 보게 된 거죠.

맨 앞에 항상 우리가 있었고, 촛불혁명에서 시민들이 우리 자리를 남겨줬고, 가족협의회에서 차량을 준비해 방송을 하면서 계속 청와대 앞까지 전진하고, 그런 과정들이 정말 기적 같았어요. 박근혜가 우리를 가로막는 걸 보면서, '대통령이 정책 펴는 걸 보면 정말 한심하기 짝이 없고, 정치에 무관심한 사람도 알 수 있을 만큼 상식에 벗어나는 행동을 이렇게 많이 했는데 왜 국민들은 가만히 있지? 이 국민들이 멍청한가? 바보인가?' 그런 생각도 했는데, 촛불집회 때 뛰어나오는 걸 보면서 '아, 참을 만큼 참았구나. 너무 많이 참았구나' 싶더라고요. '역시 국민은 달라, 정의가 있어. 살아 있어' 이런 생각도 들고.

최순화(이창현 엄마)

1주기가 지나고 한동대학교 간담회 자리에 가서 한참을 얘기했는데 말하고 보니 1년 전하고 바뀐 게 거의 없더라고요. 학생들이 어머니 말씀 들어보니까 정부뿐 아니라 언론, 정치인 아무것도 변한 게 없는 것 같다고, 실망을 하더라고요. 그래서 "우리가 변했다. 1년 동안 우리 부모들이 확실히 변해서 우리는 2014년 전으로 절대 못 돌아간다. 이제 앞으로 1년은 여러분이 변해야 된다. 여러분이 변하고, 국민이 변하면 그때는 뭔가 있지 않겠냐"라고 얘기했는데 2016년에 촛불이 일어난 거예요. 불과 2년 전만 해도 저희는 광화문에서 청운동 쪽으로 찻길을 못 건넜거든요. 그 거리를 수많은 사람들과 같이 걸으면서 굉장한 해방감? 뭔가 꽉 묶여 있다가 풀려나는 것 같은 기분이 들었어요. '헌법에서 말하는 자유가 이런 거구나' 그런 생각이 들더라고요. 내가 내 다리로 자유롭게 광화문과 청운동 앞을 오가는 이런 당연한 일도 우리의 권리라는 걸 느꼈던 것 같아요. 그러면서 '아, 우리가 이렇게 버텨서 촛불집회가 일어나는 데 하나의 계기가 되었구나' 싶어 가족들끼리도 얘기했어요. 서로 잘 버텨왔다, 잘 버텼다…

박은희(유예은엄마)

너무 감격스럽고 대단했어. '수십만, 수백만 시민들이 우리를 향해서 이렇게 오는구나, 경찰들 물리치고 오는구나. 우리가 비록 앞에서 선봉을 맡았지만 저렇게 많은 시민들이 우리랑 같이 싸워주는구나.' 그때 버스 위에 올라가 있었거든, 태극기 흔들면서. 와, 진짜 좋았어. 그리고 또 한가지 좋았던 건 우리가 무기 하나 안 들고, 우리 애들만 위해서 정부를 상대로 집회를 했다는 게 너무 대견스러웠어. 옛날 집회 생각하면 다 몽둥이 들고 하는 집회였는데 촛불집회 했을 때는 그런 게 없어지고 마음으로만 하는 게 너무 좋았어. 그래서 우리가 나라도 바꾸고 대통령도 바꾸고 그러지 않았나 싶어.

유해종(유미지 아빠)

생명안전공원

저는 처음에 화랑유원지 생각은 안 했었어요. 그냥 아이들이 한 곳에 모인다는 그 의미가 컸어요. 화랑유원지가 사실은 모두의 추억이 있는 곳이죠. 저희 애들이 클 때 안산에 어디 갈 데가 없었어요. 애들 아빠 출근하면 재강이랑 재강이 동생이랑 셋이서 화랑유원지까지 걸어서 오기도 하고, 택시 타고도 와서 연도 날리고 뜀박질도 하고. 또 어린이날 같은 날은 여기 와서 애들하고 놀고. 연말에 네 식구가 외식하고 들어오다가도 화랑유원지에 차 세워놓고 밤에 눈사람 만들고 그랬거든요. 선부동, 와동 이쪽 아이들은 다 화랑유원지에서 인라인스케이트 타고, 연 날리고, 자전거 타고 뛰어놀던 추억이 있죠. 그래서 좋았어요. 처음에 추모공원 장소로 꽃빛공원 얘기가 나왔는데 진짜 싫더라고요. 거기는 햇볕도 잘 안 들고 멀고 애들만 고립된 느낌인데, 화랑유원지는 가까이 있으니까. 화랑유원지는 사람들이 많이 지나다니니까 사람 소리도 들을 수 있고, 이렇게 안산 달라지는 모습도 보고, 다 같이 모일 수 있는 곳이니까 너무 좋았죠.

양옥자(허재강 엄마)

윤민이 사고 났을 때 내 주변에 있던 사람들 중에 돌아가신 분이 친정아버지밖에 없는 거야. 우리 아버지는 윤민이 얼굴도 모르는데, 윤민이랑 아버지가 같이 있을까? 왜 우리 집 노인네들은 돌아가시지도 않지? 시아버지나 시어머니나 친정어머니나 윤민이를 알던 분이 먼저 돌아가셨으면 '아, 윤민이가 할아버지, 할머니랑 같이 있겠다' 이렇게 생각을 했을 텐데, '왜 아무도 안 돌아가신 거지?' 그런 생각마저 드는 거야. 윤민이가 혼자 있다는 생각에…

지금도 그래. 우리 윤민이 혼자 있겠다 싶어서 내가 윤민이를 딴데로 옮기지를 못해. 어떤 부모들은 서호추모공원이나 효원납골공원에 있는 게 싫어서 개인적으로 절에 놓은 이들도 많거든. 나는 그게 싫은 거야. 그렇지 않아도 윤민이가 가족도 없는 곳에 혼자 있어서 내가 항상 마음이 쓰이는데, 친구들하고라도 같이 있어야지, 친구들하고 같이 있는 애를 다른 데로? 난 그것도 싫은 거야. 그래서 윤민이한테 편지를 쓸 때 내가 항상 그래. '윤민아, 조금만 기다려. 엄마 오래 있지 않을게, 금방 갈게…' 윤민이 아빠한테도 말해. "당신하고 나하고 둘 중에 한 사람은 빨리 갑시다. 한 사람이 빨리 가서 윤민이하고 같이 있으면 마음이 놓일 거 아니에요? 그럼 나머지 한명은 좀 여유 있게 살다가 와도 되니까." 내가 애들한테 지금도 이야기해. 엄마한테 무슨 일 생기거나 사고가 나서 심정지가 오거나 그러면 절대 살리지 마라. 그냥 가게 내버려둬라. 그리고 화장해서 윤민이 유골이랑 같이 모아서 꼭 산에다 뿌려줘라. 혹시 못 만날까봐 꼭 함께. 바다는 싫어, 바다는.

사실 4·16생명안전공원(이하 생명안전공원)도 안산 시민들이 싫어하는데 뭘 굳이 안산에 해야 되나 싶어. 물론 우리 입장에서야 안산은 윤민이가 태어나고 자란 곳이니까 윤민이를 안산으로 데려오고 싶지. 지금 윤민이가 경기도 화성시 향남에 있어. 향남은 우리랑 아무 연고가 없는 곳인데 친구들이 있으니까 거기다 애를 둔 건데 다녀올 때마다 내가 항상 가슴이 아파. 그래서 안산으로 데려오고 싶은 마음은 있는데, 안산 시민들이 저렇게 난리를 치니까 어떤 때는 더럽고 치사해. 너무 구차해. 그래서 솔직히 나는 생명안전공원 안 해도 돼. 굳이 안산이 아니어도 돼. 윤민이는 그냥 내 근처에 데려다놓으면 돼. 나 가기 전까지라도 혼자 떨어져 있게 하고 싶지 않으니까, 그리고 아무래도 안산에 있으면 더 자주 볼 수 있으니까. 이런 마음으로 추모공원에 대해 내가 긍정적인 거지.

박혜영(최윤민 엄마)

생명안전공원 때문에 우리 동네에 현수막이 걸렸어요. "납골당 반대!" 우리 애가 그걸 볼까봐 너무 무서웠어요. 어느 날은 성당에 가다가 우리 애가 현수막을 본 거예요.

"저것 좀 보세요."

"엄마는 네가 현수막을 보는 게 걱정됐어."

"뭐 어때요? 사람들 생각은 다르니까 그럴 수 있죠."

다행이다 싶었어요. 그런데 선거철에 홍보 트럭에서 노골적으로 비방 방송을 하니까 우리 애가 방에서 뛰쳐나왔어요.

"엄마, 저 사람들 미친 거 아니에요?"

'아! 쟤가 괜찮은 게 아니었구나.' 그래서 우리 통장한테 전화를 했어요. 우리 단지에는 아직 비방 현수막이 안 붙어 있었거든요.

"우리 단지에도 그 현수막 붙일 거야?"

"왜?"

"아니, 나 그런 거 붙이는 거 싫어서. 붙이면 언제 붙일 건데?"

"아직 몰라."

"할 거면 주민들 동의 얻을 거지?"

"그래, 알았어."

제가 막 생각했어요. 우리 라인부터 집집마다 방문을 해서 얘기를 해야 하나? 사실은 우리 아이가 세월호 생존자예요. 생명안전공원 짓는 것에는 반대하더라도 현수막 붙이는 것만큼은 안 하시면 안 돼요? 내 아이 좀 살려주세요…

그때 제가 너무너무 힘들었어요. 매사에 지나치게 예민한 거예요. 운전할 때 누가 앞에 끼어들면 "저 새끼가…" 그러면서 욕을 하고, 툭하면 울고… 그래서 우리 애가 괜찮다고 얘기했을 거예요.

애 아빠한테 그랬어요. 우리 이사를 가야 될 것 같다고. 정말 여기서 못 살겠다고… 그런데 또 시간이 지나고… 이제는 현수막을 봐도 있는가보다 하고 욕만 하고 지나가요. '아휴, 정말 못됐다' 그러고 지나가요. 끝이 없을 것 같아요, 이런 마음은. 한번 내상을 입으면 내상을 입기 전으로 돌아가지지가 않아요.

너무, 억울해요. 그 유리를 깨고 애들을 구했어야죠. 그럼 다 살았을 텐데, 정말 다 살았을 텐데, 그렇죠? 그러면 우리 애들이 이렇게 되지 않았을 텐데. 유가족들만 봐도 나는 아이가 살아왔으니까 다 가진 사람이잖아요. 그런데 내 아이를 놓고 보니까 우리도 억울하더라고요. 4년이 지나고서야 억울하다는 걸 깨닫게 되더라고요.

문석연(생존학생 이시원 엄마)

안산에 살다가 힘들어서 떠난 사람들도 많고, 여러가지 이유로 안산을 떠난 부모들도 있어요. 내가 그이들한테 장난처럼 그랬거든요. "그래, 다 가. 다 갔다가 생각나면 다시 돌아와. 내가 마중 나갈게. 나는 안산에 있을게."

그런데 6·13지방선거 때 진짜 너무 징그러워서 안산을 떠나려고 했어요. "세월호 납골당 결사반대!" 후보들이 선거용 차량에 현수막을 걸고, 안산을 죽음의 도시로 만들 일 있냐면서 확성기 틀고 시내를 돌아다니는데, 정신병에 걸릴 것 같더라고요. 입에 담을 수 없는 악다구니가 내 입에서 나오면서 도저히 참을 수가 없었어요. 안산에 너무 치가 떨려서…

제가 한번은 안산 중창단 뒤풀이 자리에 있었는데 자유한국당 사람이 와서 명함을 줬어요. 그 사람이 납골당 결사반대 현수막을 걸었던 사람인데, 명함에도 그 문구가 적혀 있었어요. 그걸 본 순간 내가 얼음이 됐어요. 옆에 있던 사람들이 흥분해서 그 사람한테 뭐라고 하는데, 나만 아무 말도 못했어요. 나중에 얼마나 후회했는지 몰라요. 왜 나는 그 자리에서 아무 말도 못했을까… 내가 죄인이 된 것 같은 느낌이 드는 거예요.

거의 다 안산에서 태어난 애들이에요. 어렸을 때부터 다 아는 애들이고, 건너 건너 집에서 살았던 아이들인데 세상에 어떻게 그렇게… 안산이 품어주지 못하면 불쌍한 우리 애들은 어디로 가요? 나라에서 버렸지, 학교에서 버렸지, 안산에서조차 버리면 우리 애들은 대체 어디로 가야 되냐고. 금쪽같은 새끼들 보낸 엄마들도 있는데, 집값이 떨어지면 얼마나 떨어진다고. 촛불집회 하면서 우리 아이들 덕분에 정권 바꿨다고 말한 지가 얼마나 됐어요? 그래놓고 혐오시설이라서 싫다고, 죽음의 도시 만들 일 있냐고 이러니까 정말 애들이 몇 배로 가엾어지더라고. 진짜로 이사 갈 집을 알아봤어요. 그런데 사람들이 "안산 떠난 사람들 다시 돌아올 때 네가 마중 나간다면서. 네가 이사 가버리면 그 사람들 돌아올 때 누가 마중 갈 건데?" 하는 거예요. 6월 지나면 괜찮다고, 조금만 참으라고. 생명안전공원 생겨서 집값 떨어진다고 걱정했던 사람들은 아마 그 반대가 되면 부지 더 넓혀달라고 띠 두를 사람들이니까 걱정하지 말라고. 7000평을 1만 4000평으로 넓혀달라고 할 거라고.

생명안전공원, 저는 그게 너무 절실해요. 지금 제일 절실한 건 그거예요. 빨리 우리 애들 품어서 안산으로 데려오고 싶다…

박유신(정예진 엄마)

안산에 생명안전공원 만들기로만 결정됐지 첫 삽도 못 뜨고 지금도 계속 반대하는 시민들이 많으니까 이것도 불투명한 거예요. 불안한 거야. 우리 아이들 한곳에 모아놔야 그나마 숨이라도 돌릴 수 있는데, 지금까지 이뤄진 게 아무것도 없어요. 우리 아이들이 왜 그렇게 됐는지, 왜 구하지 않았는지 밝히지도 못했어. 분향소는 생명안전공원 약속만 믿고 철수했는데 생명안전공원은 시작도 못했고. 그러다 보니까 정말로 이게 될까? 우리 아이들 모아놓을 수 있을까? 이것까지 또 무산되면 어떻게 하지? 안산 시민들이 화랑유원지에 생명안전공원 만드는 것 절대 안 된다고 반대하면 어떡하지? 이런 두려움이 밀려오는 거죠. 지금도 봐봐. 분향소도 없어졌지. 동거차도도 없어지고 팽목항도 없어지고. 광화문도 리모델링한다는 말이 나오니까, 한군데씩 다 지워지는구나, 우리도 이제 지워지겠구나…

박정화(조은정 엄마)

글: 유해정

416가족의 탄생

영결식 할 때 시댁 어른이 오셨어요. 끝나고 하신 말이
"너 다시는 저 엄마들 만나지 말아라. 안 그러면 네가 못 산다"였어요.
다 끝났으니까 일상으로 돌아오란 얘기예요.
대답은 안 하고 그냥 '이제 시댁 어른들은 보지 말아야겠구나,
저 양반들을 만나면 내가 병이 더 생기겠구나' 하고 말았어요.
내가 힘들고 흔들릴 때 내 손을 잡아주는 사람들은 여기 있어요.
같은 처지에 있는 사람들이 많으니까 조금 위로가 되고,
나와 똑같은 사람이 몇백명이나 된다는 사실이 슬프지만,
그러면서도 의지가 되는 건 어쩔 수 없어요.
엄마들끼리 모이면 애들 이야기를 어제 있었던 일처럼 해요.
아이 학교 보내놓고 수다 떠는 것처럼.
그래서 4년이 안 느껴져요. 그 덕에 버틴 것 같아요.
상처받은 사람들끼리 모여 있는 게 사실은 쉽지 않거든요.
서로 조심도 해야 되고, 나만 생각할 수 없고,
어떨 때는 나도 힘든데 서로 배려해야 한다는 게 스트레스예요.
나도 피해자니까, 어리광도 부리고 떼도 쓰고 싶은데,
저 사람도 힘들 테니 아파도 아프다는 소리 덜 하게 되기도 하고요.
그래도 누가 오늘 뭐 하고 있을까 챙겨주는 사람들은 여기 있어요.
가족들. 416가족들.

김연실(정차웅 엄마)

모르는 사람들

"하나같이 거짓말이야! 수습돼서 온다는 애들은 어디 있는 거야!"

"아니, 마이크 뺏지 마시고요, 저희가 이제 상황을 파악하면서 말 씀드리다보면…"

"무슨 상황을 파악한다는 거야? 우리가 직접 가서 두 눈으로 봐야 겠어. 배 대!"

"지금 배들이 다 수색하러 나가서 없고, 여기서 기다리시면…"

"군에 행정선이라도 있을 거 아냐! 왜 못 보게 하는 거야!"

"여기 체육관에서 팽목항까지 가려면 버스도 있어야 하는데 그것 도 지금 당장 준비가 어렵고…"

"안산에서 온 버스 있잖아. 우리가 타고 왔는데 버스가 없다고? 빨 리 준비시켜!"

그때는 누구 엄마 누구 아빠 이런 것도 몰랐는데 아마 내 행동들을 보셨던 것 같아. 팽목에서 13명의 대표단이 꾸려졌는데 주위에서 추 대를 해줬어요. 첫날 진도에서 2시간을 기다렸거든, 정부가 약속한 시간. 그런데 말이 자꾸 바뀌잖아. 그래서 강당에서 마이크 뺏고 배 대라고, 해역으로 나가겠다고 했죠. 그때 가족들 중에는 나를 프락치 아닌가 생각한 사람들도 있었을 거예요. 가족인지 뭔지 서로 불신할 때였으니까.

찬호를 30일 만에 찾았어요. 늦게 나왔지. 찬호 발인한 날 분향소에 영정사진이랑 위패를 모셨는데 세월호 가족들이 많이 참여해줬더라고요. 그게 고마워서 그날 저녁 바로 가족 총회에 나갔어요. 그때 부위원장을 맡게 됐고요. 가족 총회에서도 많이 싸웠어요. 솔직히 실망을 많이 했어요. 자식들이 죽었는데 부모들끼리 다투는 모습이 보기 좋지 않았죠. 가족대책위에서 화를 낸 적이 딱 한번 있었어요. 미수습자 수습이 안 된 상태에서 추모공원 얘기가 나온 거예요. 물병 날아가고 난리였죠. 피해가족 당사자의 한명으로서, 수습 완료 전에 추모공원 얘기가 먼저 나온 건 정말 이해할 수 없더라고요.

그날 원탁회의*도 처음 만났는데 우리가 싸우는 모습을 바깥에서 계속 지켜봤을 거예요. 총회가 늦게 끝나서 밤 11시가 되어서야 만났거든요. 그런데 원탁회의에서 얘기하는 것도 마음에 안 들더라고, 솔직하게. 그 사람들 얘기하는 건 내 귀에 안 들어왔어요. 우리는 이미 현장에서 순 거짓말만 나오는 걸 30일 동안 지켜본 사람들인데, 너무 현실과 동떨어진 얘기를 하는 거야. 정부에 대한 불신, 언론에 대한 불신이 극에 달한 상태였으니 나도 속으로 분노가 엄청났겠죠.

전명선(전찬호 아빠)

---

* 2014년 5월 1일 시민사회에서 세월호 참사 범국민적 대응을 모색하는 간담회가 열렸다. 5월 9일 청와대 앞에서 가로막힌 유가족들의 심정을 함께 나누면서 범국민대책기구의 필요성을 느끼고 5월 22일 각계 원탁회의를 열어 '세월호 참사 국민대책회의'를 발족했다. 원탁회의, 국민대책회의, 국민대책위 등으로 불렸다. 세월호 참사 국민대책회의는 800여개 시민사회단체가 모여 구성했고, 특별법 제정 촉구 범국민 서명운동을 비롯해 집회 개최, 유가족 농성 지원, 범국민 촛불행동 제안과 조직, 팽목항 기다림의 버스 등 다양한 활동을 벌였다. 이듬해 더욱 지속 가능한 활동을 벌이기 위해 상설단체 구성 논의가 진행됐고, 2015년 6월 28일 '4월 16일의 약속 국민연대'(약칭 4·16연대)가 창립총회를 열었다. 4·16연대는 가족·시민·단체가 함께 꾸린 통합적인 상설 단체로 시민회원을 기반으로 지속적인 활동을 펼치고 있다.

그때가 아마 2014년 5월 정도였을 거예요. 다들 이런 일이 처음이니까 가족대책위 구성은 했지만 뭘 어떻게 해야 할지는 정해지지 않았죠. 그냥 넘어가서는 안 된다는 생각은 하고 있었어요. 팽목에서 겪었잖아요. 정부의 컨트롤타워가 작동하지 않았고 그래서 아이들을 한명도 구조하지 못한 상황, 그리고 언론사의 말도 안 되는 행태. 나도 당연히 같이 해야 한다고 생각했어요. 첫 총회 때 가장 먼저 나왔던 얘기는, 흩어진 우리 아이들을 모아야 하지 않겠느냐, 당시에는 그게 급했죠. 같은 학교 친구들이고 같이 수학여행을 가다가 당한 일이니까. 그러다가 진상규명 문제가 나오면서 얘기가 넘어갔죠.

우리가 4월 29일에 올림픽기념관에서 합동분향소로 옮겼어요. 안산시 택시조합에서 지원해주셔서 택시에 한명 한명의 위패와 영정을 넣어서 옮겼죠. 그때는 합동분향소 생긴 지 얼마 안 돼서 사람들이 많이 왔어요. 우리가 여기 앉아만 있으면 안 되겠다, 침묵 피케팅이라도 하자, 그래서 입구 쪽에서 마스크를 쓰고 피케팅을 하게 됐어요. 그때 서명을 처음 받기 시작한 거예요, 5월 초에. 10명 중 9명은 다 서명을 해주시더라고요.

그때는 특검을 하자는 이야기도 많이 나왔고 특검보다 특별법이 더 포괄적이라고 해서 우리 사이에서도 설왕설래했는데, 변호사들에게 자문을 해보니까 특별법이 더 강력하더라고요. 그때부터 특별법 서명을 받기 시작했는데 몇십만명을 금방 받은 거예요. 사람들이 엄청나게 왔으니까. 그래서 '100만명도 금방 채우겠네?' 했는데 그때 국민대책회의에서 제안을 했어요. 이 정도에서 끝낼 게 아니라 천만명 서명을 받아보자, 그러면서 목표가 생기고 가족대책위에서 전국 각 지역으로 서명을 받으러 다녔어요. 그게 6월, 가족대책위 첫 사업이라고 볼 수 있죠. 반별로 회비를 걷어 그 돈으로 버스 빌려서 돌아다니면서 굉장히 많은 사람들의 서명을 받았어요. 그렇게 시민들의 서명을 모으고 7월 12일에 우리가 국회를 점거했어요.

당시에 우리 가족대책위는 오로지 우리가 직접 해야 한다, 다른 단체들이 들어오면 우리의 순수성이 없어지고 굉장히 어려운 상황에 놓일 수 있다, 우리의 목소리가 훼손되거나 휩쓸려갈 수 있다, 그래서 절대 외부 단체하고는 연대를 안 한다는 생각이 강했어요. 그러다가 국회에 들어가면서 연대하게 된 거죠. 활동을 하다보니까 모르는 게 너무 많은 거예요. 우리가 뭘 알아요. 농성을 해봤어, 기자회견을 해봤어. 그러다보니까 연대할 만한 단체는 있어야겠구나 생각이 들었어요. 그렇다고 아무 단체하고나 하지는 않았고 세월호 문제를 가지고 협력할 수 있는 단체들과 연대했죠. 그분들의 도움을 굉장히 많이 받았어요. 이상하게 흘러가겠다 싶으면 우리 가족들이 반대를 했어요. 국민대책회의도 우리가 반대하는 일은 절대로 하지 않았고요. 그래서 정치적으로 휩쓸릴 일은 없었죠.

우리가 이런 일에 경험도 없는 평범한 직장인이고 아이들 뒷바라지하던 부모들이라 가족대책위를 꾸리면서 실수한 부분들도 있고 놓친 부분들도 많았어요. 이쪽으로 가야 하는데 저쪽으로 가기도 하고. 그래도 기본적으로 가야 할 길은 정해져 있잖아요? 첫번째가 아이들이 죽은 이유에 대한 진상규명, 그다음은 책임자 처벌, 마지막으로 왜 아이들이 죽었을까 따지고 보면 재난에 대한 대비책이 없어서 그런 거니 안전사회시스템 구축, 이 세가지가 딱 나오는 거예요. 우리가 몸으로 부딪치고 확인하고 해결하면서 온 거죠.

혼자 집에 있었다면 할 수 없었을 거잖아요? 나와서 서로의 생각을 공유하고 우리가 자식 잃은 부모로서 뭔가 해야 한다는 결의를 하고 결속을 하는 장소가 분향소 가족 대기실이었어요. 트라우마센터가 있지만 거기는 거의 안 갔어요. 피해가족들끼리는 어떤 이야기도 할 수 있어요. 팽목항 이야기, 애 찾을 때 이야기, 우리 아이는 어떤 모습으로 나왔는지… 이런 이야기는 밖에서 못하거든요. 진짜 적나라한 이야기를 하면서 화를 드러내기도 하고. 화를 드러내는 게 삭히는 것보다 나을 때가 있어요. 그게 트라우마 치료거든요.

김종기(김수진 아빠)

아이하고 약속을 했어요. 병원에 있을 때 소희가 그랬어요. 아빠가 끝까지 싸워주면 좋겠다고. 안산 와서 하룻밤 지나고 소희가 아침에 눈뜨자마자 첫마디가 "왜 아무도 안 와?"였어요. 그 말이 너무 마음이 아팠어요. 그때 결정을 했어요. 같이 가야 되는 거다. 처음부터 그건 명확했어요.

물론 힘들죠. 왜냐면 유가족이 워낙 많다보니까 생존자가 별로 드러나지 않아요. 제 고향 친구 놈도 똑같은 얘기를 하더라고요. "야, 너네는 가족협의회 있으면서 왜 너네 목소리를 못 내냐? 왜 너네 얘기는 없냐?" 보면 다 나와 있거든요. 그런데 잘 모르더라고요. 설명해주면 그제야 그러냐고. 생존자는 없는 것처럼 보이는데 그렇지 않아요. 우리가 요구하는 내용에 다 들어가 있어요.

처음에는 유가족분들이 마음을 잘 안 여셨어요. 지금도 안 여는 분들이 계시죠. 그래도 마음을 좀 여신 분들은, 내가 만약 생존학생 부모였다면 당신처럼 못했을 거다, 아니 안 했을 거다, 대단하다고 말씀하시죠. 어떤 분은 2년 지날 때까지 제가 유가족인 줄 알았대요. 싸울 때 늘 같이 있으니까. 국회에서 농성할 때도 저는 양복 입고 구두 신고 올라갔거든요. 말을 해줬으면 옷을 편하게 입고 갔을 텐데 농성 시작하자마자 바로 발 아파 죽는 줄 알았어요. 지금 생각해보면 웃기지만 그때는 간절했던 거니까. 우리가 뭘 해봤겠어요.

박윤수(생존학생 박소희 아빠)

개척의 시간

"전화 받지 마."

"얘, 왜 그래."

"왜 엄마는 같은 유가족인데 맨날 고맙다 감사하다 그러고, 엄마가
다 전화하고, 왜 그렇게 하냐고."

"엄마가 맡은 일인 거 너도 알잖아."

"다들 자기 일이기도 하잖아. 몰라. 전화 좀 그만해."

　둘째는 내가 전화 통화만 하면 문을 확 닫고 들어가버리고 그랬어
요. 그때 제가 대외협력분과*에서 가족들 간담회 참석자 섭외와 조율
하는 일을 했거든요. 하루에 열두군데 열여덟군데씩 간담회를 다닐

---

* 가족협의회(4·16세월호 참사 진상규명 및 안전사회 건설을 위한 피해자 가족협의회)
는 운영위원회와 집행위원회로 구성되어 운영된다. 운영위원회는 단원고 희생학생
(1~10반 각각), 생존학생, 교사, 일반인 희생자, 생존 일반인/화물기사 각 단위 대표
들로 구성되고 운영위원장이 따로 선출된다. 집행위원회는 집행위원장과 다섯개의
분과(진상규명분과, 선체인양분과, 대외협력분과, 추모사업지원분과, 심리생계지원
분과) 체계로 활동하다가 2019년 2월 총회에서 네개의 부서 체계(진상규명사업부, 추
모사업부, 대외협력사업부, 회원조직사업부)로 변경되었다. 그리고 가족협의회 활동
전반을 지원하는 사무처가 있다. 구술 당시에는 운영/집행위원 22명이 다 모이는 확
대운영회의가 매주 화요일 오전에 열렸고 416 TV, 기억저장소, 공방 등도 참여했다.
부서 체계로 변경된 후에는 월 2회 운영위 회의, 월 2회 집행부 회의, 월 2회 확대운영
회의로 일상적인 논의를 이어갈 예정이다. 총회가 정기적으로 열리고, 그외에도 '가
족회의'가 격주 일요일마다 열린다. 주요 정보를 알리고 활동에 대해 의견을 나누는
자리다.

때니까, 누가 지방으로 가실 수 있는지 물어보고 가능하다고 하시면 그분 간담회 장소로 보내고 그쪽 주최 측이랑 연락하고 국민대책회의랑 연락하고 이런 일. 시간이 되게 많이 걸리는 일이에요. 전화 통화를 하루 종일 해야 되고, 피켓을 들면서도 이어폰 끼고 계속 통화하면서 섭외했어요. 그래서 둘째가 전화 벨소리만 울리면 받지 말라고 했죠. 2016년 초에 그만뒀는데 그게 가장 큰 이유였어요. 내가 집에 있는 시간도 별로 없는데 집에 있는 동안에도 계속 전화를 하고 있으니까. 일이 힘들었던 건 아니에요. 나중에는 각이 딱 잡히더라고요. 어디에서 연락 오면 '여기는 이 부모님이 가면 좋겠다, 이 부모님은 무슨 요일이 안 되지, 이 부모님이 여기가 고향이지' 이렇게 체계도 잡히고 요령도 생기니까 별로 힘들지 않았어요.

대외협력분과 일을 하면서 미수습자 가족들이랑도 계속 연락을 했어요. 우리가 생존학생 부모님들 만나서 얘기하는 게 힘들 듯이 그분들도 우리와 대화하는 게 굉장히 힘들 거잖아요. 정부가 수습을 중단하고 다 올라왔을 때 피켓을 든다고 하더라고요. 무작정 혼자 거기로 가서 그분들과 같이 피켓을 들었어요. 어느 날 은화 엄마한테 전화가 왔어요. 운전하기가 힘들어서 그러는데 미수습자 가족 활동할 때 운전 좀 해줄 수 있냐고. 하루만 부탁했는데 그게 계속됐어요. 나한테 부탁해줘서 참 고마웠어요. 내가 할 수 있는 일을 먼저 얘기해줘서, 내가 할 수 있는 게 그런 것밖에 없으니까… 가족협의회랑 미수습자 가족이랑 관계가 어렵던 때라 오해도 받았는데 솔직히 그런거 신경썼으면 못 다녔어요. 내가 내 할 일 안 하면서 다녔던 게 아니니까, 사람들이 뭐라고 해도 나만 아니면 되고…

미수습자 가족들에게 우선순위는 아이들을 찾는 일이잖아요. 우리는 재판도 해야 하고 특별조사위원회(이하 특조위)도 만들어야 하고, 모든 일이라는 게 때가 있잖아요. 우리도 미수습자를 찾는 일이 가장 중요하다고 생각했지만 미수습자 가족들이 보기에 유가족은 아이들 찾는 게 먼저가 아니라 진상규명만 중요하게 생각한다고 보일 수밖에 없는 거예요. 왜냐하면 모든 사람이 그 일에 매달리지 않으니까. 미수습자 가족들은 그게 서운했던 거예요. 입장을 바꿔 생각해보면, 나도 내 아이가 안 나왔으면 그런 마음이었을 것 같다는 생각이 들어서, 난 더하지 않았을까 하는 생각까지 들어서, 그래서 같이 다녔어요. 말 한마디도 되게 조심스러웠어요. '너는 유가족이니까 그렇게 말할 수 있지' 하는 생각이 들 수 있잖아요.

언젠가 제가 시연이한테 갔다 온 얘기를 한 거예요. 유가족끼리 이야기하면 "그래, 시연이 잘 있지?" 웃으면서 대화가 이어지는데 미수습자 부모님들은 부럽기도 하고 화가 나기도 할 거잖아요. 나는 친해졌다고 생각하고 얘기했던 게 그 부모님들한테는 아픔이었던 거죠. 은화, 다윤이 이별식 하고 시간이 좀 지나서 은화 엄마한테 문자가 왔더라고요. "우리 시연이한테 같이 가자." 같이 가보고 싶다고 문자를 했더라고… 굉장히 고마웠어요.

윤경희(김시연 엄마)

간담회 가야 돼, 말아야 돼? 너무 화가 나는 사람들은 여기저기 알리려고 이미 다니고 있었고, 초조해서 아무것도 못하겠네 하는 엄마들도 있었고, 3개월 정도 지나고 나니까 직장에 복귀하는 사람들도 생겼어요. 저는 8월부터 간담회에 나가기 시작했어요. '이걸 왜 가야 하지?' 하는 생각도 있었죠. 나 하나 감정 추스르기도 힘들고 아들 생각하기도 바쁜 시간에, 감정은 붕 떠 있고, 시간은 멈춘 것 같고, 나는 구름 위를 걷는 것 같고, 내 앞의 긴 터널을 어떻게 통과해야 할지 정신을 못 차리겠는데, 간담회를 가라고? 그러면서 가기 시작한 간담회가 저한테 큰 전환점이 됐어요.

직장으로 돌아갈 건가 말 건가 고민을 많이 했어요. 저는 병원생활 하다가 그만두고 교육 일을 하고 있었거든요. 애들 가르치는 일을 10년 가까이 했어요. 똑같은 시간을 써도 좀더 가치 있는 일이 뭘까 하면서 전환한 거예요. 간담회를 하면서 나 역시 많이 성장할 수 있었어요. 직장에 다시 돌아가도 이것만큼 가치 있는 일이 없겠더라고요. 나의 성장을 내가 무의식적으로 선택했던 것 같아요. 여기에 모든 것을 쏟아부어야겠다, 일단 내가 전부 다 알아야겠다. 그전에도 전혀 몰랐던 건 아니에요. '하면 되겠지'라고 막연히 생각하고 머리로만 알고 있었죠. '그냥 한번 해보자. 지금 이 순간에 집중해보자.' 행동하기 시작하니까 조금씩 용기도 생기고 변화하면서 스스로 선택할 수 있는 힘이 생겼어요. 그전에는 다른 엄마한테 끌려다녔던 거지, 진정 마음에서 우러나와 움직였던 건 아니었거든요.

나는 나를 위해서만 움직였던 거예요. 간담회를 하잖아요? 그러면 다른 사람들한테서 받은 분노가 간담회 온 사람들한테 나갔던 거예요. 엉뚱하게 그 사람들한테 상처를 주고 있었던 거죠. 말로는 "여러분 도움이 필요합니다, 여러분이 있어서 정말로 감사합니다" 이러는데 진짜로 내 마음속에서 나온 게 아니었죠. 억지로 한 거예요. 내가 필요해서, 알려야 하니까. 그게 달라졌어요. 사람들을 많이 만나다보니까 하고 싶은 말이 있는데 우리가 너무 안되어 보여서 말 못하는 분들도 있어요. 그런 분들과도 소통하고 싶었어요. 쭉쭉 하다보니까 되더라고. 내가 내려놓으니까. 나는 이런 마음이라고 먼저 이야기를 하니까 사람들도 얘기해주더라고. 속에 있는 얘기를 드러내는 게 진짜거든요. 이렇게 서로 변하는 걸 보면 힘이 나요. 그래서 누가 힘들어서 못하겠다고 해도 저는 사람을 포기 안 해요. 해보면 알거든요.

홍영미(이재욱 엄마)

진상규명에 필요한 자료를 다 가지고 있고 백업도 했는데 정부가 털어가면 끝이잖아요. 그래서 인천에 아는 분을 무턱대고 찾아갔어요. 차도 내 차 놔두고, 다른 차 트렁크에 자료 다 실어서. 미리 연락도 안 하고 가서 사장님 금고 열라고, 자료 싹 넣고 비밀번호를 바꿨죠. 정권 바뀌고 반년 지나서 다시 가져왔어요.

나는 진짜 하고 싶었던 게 진상규명. 일단 증거를 모으는 일. 진실을 밝히려면 자료를 모아야 하니까. 그래서 내가 진상규명 쪽 부위원장을 하겠다고 한 거예요. 국회 농성하면서도 제일 먼저 한 일이 독립 PD들이 와서 찍고 있던 영상들 싹 모은 것. 집행위원장 사촌이 따로 방을 얻어서 그 영상 다 다운받고 일주일에 한번씩 국회 와서 얘기를 해줬어요. 외장하드든 USB든 뭐든 녹취가 필요하면 다 쓰라고 내 개인카드 내줄 정도였으니까. 그다음에 바로 진행한 게 증거보전신청. 사라지기 전에 다 확보해야 한다. 동거차도 어민들 만나고 제주 가고 그럴 때 나도 거길 가고 싶었는데 못 그러니까 다른 가족한테 부탁해서 챙기고. 진도 VTS, 제주 VTS, 헬기, 해경 본청 웹하드 영상 이런 거 증거보전신청을 일단 개인 이름으로 다 했어요. 위원장직 내려놓고 나면 머리 비우고 자료를 처음부터 쭉 한번 보고 싶어요. 내가 못 보더라도 어쨌든 자료는 남아요. 시간이 지나서 또다른 사람이 볼 수 있고 재조명할 수 있게 되거든.

전명선(전찬호 아빠)

처음이더라고. 참사가 발생했을 때 피해자들이 직접 자료실을 만들어서 자료 모으고 운영하는 게. 이게 그렇게까지 중요한 거라고 생각을 못했는데 만들어놓고 보니까 알겠더라고요. 나는 자료 읽는 거 정말 싫었거든요. 그런데 진상규명분과를 맡게 되었으니 어떡해, 자료실에 틀어박혀서 자료 읽기부터 시작한 거죠. 가족협의회 진상규명 자료실이 모든 자료의 허브 역할을 하고 있어요. 진상규명분과장은 진상규명을 하는 사람들의 허브 역할을 하는 거죠.

다른 어떤 일보다 토론이 제일 힘들어요. 토론을 되게 많이 하는데 한번 하고 나면 정말 몸살이 와요. 한 이틀 앓아누워요. 그래도 사람들 만나서 정보 공유하고 이야기하지 않으면 내가 그만큼 모르게 되는 거잖아요. 내가 지금 하는 일들은 대부분 그런 거예요. 가족들이 계속 자료 모으고 공부하고 사람들과 대화하고, 그러다보면 또 자료가 쌓이고. 내가 4년을 공부했어요. 대학교 4년 다닌 거랑 똑같으니까 나는 이제 석사과정 가는 거예요, 하하.

전문가가 되려던 게 아니라 대화를 하려고 준비하다보니 그렇게 된 거예요. 수색 기간에는 잠수사들하고 대화를 해야 되잖아요. 그러면 잠수 기법, 잠수사들의 행동 이런 걸 전부 다 알아야 해요. 그래야 제대로 물어볼 수가 있고 대답을 들으면 알아들을 수가 있잖아요. 그다음에는 인양을 해야 되니까 인양업체를 다 쫓아다니는 거죠. 어떤 방식이 있고 어떻게 하면 배에 손상을 덜 주는지 찾아다니면서 물어보는 거예요. 그러면 나중에 인양업체에서 갖고 오는 서류를 다 알아볼 수 있어. 그러고 나서 선원들 조사한 거 들어보면 또 내가 조사관이 되어버리는 거야. 왜 이런 건 안 물어보지? 그러다가 또 모형실험을 하면 항해 전문가가 되는 거예요. 전문가들과 대화를 해야 하니까. 우리가 모은 자료가 100테라바이트가 넘어요. 난 보면 알아, 이제는. 안 그러면 대화가 안 돼요. 전문가들은 우리를 가르치려고만 하거든요. 쉽게 말할 수 있는 것도 되게 어렵게 말해요. 그게 권위가 있는 건 줄 알아. 내가 보기에 진짜 전문가는 어려운 문제도 쉽게 말할 수 있는 사람이거든요. 그들만의 언어를 쓰니까 못 알아듣는 경우가 많은데 그나마 나는 대화가 좀 되니까 물어보고 다른 가족들한테 얘기해주고 그러죠.

처음에는 내 감정 상태가 깨진 유리병 같았어요. 나랑 대화하면 상처받고 무섭다고 말도 못 붙이고 그랬죠. 진상규명분과장을 하면서 많이 부드러워졌어요. 세월호를 알려야 하니까, 도움을 구해야 하니까, 내가 기분 나쁘다고 화내면 진상규명이 물 건너가니까. 조금 성숙해졌죠. 내가 천주교 신자인데, 달란트라는 게 있잖아요, 나한테 진상규명하라고 준 것 같아. 아들을 못 지킨 형벌이 아닌가 싶기도 하고. 나중에 죽어서 준형이 앞에 갔을 때 그 한마디 들으려고 지금까지 하는 거예요. 준형아, 아빠 잘했지? 예, 아빠 잘했어요.

장훈(장준형 아빠)

2014년에 저는 진도지원분과를 맡았거든요. 미수습자 가족분들 대변하고 해수부와 싸우는 역할이었는데 11월에 수색이 끝나면서 어떻게 할지 고민하다가 준형이 아빠가 의견을 냈어요. "우리가 인양분과를 해볼까?" "우리가 무슨…" 준형이 아빠는 채소 파는 사람이었고, 저는 공장생활하던 사람이었어요. 우리가 배에 대해서 뭘 아는데? 할 수 있을까? 배를 알려면 여기저기 돌아다니면서 사람들을 만나야 하는데 선박 관련 일하는 분들이 저희를 쉽게 만나주지 않았어요. 우선 잠수사들부터 만나면서 하나하나 배워가기 시작했죠. 저희가 만나야 할 다음 사람을 연결해주시는 분들도 생기고, 몰래몰래 도와주신 분들도 있었어요. 우리는 일단 알아야겠다는 생각이 가장 컸어요. 배도 그렇지만 아이들이 어떻게 올라왔는지 아무도 몰랐어요.

상당히 큰 용기가 필요했던 것은 맞아요. 아이들을 어떻게 데리고 왔고, 어떻게 찾았는지 아무도 모르니까, 잠수사들한테 물어보기가 쉽지 않았어요. 세월호 내부 구조나 잠수 당시 일과 위주로 질문하다가 한참이 지나서 마음 깊은 곳에 있던 궁금증을 꺼냈어요. 김관홍 잠수사가 그런 말을 했어요. 안에서 애들이 벽을 친 흔적도 있고 뭐라도 해보려고 한 흔적도 있었다고. 세월호 올라오는 걸 그토록 기다렸는데 그날 마비가 왔어요. 아이들 모습이 떠오르는 거예요. 무섭다고 떨다보니까 마비가 와서, 정말 못 나가겠더라고요. 그날을 손꼽아 기다렸는데 막상 배가 딱 올라오니까 몸이 부들부들 떨리면서 못 보겠더라고요.

네덜란드 모형실험도 제가 다 봤죠. 가장 힘든 과정 중 하나였어요. 침몰 원인을 밝히는 거지만 배가 쓰러지는 과정을 계속 지켜봐야 하잖아요. 처음에는 원인을 밝혀보자고 했는데 실험이 반복되니까 자꾸 멍해지고, 배가 넘어가네, 아이들이 어땠을까, 이런 생각밖에 안 들었어요. 배가 넘어갈 때 아이들은 살려고 어디로 발버둥쳤을까, 이런 생각. 네덜란드 마린연구소 분들은 최대한으로 저희를 배려해주셨어요. 원래 시설 내부를 못 찍게 되어 있는데, 가릴 건 가리고 우리가 실험을 찍을 수 있게 해준 것, 그게 가장 고마웠어요. 1차 실험 때 그분들께 나비하고 배지를 달아줬는데 2차 실험 때 그걸 착용하고 계시더라고요. 그런 세심한 배려도 정말 고마웠죠.

저는 성격이 좀 많이 변했어요. 전에는 웃으면서 넘길 수 있던 상황이 지금은 컨트롤이 안 돼서 참지를 못해요. 알면서도 제어를 못하니까 속상하죠. 특히 현장에서만큼은 컨트롤이 안 돼요. 기자들이 우리한테 했던 게 있는데 때만 되면 찾아오는 것도 싫었고, 현장에서 아이와 관련된 뭐가 하나라도 나왔을 때 실수를 하면 용납이 안 되는 거죠. 후회는 되는데, 잘했다고 생각될 때도 있어요. 제가 앞에 나서는 걸 싫어하고 조용히 뒤에서 같이 가는 스타일이었는데 어느 순간 나서게 되고 싸우게 되더라고요. 정부가 인양에 너무 소극적이니까 답답해서 그렇게 된 것 같아요. 인양되더라도 1기 특조위는 해산이 됐고 당장 조사기구도 없는데 해수부가 조사하겠다? 배 올라와서 덮어버리면 그만인데? 그러니까 더 더 앞으로 나가게 된 거죠.

나는 내 생각이 맞다고 판단되면 추진을 해야 돼요. 안산에서 팽목까지 도보행진을 추진한 것도 저고, 동거차도에 감시초소를 만들자고 한 것도 저고, 목포신항에 상주하자고 한 것도 저고. 반대에 부딪혀도 밀고 나가니까 가족들한테 미움도 받았죠. 지금 활동하시는 분과장들이 힘이 돼요. 내가 너무 치고 나가면 그걸 또 끌어내려주는 사람이 있고, 나의 부족한 면을 다른 사람이 채워주고, 그러다보니까 여기까지 올 수 있게 된 것 같아요.

정성욱(정동수 아빠)

조직의 무게

"맞은 사람이 난데, 도대체 누가 신고를 했다는 거예요?"

"그게… 저희도 신고를 받고 바로 출동한 거라… 한번 확인해보겠습니다."

"주위에 내 친구들밖에 없었는데, 우리 아르바이트생도 아니고, 일하는 이모님도 아니고, 내가 아는 번호가 아닌데…"

"네, 잠시만요… 어? 이건… 위원장님… 저 사람인데요? … 이거 아무래도 의도적인 것 같습니다."

집사람이 가게 연 지 몇달 안 된 때예요. 재판을 받고 오는 날이었는데, 내가 허리가 아파서 운전을 1시간 이상 못하거든요. 그래서 많이 늦게 왔어요. 그날 마침 전에 다니던 회사 동료들이 내 얼굴 보겠다고 온 거죠. 9시 반 정도에 상가 주차장에 도착해서, 커피 한잔 들고 동료들한테 가는데, 어떤 사람이 시비를 거는 거야. 주위에 내 동료들이 있는 걸 몰랐던 거지. 이 사람이 나한테 다가오니까 동료들이 제재를 했죠. 그러니까 자기가 어떻게 할 수가 없잖아? 그렇게 잠깐 있더니 훅 들어와서 내 안경을 벗기고 한대 때리는 거예요. 그때 바로 경찰이 왔어요. 우리는 신고한 사람이 없었거든? 경찰서 가서 확인해보니 신고자가 나를 때린 사람이었던 거예요. 나이도 몰라. 50대쯤 됐나. 그때 그 사람이 쌍방이라고 주장을 하니까 나도 현행범으로 체포가 됐는데 아니나 다를까 바깥에서 사진 찍으려고 했더라고. 왜

전에 대리기사 폭행사건 때처럼. 이번에 나는 뒤로 들어가서 사진에 못 담은 거죠. 요즘 같은 세상에 있을 수 없는 일이라고 하지만 내가 볼 때는 충분히 그러고도 남아요. 가족협의회 와해시키려고. 그 일 있고 나서 바로 가게 문 닫았어요.

큰놈이나 집사람한테 미안한 게 많아요. 찬호한테도 굉장히 미안하고. 내가 하는 일이 찬호를 위해서라고 얘기할 수도 있지만 지금까지 찬호 기일 때 추모공원을 딱 한번 갔다 왔어요. 발인이 5월 18일이라 항상 일정이 있지, 찬호 생일은 7월 25일인데 날짜를 맞출 수가 없어요, 가족협의회 일정이 있다보니까. 그러니까 내 형제나 친척들한테도 미안해요. 내 동생은 찬호 올라오기까지 한달 동안 진도에 있었거든요. 형도 마찬가지. 그런데 기일에 같이 모일 수가 없어요. 집사람도 처음에는 많이 서운해했죠. 위원장 입장에서만 얘기를 하고 찬호 얘기를 안 하니까. 아이들 그림이나 시를 선물하는 사람들이 많았는데 찬호는 그런 게 없어요. 내가 위원장이고 아이들 모두가 소중한데 따로 부탁할 수는 없잖아요. 아이들 그림을 그려주고 싶다고 사진 보내주실 수 있냐는 연락이 오면 내가 "우리 아이들 전체를 해주실 거면 해주시고 찬호나 몇몇 아이들만 해주실 거면 그건 제가 거절해야겠네요"라고 답변해요. 그분 개인적으로 마음이 우러나서 그려주시려고 했던 건데 혼자서 어떻게 그 많은 아이들을 다 그려요. 불가능한 걸 알지만 나는 그렇게 대답할 수밖에 없어. 지금은 집사람도 찬호가 다 이해할 거라고 얘기해줘요. 찬호와 찬호 친구들을 위한 일이니까. 가족협의회가 일이 아직도 많아요.

전명선(전찬호 아빠)

세월호에는 국가가 개입이 되었다는 게 명백하잖아요. 그런 조짐이 보였을 때부터는 '우리가 만만한 상대랑 싸우는 게 아니구나' 하면서 마음을 다잡았어요. 김기춘에 대해서도, 자기가 모시는 사람을 방해하면 무슨 일이든 한다는 얘기를 들어서, "만약에 내가 안 보이거나 연락이 안 되면 나를 꼭 찾아라" 이런 얘기하면서 활동한 적도 있어요. 국가를 상대로 싸우는데 공포가 없을 수는 없어요. 힘들지 않았던 적이 없었던 것 같아요.

기무사(국군기무사령부)가 세월호 유가족들 사찰했다는 뉴스 터지고 나서는 맥이 탁 풀려버리더라고요. '왜 국가가 우리한테 이렇게 집중을 했지?' 예전처럼 열성적으로 움직여지지가 않았어요. '하기는 해야 되는데, 아, 여기서 뭘 더 할 수 있지?' 마음이 무거웠죠. 임기가 끝나면 그만둘 거지만 그래도 사람이 책임감이 있잖아요. 힘들다고 도망갈 수는 없고.

임원을 그만두더라도 진상규명을 위한 활동은 계속해야죠. 해야 되는데, 나도 애가 있잖아요. 아직 나이가 어려서 챙겨줘야 할 게 많은데 신경을 정말 못 썼어요. 임기를 마치면 그래도 조금은 딸한테 시간을 더 할애해야 하지 않을까 싶어요. 가족협의회 일이 쉬운 일이 아니에요. 장기간 하기는 힘들어요. 장기적으로 하더라도 좀 쉬는 시기가 있어야 되고 관리를 해가면서 해야 되는데 세월호는 그런 시간이 주어지지 않았잖아요. 앞만 보고 가고, 뒤를 볼 시간조차 없어요. 앞으로는 전진을 하면서 뒤를 돌아보면서 챙기는 일까지 해야 돼요. 그만큼 힘들죠. 제가 보기에는 지금 다 몸들이 안 좋아요. 건강이 진짜 제일 걱정이에요. 서로 말씀들은 안 하는데 다 들리잖아요. 너무너무 안 좋은데, 관리를 하셔야 하는데, 모두들 알지만 알면서도 앞만 보고 활동하게 되고 옆에서 서로 챙겨주기도 어려워요.

전인숙(임경빈 엄마)

　심리생계지원분과를 맡았었어요. 제가 분과장 되기 직전에 한 아빠가 자살을 했어요. 생존학생 중 한명은 유서 써놓고 약을 먹었고. 잘 보이지 않는 사람들을 찾아보자. 누가 목매다는 걸 옆에서 보고 싶지는 않았거든요. 숨어 있는 사람들이 좀 불안했죠. 사람 보는 걸 힘들어해서 집에만 있는 사람들이 꽤 있었어요. 만나는 걸 아예 거절하는. 그런 상황에서 자살 소식이 들리니까 되게 불안했고 숨어 있는 피해자들이 줄어들었으면 하는 생각이었죠. 그래서 온마음센터랑 협업해서 가족 전수조사를 한번 하자고 했어요.

　우리 집사람도 시간이 지나면서 숨고 싶어했으니까 그 마음이 이해가 돼요. 답이 없어요. 그럴 때일수록 자주 찾아가고 세월호 소식도 조금씩 전해주고 안부도 물어보면서 그 사람들 눈에 나를 익숙하게 만들어야 돼요. 특별히 돕는다기보다 그 사람이 도움이 필요할 때 나를 떠올릴 수 있게 하는 거죠. 가족들 중에 암 투병하는 분들도 있어서 후원 연결도 했고, 일은 꽤 한 것 같은데 표는 많이 안 날 거예요. 표 내면 안 되는 일이니까. 알아주면 좋기는 한데, 나한테 무리한 요구만 안 했으면 싶은 마음이 더 컸어요.

　마취 상태였던 것 같아요. 정신없이 돌아다니고 바쁘게 일했는데 어느 날 마취가 풀리면서 되게 많이 아팠어요. 온몸이 군데군데. 잘하지 못할 거면 차라리 깨끗하게 쉬는 게 낫다, 빌빌거리면서 일하느니 하지 말자가 내 신조거든요. 지금은 지쳐서 조금 쉬고 있어요. 도망간다는 생각은 안 해봤어요. 죽어버릴까 생각은 해도 도망가야 할 이유는 없으니까. 예전에는 우리가 빠지면 아무도 없으니까, 내가 빠지면 진상규명은 없다는 생각으로 열심히 했죠. 지금은 조금이나마 안심이 된다고 해야 하나? 마음이 약간 풀린 거죠.

최경덕(최성호 아빠)

일반 회사나 단체면 어떤 일이 있을 때 책임지는 게 명확하고 업무도 분명할 텐데 우리는 책임 소재가 명확하지 않아요. 분과별로 업무가 나눠져 있지만 겹치는 부분도 있고. 초창기에는 실수도 많고 한계도 많았는데 그걸 다 일일이 따져 묻다보면 일할 사람도 없고 일을 할 수도 없는 거죠. 앞으로 그런 일이 발생하지 않도록 하는 게 중요하기 때문에 잘못된 일이 발생하면 그걸 분석하고 대책을 마련하고 비슷한 일이 반복되지 않게 하는 데 초점을 맞춰요. 잘못하고 실수할 때 책임지고 그만둬라 그러면 가족협의회가 존재하기 힘들어요. 지금까지 같이 검토하고 방법을 모색하면서 여기까지 왔거든요. 그게 가족협의회가 활동을 유지하고 결속을 다질 수 있는 비결이었던 것 같아요. 저는 가족협의회가 10년 20년 계속 가면 좋겠어요. 사람들은 자꾸 까먹잖아요. 기억에서 잊히면 어떤 거라도 멀어져요. 우리 애들도 마찬가지일 거예요. 가족협의회까지 없으면 우리 아이들의 존재감이 더 유지될 수 있을까? 걱정이 되죠. 엄마 아빠 없어지고 난 이후에는 우리 형제자매들이 계속 이어갔으면 하는 바람이 있어요.

김종기(김수진 아빠)

공통분모 위에서

"어머, 학교 마치고 집에 가는 길이구나. 아들인가봐?"

"하하. 머리가 짧아서 그렇지, 우리 딸이에요. 분향소 가시는 길인가봐요? 살펴 가세요."

"씩씩하게 생겼다. 잘 가."

"…"

"…"

"엄마, 하필 이 자리에 내가 있어서… 미안해요."

"엄마도 그런 생각이 들었는데, 너는 그러지 마."

학교 앞으로 애를 데리러 갔다가 유가족 엄마들을 만난 거예요. 딸이라고 하니까 다 같이 웃고 지나갔는데, 순간 철렁하더라고요. 하필이면 지금 여기에서 마주쳤을까. 그때 두가지 마음이 완전히 대립을 했어요. 애한테 너무나 미안하게도, 유가족들이 의식이 되는 거예요, 같이 있는 게. 그러니까 그만큼 우리 애한테 미안해지는, 정반대의 마음이 동시에 들었어요. 그걸 우리 애도 느꼈는지 미안하다는 거예요. 그런데 저도 모르게 엄마도 그런 생각이 들었다고… 말은 가볍게 했는데 더할 수 없이 미안했어요. 마음이 아팠어요. 내 아이한테 이런 마음이 든다는 게. 너무 어려워요. 누가 그러라고 하는 게 아니고, 그냥 서로 그래요. 그러니까 살아온 애들도 유가족들을 아직까지 보기 힘들어하죠. 우리 애는 그래도 유가족분들 몇번 만나고, 다른 엄

162

마가 "한번 안아봐도 돼?" 그러면서 안고 울기도 하고, 그러면서 엄청 힘을 내고 있어요. 자기 입으로도 그러더라고요. "엄마, 저는 멘탈이 참 강한 것 같아요. 멘탈이 다이아몬드야." 그런 말 들으면 위안이 돼요.

심리생계지원분과에서 일을 하는데 저 말고도 세분이 더 있어요. 올해 7월에 처음으로 회식을 했는데, 저도 좀 솔직한 편이라, 그리고 그분들이 어떤 사람들인지를 아니까 좀 편안하게 얘기를 했어요. '내가 당신들 마음을 다 모르고 당신들이 내 입장을 다 알 수 없다.' 내 아이는 살아서 왔지만 살아 돌아온 아이와 함께 산다는 게 뭔지 그분들은 모르잖아요. 나는 또 자식을 잃은 마음을 다 헤아릴 수 없고요. 그래서 '서로 어려운 부분이 있을 테지만 나는 내가 도움이 되면 좋겠고, 함께함으로써 나도 힘을 얻는다. 같이 일할 수 있어서 너무 좋다' 그랬더니 아무 생각 하지 말고 그냥 같이만 다니자고 얘기하시더라고요. 초기부터 활동했던 분들은 서로 상처가 되는 부분도 있었을 거예요. 정말 힘든 시간은 그분들이 겪었고 덕분에 저는 그나마 쉽게 다가갈 수 있었던 것 같아요.

어떨 때는 너무 힘들죠. 계속 싸워야 하는 상황들이 오는데 제가 성향상 그런 걸 잘 못해요. 길에서 싸움이 나면 피해서 돌아가는 성격이거든요. 무서워요. 유가족분들은 어떻게 보면 앞뒤 가리지 않고 저돌적으로 할 수 있는데 저는 아이 생각에 조심스럽죠. 힘들어서 올해 초에는 계속해야 할까 하는 생각이 들었어요. 애한테 물어봤죠. "너는 엄마가 가족협의회 일 하는 거 어떻게 생각해?" 솔직히 처음에는 아무 생각이 없었대요. 엄마가 뭘 하는지 생각할 마음의 여유도 없었겠죠. '엄마가 알아서 하시겠지' 하고 별 관심이 없었는데 지금은 엄마랑 아빠랑 가족협의회 일 하는 게 너무 자랑스럽대요. 그렇게 이야기해줘서 다시 힘을 냈어요. 아이 둘 다 대학생인데 아빠가 혼자 벌면서 활동을 응원해주는 것도 큰 힘이 되고요.

저는 아직 『금요일엔 돌아오렴』을 한 페이지도 못 읽었어요. 아직 준비가 안 된 것 같아요. 유가족들 얘기를 들으면 너무 마음이 아파요. 먹먹하고. 전체회의를 가도 분위기에 압도돼서, 강당에 모일 때마다 슬픔의 바다로 들어가는 것 같아요. 앉아 계신 분들 옆모습만 봐도 눈물이 나고, 뒷모습만 봐도 슬프고, 한분 한분이 슬픔 덩어리인 거죠. '어휴, 난 여기 맞지 않는 사람인가보다' 생각이 들기도 했어요. 나는 상황 자체가 다르잖아요. 분명히 피해자인데, 피해자도 아닌 것이, 그렇다고 피해자가 아닌 것도 아닌 것이, 중간에서 너무 어정쩡한 위치. 차라리 내가 일반인이면 유가족분들이 편하게 대하실 것 같고, 나도 아무 거리낌 없이 조금 더 손잡을 수 있을 것 같은데, 그런 게 힘들었죠. 도대체 어떻게 말을 해야 될지도 모르겠고. 그런데 유가족분들이 오히려 먼저 오셔서 우리 아이 안부를 물어요. "애는 어때요, 잘 있어요?" "네, 잘 있어요. 아직은 힘들어해요." 그러면 제 손을 잡고 잘 살아야 된다고 얘기해주고. 그런 온기를 주고받아요. 추운 곳에 있지만 서로 부둥켜안고 있으면 체온이 유지되는 것처럼.

유가족분들 만나면 너무 사람들이 좋아서 오히려 위로받는 느낌도 들어요. 우리 같은 아픔은 없어야 된다는 마음으로 하는 거잖아요. 그게 얼마나 큰마음인가. 내 아이를 보내고 더 많은 아이를 가슴에 품은 사람들. 큰 건우 엄마가 심리생계지원분과를 같이 해요. 건우 엄마랑 기억교실 갔을 때 건우 자리에 가서 처음으로 글을 썼어요. "건우야, 고마워." 네 덕분에 너무 좋은 너희 엄마 아빠를 만났다는 얘기까지는 솔직하게 못 쓰겠더라고요. 그게 잃음으로 인해서 얻어진 거잖아요. 이렇게만 썼어요. "너는 알지?"

문석연(생존학생 이시원 엄마)

참사 나고 집사람하고 애진이하고, 큰놈도 단원고 5회 졸업생인데, 우리가 결정한 건 진상규명이든 뭐든 그냥 곁에 있자, 그거였어요. 초기에 개별적인 의견이나 요구들이 상당히 많이 나왔을 거잖아요. 유가족들한테 고스란히 얘기가 들어가면, 어른들이야 욕먹으면 되지만 살아 돌아온 애들이 부모들 때문에 욕을 먹는 상황이 벌어지면 안 되잖아요. 그때는 그런 상황을 막으려는 마음이 컸어요. 그리고 애들이 바로 학교로 돌아가면 제정신으로 버텨내기 힘들 거라고 봐서 속도를 조절하기도 했고요. 제가 생존학생 부모 대표를 맡았거든요. 애들이 연수원 있을 때 상황 설명하면 내 마이크를 뺏어가는 부모도 있고 그랬죠. "우리가 다 생존학생 부모인데 네가 무슨 유가족들까지 생각하냐."

그때 팽목에 내려가면 방도 내주고 여기서 자고 가라 그런 게 동수(아빠), 장훈 이런 사람들이에요. "너희들이 무슨 죄냐. 생존학생 부모들도 피해자들인데" 이러면서 보듬어줬던 사람들이죠. 나하고 동갑, 그렇게 친해진 사람들이 많아요. 서로 믿음도 두텁고. 그래도 쉽지는 않죠. 내가 확대운영회의 자리에서 입을 여는 데 1년 5개월이 걸렸어요. 그전까지는 한마디도 안 했어요. 다 유가족인데 나 혼자 생존학생 부모니까 도저히 입을 못 떼는 거지. 그러다가 국민성금* 있었잖

---

* 세월호 관련 국민성금은 12개 기관이 모금을 했고 모두 1287억원가량이 모였다. 사회복지공동모금회는 가족들의 의견을 수렴하여 성금 배분의 방향을 정하기로 했고

아요. 확대운영회의에서 운영위원장이 제안을 하더라고. 국민들이 세월호 참사에 대한 아픔을 함께하려고 성금을 냈는데 이게 유가족한테만 가고 생존자는 안 받고 이래서는 안 된다. 저도 몰랐는데, 우리나라에서 대형 참사나 재난으로 성금이 모였을 때 생존자들한테 집행된 적이 한번도 없대요. 사회복지공동모금회에서 이런 경우는 처음이다, 유가족들의 큰 뜻이 있으시니 자기들도 감사하다고 하더라고요. '아 품이 넓구나, 자식을 잃었는데도 다른 사람까지 챙기려고 하는구나, 어떻게 저럴 수 있을까' 하는 생각이 드는데, 거기서 무슨 말이라도 해야 할 거 아녜요. 그때 처음 입을 열었어요. 그런데 아직도 조심스러운 게 없지 않아 있어. 우리는 애진이 말을 못해. 애진이는 투명인간이야. 예를 들어 서울에 집회가 있어서 분과 사람들과 같이 차를 타고 가는데 애진이 전화가 오잖아요? 그럼 끊어버려요.

소외감 느낄 때도 많아요. 특조위 가도 벌써 사람들이 대하는 게 달라요. 유가족 대하는 거랑 생존학생 가족 대하는 거랑. 진상규명 자료 하나 얻으려고 해도 나한테는 안 주죠. 일반 시민들이 "저 사람은 왜 저렇게 활동을 해?" 이렇게 보기도 하고요. 생존학생들만 있는 게 아니고 여러 피해자들이 있어요. 그때 실습 나온 교생들은 애들 갈 때 버스까지 캐리어 다 날라주고 "잘 다녀와" 하며 손 흔들었는데 다음 날 아이들이 시신으로 돌아온 거잖아요. 교생 중에는 단원고 졸업한 애들도 있었거든요. 이 교생들이 팽목에 내려가서 아이들 시신을 다 확인했어, 학교에서 내려보내서요. 교생들도 어마어마한 상처

2015년 6월 배분 기준이 정해졌다. 정해진 액수에 따라 희생자의 유가족, 생존 피해자, 민간 잠수사 유가족에게 지급되었고 일부는 '안전한 대한민국 만들기' 관련 사업에 배정되었다.

일 거예요. 아는 애들도 있었을 테니까, 얘 누구, 몇 반 누구. 이 사람들은 그냥 아픔만 간직하고 있을 거예요.

장동원(생존학생 장애진 아빠)

단원고는 혜정이가 처음 부임한 학교예요. 초임이고 영어 과목이라 좀 힘들어했어요. 저녁마다 방과후 수업해야지, 집에 오면 자정이고, 방학 때도 보충수업 하러 나가고. 혜정이는 원래 공군이 되고 싶어했어요. 그러다가 빨리 제 갈 길을 찾은 거죠. 부모 능력이 한계가 있고 자기가 맏이다보니. 대학 다니면서 임용 준비할 때 여기서 대학 다니기가 먼데 방 얻어달라는 소리 한번을 안 하고. 우리 아이 반 학생들한테 들어보니까 혜정이 나이를 몰랐대요. 자기가 어리니까 공개를 안 했나봐요. 교사로서 그렇게 책임감을 보인 거죠.

첫해에 1학년 담임, 다음 해에 2학년 담임, 그래서 2년을 같이 보낸 친구도 5명이나 돼요. 지금은 다… 한명도 없어요. 장례 치르고 나서 분향소를 못 갔어요. 솔직히 죄인이란 느낌이 드니까. 그때는 추모공원에 매일 갔어요. 그러다가 국회 농성할 때 자주 동참했죠. 분향소에 반별 당직할 때도 꼭 가려고 하고. 다른 교사 부모님들은 집이 다 지방이고 저만 안산이거든요. 생존학생들도 한 1년 정도 만났어요. 1학년 때 담임이었던 8명, 2학년 때 2명 해서 10명 있는데, 애들한테 끌려가서 스티커사진도 찍고 그랬죠. 부담 주는 것 같아서 더는 연락 안 했어요. 며칠 전에 한 놈한테 카톡이 왔더라고요. 한번 보고 싶다고. 이제 그애들도 벌써 대학교 4학년 올라가잖아요.

혜정이 초등학교 6학년 때 여기로 이사 와서, 성인 되고는 집 앞에서 같이 막걸리도 한잔하고 그랬던 곳인데, 지금은 떠나고 싶어요.

여기서는 사람들한테 시선을 받을 수밖에 없어요. 어디 나가서 앉으면 TV 켜는 게 무서워. 세월호 이야기 지겹다는 사람들이 있잖아요. 우리는 숨기고 동네에 살아요. 집사람도 이 인터뷰 왜 나가냐고 그래요. 교사들 모두 현충원으로 옮길 때도 언론사 못 오게 했거든요. 일반 공무원들은 순직했을 때 군경(軍警)에 준하는 대우를 해주게 되어 있어요. 소송에서 이겨서 기간제 선생님들까지 다 현충원으로 옮겼는데, 그때는 생명안전공원 부지도 정해지지 않았던 때라, 우리만 옮기는 게…

피해자인데… 교사는 죄인이죠, 죄인. 종종 만나는 학부모들이 몇 명 있어요. 나이가 몇살 차이 안 나요, 혜정이가 학생들이랑 일곱살 차이니까. 저보다 나이 많은 분도 있고. 학부모들은 '그때 배 위에서 선생님들 뭐 했냐?' 하는 원망들이 있으시죠. 그래도 같이 만나면, 술 한잔을 먹어도 우리끼리니까 다른 친구들보다 부담이 적죠. 최종적으로는, 애들을 못 지킨 죄인들인 거죠. 애들, 똑같은 애들, 우리 딸내미도.

최재규(희생교사 최혜정 아빠)

천직의 기로

"언니, 이건 어떻게 만들었어?"

"괜찮지? 지난번에 선생님이 알려준 거, 그걸 색깔 있는 실로 바꿔서 했더니 포인트가 살아."

"세련돼 보인다. 나도 해봐야겠네."

"우리 딸이 이런 걸 좋아했거든. 걔는 옷을 입으면 꼭 작은 포인트를 하나씩 줘."

"아이고, 우리 딸은 무조건 단색. 왜 그렇게 단색만 좋아하는지 참."

"그러다가 또 달라질 수도 있지. 저 언니는 또 왜 저렇게 바쁘게 들어오는 거야?"

"아니, 다들 여기 있으면 어떡해?"

"왜, 뭐 있어?"

"오늘 광화문에서 기자회견 한다고 했잖아. 얼른들 일어나."

"그래? 오늘도 출동이야?"

"하하. 엄마공방 없었으면 어쩔 뻔했어? 가자. 출동!"

공방은 2015년부터 있었어요. 그전에는 자수팀이 있었고요. 편하게 모일 곳이 필요했어요. 아이들을 보내고 다른 데 가서 언제까지고 애들 얘기를 할 수는 없잖아요. 세월은 가는데 우리는 멈춰 있잖아요. 그래서 아이들 얘기 계속해도 계속 들어줄 수 있는, 수다방처럼 와서 애들 얘기하다 가는 공방이 생긴 거죠. 분향소를 지키자는 의미에서 여기에 모였거든요. 사람들이 왔을 때 여기가 북적북적해야 하니까. 공방 하면서 계속 투쟁하러 다녔어요. 공방에 있다가 오늘 어디 기자회견 가야 된다 그러면 출동! 해야 할 일들은 나와 있으니까, 뭉쳐 있어야 서로 으쌰으쌰 할 수 있고 단합이 되는 거잖아요. 그런 공간에서 서로 다독이면서 프로그램 생기면 배우기도 하고, '엄마장*'열어서 판매도 하고, 그 수입으로 이웃들 돕기도 하고. 4년이란 시간이 쌓이다보니까 어느 정도 실력도 생기고 이제 다른 마을에 강사로도 나가요. 전문 강사라기보다 세월호에 대해서 같이 이야기할 수 있는 시간이 되는 거죠. 간담회 하고 제가 배운 것 나눔도 하고. 알려드리면 되게 좋아하세요. 저한테는 공방이 안 가는 시간을 보내게 해준 곳이에요.

우리 가족들이 어디 가서 말할 상대들이 많지 않아요. 애가 갔기 때문에 삶이 해체됐다고 해야 하나, 그러니까 그다지 재미난 것도 없고 좀 삭막해졌어요. 그전에는 때 되면 하는 것들이 있잖아요. 명절 때 친정에 갈까 말까 고민도 해야 되고, 여름 되면 휴가 가야 되고, 재미난 거 있으면 웃어야 되고, 사소한 걸로 싸우기도 해야 되고, 그런 게 없어졌어요. 서로 말을 안 하니까. 그래서 더 공방에 집착을 한 것 같아요. 밤새도록 바느질하면서 손이 다 텄어요. 4년을 그렇게 지냈어요. 나 살려고 공방에서 무던히도 만들어냈어요. 시간이 안 가기도 하고, 가만히 있으면… 아무것도 할 수가 없었어요. 무기력해졌다고

* '엄마장'은 '엄마랑 함께하장'을 줄여 부르는 말이다. 엄마랑 함께하장은 안산 화랑유원지 일대에서 416 공방 등이 주최하여 열었던 페스티벌이다. 공방에서 만든 각종 물건들을 판매하고 시민들이 함께 참여하는 프로그램 등으로 운영되었다.

해야 할까, 사람이? 뭘 안 하고 있으면 멍하니 애 생각만 하니까, 떨쳐
버릴 수가 없으니까, 자꾸 생각나고 생각나고 이러니까… 그나마 손
에 바늘이라도 쥐고 있으면 거기에 몰두하게 돼요. 안 그러면 찔리고
피나고 그러니까. 그래서 나한테 참 필요했던 공간이었어요, 공방이.

만약 사람들이 안 좋아했으면 안 만들었을 거야. 그런데 우리가 만
든 걸 사람들이 되게 좋아하더라고요. 진도체육관에 미수습자 있을
때 반별로 돌아가면서 며칠씩 같이 있었거든요. 그분들한테 뭐 해드
릴 게 없는 거예요. 애들 돌아오라고 기원하는데 인터넷 보니까 소원
팔찌라는 게 있더라고요. 풀어지면 소원이 이루어진다고. 인터넷 보
고 배워서 팔찌 만들어서 채워드리고 엄마들한테 가르쳐주고, 만들
다보니까 사람들도 좋아하고 그렇게 퍼지게 된 거죠. 뭐 하고 있으면
나 좀 달라고 하고, 나눠주고 그러면서 이어졌어요. 엄마공방은 그냥
오는 사람이 계속 오면서 다져진 거예요. 사무실은 일이 있을 때나
가지, 수시로 못 가잖아요. 그나마 공방에 수업이 있으니까 시간 내
서 나오고 서로 얘기하고 만들고 그러다보면 숙제가 생기고, 4년씩
하다보니까 지금은 선생님이 뭐 내주면 그걸 응용해서 다른 걸 만들
고 있고. 엄마들이 다들 그래요. 거의 경지에 올랐어. 이제 옷도 만들
어요.

전수현(오경미 엄마)

우연찮게 협동조합을 하게 됐어요. 4월에 영결식 하고 분향소 철
거하니까 목공방도 이전을 해야 하는데 마땅한 장소도 없고, 그래서
협동조합으로 가보자 해서 시작하게 됐어요. 어떻게 해야 하는지 하
나도 모르니까 힘들죠. 세금계산서 발행을 하면 어떻게 되고 매입은

어떻게 매출은 어떻게 하는지 하나도 몰라. 다 같이 해야 하는데 나오는 사람만 나와서 하는 것도 불만, 시간제로 하자고 정해놓아도 안 나오니까 불만, 분담금도 내야 하고 이런 운영이 힘들어요.

처음에는 별 뜻 없이 했어요. 우리 반 엄마 한분이 "미지 아빠도 목공방 하실래요? 그냥 하세요. 이름만 적어놓으세요"라길래 시작했는데 기계가 들어오고 집에서 할 일도 없으니까 나와서 슬슬 하다가 여기까지 온 거죠. 목적은 없었어요. 집에 있으면 화가 나는데 여기 와서 나무를 만지면 그때만큼은 좀 잊히니까. 나무는 0.05밀리미터라도 오차가 생기면 안 돼요. 틈이 생기면 에러야. 그게 눈으로는 잘 안 보여요. 그만큼 몰두해서 잘해야만 해요. 그거에만 신경쓰다보면 시간 가는 줄 몰라. 하나를 만들 때도 1단계 2단계 3단계 4단계 설정을 해놓고 한 단계씩 잘하면서 올라가야지. 일반인이 보기에는 하자가 하나도 없다고 생각해도 우리 눈에는 보여요. 우리가 만든 물건들은 남이 봐서 하자가 없는 정도지 아직 우리 성에는 안 차요. 하다보니까 조금씩 욕심이 생기더라고요. 이왕 한 거 뭔가 남겨야 하지 않나? 이런 마음. 우리도 국민들한테 많이 받았으니 좀 베풀어야 하지 않나? 우리가 아이들 얼굴이라고 생각하고 여기서 만든 제품은 최고의 작품으로 해보자. 416 하면 알아주는 곳으로 만들어보자. 그런 생각으로 조금씩 조금씩 해나가고 있어요.

아직 천직이라고 느끼지는 못하죠. 몰두를 하면 완성품이 나와야 하는데 못 나와요. 희한하지. 그래도 여기서 찾아야지 나가서는 못 할 것 같아요. 여기는 어떤 말을 해도 이해가 되고 소화가 되지만 밖에 가서 그런 행동 하면 누가 받아주겠어요? 싸움만 나지. 그래서 이걸 천직으로 삼아야 하는데 잘될지 모르겠어요. 옛날 같으면 바깥에 돌아다니는 게 좋죠. 본래 하던 일도 현장직이라 여기저기 다니는 게 좋았거든요. 여기 와서 한군데 매여 있으니까 무지하게 답답했어요. 나 자신과의 싸움이지. 처음에 목공을 가르쳐주시는데 '치수에 맞춰 정확히 자르세요' 해요. 나는 쇠를 다루는 일을 했는데 쇠는 5밀리미터 여유를 줘야 착 맞거든. 그런데 나무는 여유를 주면 하자가 생기는 거예요. 나도 모르게 하던 대로 마킹을 하면, 예를 들어 5센티미터를 잘라야 한다고 하면 나는 4.8센티미터로 자른다고. 2밀리미터 차이가 나잖아요. 그럼 안 되거든요. 그걸 맞추려니까 속에서 치밀어오르고. 그래서 나무 다루는 사람들 보면 존경스러워요. 오로지 꼼꼼하고 차분한 사람들이 할 수 있는 일이야. 그래도 하다보면 천직이 될 수도 있을 것 같아요. 하하.

유해종(유미지 아빠)

참사 나기 전에는 미용실을 했어요. 지금은 정말 못하겠어요. 애들 아빠는 그만 잊고 벗어나서 네 일을 하고 살면 좋겠다고 얘기를 해요. 그런데 저는 일상으로 돌아간다고 해도 미용 일은 못해요. 시기 시기마다 우리 아이들 머리를 내가 다 잘라줬어요. 염색도 해주고. 한 살이면 한살 때 두살이면 두살 때, 그 17년 과정을 내가 다 아는데 또래 아이들 오면 머리를 어떻게 잘라주냐고요. 그리고 미용 일을 하다보면 입을 다물고 할 수가 없잖아요. 손님이랑 대화도 나눠야 되는데 그러다가 세월호 얘기가 나올 수도 있잖아요. 안 좋은 시선 가진 사람이 얘기할 때 나는 어떻게 반응을 해야 되나, 그런 게 너무 무서운 거예요. 그렇다고 식당 일은 할 수 있을까? 식당에서 사람들이 대화를 나누는데 세월호 이야기를 하면 나는 어떻게 해야 하죠? 그럼 더 못 견딜 것 같아요. 이런 얘기를 하면 애들 아빠도 다른 말 안 해요. 내가 예순 될 때까지 미용실을 하고 살 거라고, 천직으로 생각하고 살아왔는데 그걸 잃어버렸잖아요. 그러니까 어딜 갈 수가 없는 거야.

기억저장소 일을 한 건 1년 조금 넘었어요. 처음에는 시민분들이 주축이 돼서 했는데 도언이 엄마가 보니까 잘 안 되는 게 보여서 가족들이 가서 해야겠다고 생각을 한 거죠. 도언이 엄마가 소장 역할을 참 잘해요. 추진력도 있고, 머릿속에 여러가지 아이템을 생각하고 있더라고요. 저는 나중에 합류했어요. 어디에 소속되지 않으면 흩어질 수 있으니까. 저는 이걸 천직으로 삼아 살려고 하고 있어요. 기억저장소가 어느 정도 자리가 잡히면 저희는 나와야 된다고 생각을 하는데, 그러면 아이들을 기념할 수 있는 제품을 만들고 싶어. 갖고 있으면 아이들과 함께 있다고 느낄 수 있는 거요. 제가 가진 게 손재주밖에 없으니까, 그런 쪽으로 하고 싶어요.

문연옥(이태민 엄마)

회사를 왜 다녀야 하지? 하루에도 열두번씩 다니기 싫다는 생각을 해요. 회사 일에 집중하다보면 좀 낫지 않을까 싶어서 계속 다니고는 있는데 이런 지가 4년이 넘었어요. 내가 왜 다녀야 하지? 언제 그만두지? 6시에 일어나서 출근하면서도 내가 왜 이 시간에 일어나서 출근을 하고 있지? 이런 생각이 끊임없이 드는 거예요.

예전에 저는 일을 굉장히 재미있게 하는 사람이었어요. 일도 내 적성에 맞다고 생각했고, 회사생활하면서 사람들과의 유대 관계도 좋았고, 술자리나 회식 자리도 좋아했고, 동호회 활동도 열심히 했고, 체육 활동이든 산행이든 적극적으로 했는데 지금은 그런 게 전혀 즐

겹지가 않고 형식적인 게 되어버리다보니까, 회사생활이 나한테 거의 의미가 없게 된 거죠. 내가 일을 이것저것 많이 해봤는데 자기가 하는 일을 천직으로 여기고, '아 정말 재밌다' 하는 게 쉽지가 않거든요. 그런데 나는 일이 재미있었고, 하나하나 마무리할 때마다 성취감도 많이 느꼈는데. 어떤 일을 해도 그런 직장생활은 다시 오지 않을 거라는 생각이, 불행하게도 확실한 것 같아. 불행한 거죠. 내가 하는 일이 지겹고 하기 싫어서 그만두는 게 아니라, 내가 정말 좋아했던 일이 이제는 의미 없는 일이 되어버렸으니까.

참사 초기에 회사를 그만뒀으면 무슨 일이라도 했을 거라는 생각이 드는데, 물론 지금도 그만둔다면 무슨 일이든지 찾아서 하겠지만 그게 아니니까, 좀 복잡 미묘해요. 그만두려면 당장이라도 그만두죠. 당장의 생계, 어떻게 해서든 먹고는 살겠죠. 그런데 무기력한 사람이 됐어요. 아침에 일어나면 무슨 일을 해야겠다가 아니라 그냥 하루가 시작됐다는 느낌.

직장 그만두셨던 분들은 다시 일을 할 수 있을까? 그런 생각이 많이 들더라고요. 돈이 있어도 딱히 뭘 시작하기가 쉽지 않고, 다시 취직하려고 해도 나이 먹어서 안 써주는 데가 많고. 나는 계속 다니던 직장에서도 마음이 복잡한데 안 다니던 사람들이 새로 시작하는 건 더 어렵겠죠.

임종호(임세희 아빠)

프로가 얻는 것

"어머님들, 우리 공연해요."

"아니, 무슨 공연을 해요? 우리 연습한 적도 없는데."

"여기 대본도 가져왔어요. 공연장도 이미 얻어놨어요."

"감독님, 진심이에요? 이걸 우리가 하자고요? 못해."

"지금부터 연습하면 되죠."

"응? 이걸 다?"

"부담스러우시면 조금만 할까요?"

그냥 얼떨결에 하게 됐어요. 감독님이 노인복지관 강당을 다 잡아 놓고 오셨더라고. 비정규직 노동자의 삶을 그린 연극인데 1장은 아버지, 2장은 엄마, 3장은 아들 이야기예요. 다는 못하니까 2장만 하자고 한 거죠. 엄청 어설펐어요. 웃겼겠지. 우리 감독님이 달변가에다가 굉장히 재밌고 통통 튀는 분이에요. 당근을 막 주시는 거야. 너무 잘한대. 그렇게 치켜세우시더니 어느 날은 대학로에서 연극 공연을 하재요. 이미 공연장을 잡았대.

제가 아버지 역할을 맡았는데, 저는 1장 내내 퇴장을 안 해요. 다른 사람이 계속 들어오는데 저는 무대에서 연기를 계속해야 돼요. 잘해야 되잖아요. 멋지게 보여줘야 하니까. 한번은 누워서 새벽 2~3시까지 대사를 외우다가 깜빡 잠들었는데 대본이 얼굴에 툭 떨어져서 깜짝 놀라 일어나고. 공연 한달쯤 남았을 때는 대사가 외워지지 않아

큰일 났다, 슬슬 걱정은 되고, 한 2주 남으니까 진짜 걱정이 돼서 막 달달달달 외웠어요. 제 대본을 보고 감독님이 완전 감동하셨죠. 대본이 새카맣게 되도록 읽었거든요. 읽어보고 안 외워지면 빨간 줄, 계속해도 안 외워지는 건 파란 줄, 다음에도 안 외워지면 거기다 색연필 칠하고, 또 계속해도 안 외워지면 형광펜 칠하고, 또 안 외워지면 포스트잇 붙여놓고. 그렇게 해서 제가 30분 정도 되는 걸 다 외웠어요. 그 연극을 한 40회 정도 했죠.

또다른 연극은 「이웃에 살고 이웃에 죽고」. 이것도 공연을 무지 많이 했어요. 저희 연극 보셨어요? TV로도 못 보셨어요? 방송에 나와서 사람들이 굉장히 감동받고 울고 그랬다던데. 엄청 슬프고 엄청 웃겨요. 세월호 이야기예요. 아이를 잃은 유가족이 사는 동네에서 사람들이 잘못된 정보를 듣고 왈가왈부해요. 동네 사람들이 유가족한테 했던 비난을 엄마들이 직접 해요. 그래서 엄청 슬퍼요. 되게 감동적이고.

거기에서 제가 랩을 해요. 제가 무척 욕심을 냈어요. 영만이가 '몽환의 숲'이라는 랩을 되게 좋아했거든요. 영만이처럼 멋지게 하고 싶었어요. 진짜 잘하고 싶었어요. 유튜브에 들어가서 봤는데 처음에는 잘 안 들리더라고요. 거짓말 안 하고 하루에 30번 넘게 들은 적도 있어요. 그랬더니 며칠 지나니까 귀에 들어오기 시작하는 거예요. 한달이 안 됐는데 가사를 다 외웠어요. 핸드폰으로 녹음을 해서 큰아이한테 들려줬더니 기겁을 하는 거야. 하하. 대단하다고. 처음에는 안 들리니까 '이게 도대체 뭔 소리야?' 했는데 들리기 시작하니까 너무 재밌는 거예요. 아이가 그렇게 매일 흥얼거려도 귀담아듣지 않았는데 지금은 공연을 준비하면서 아이 대신 내가 그 꿈을 꾸고, 아이 대신 내가 노래하고 있다고 나름 위안을 삼는 거죠. 아이한테 죄스러우면서도 아이를 위한 일이라고.

공연을 통해서 내 안에 숨어 있는 트라우마하고 싸워요. 조그마한 재능도 있겠지만 잠시 잠깐 숨 쉴 수 있는 여유를 주니까 그게 감사하죠. 하다보니까 나한테 이런 재주가 있었다는 것도 알게 되고. 내가 좋아하는 이 일도 세월호 참사의 진실을 밝히기 위한 활동이라고 생각하면 조금 위안이 돼요. 진상규명을 위해 내가 할 수 있는 일 중에 한가지를 열심히 하면 된다. 하지만 문득문득 그것도 미안한 거예요. 아이가 누려야 할 세상인데… 어느 날은 마음이 안 좋아서 '하, 이게 다 무슨 소용이 있어' 그런 생각이 들 때가 있죠. 그 마음은 죽을 때까지 변하지 않을 것 같아요.

이미경(이영만 엄마)

우리가 다 알아서 해요. 기억저장소 활동하면서 기록 정리와 보존 처리에 대해서 공부를 하러 다녔어요. 저장소 엄마들 완전 프로예요. 그래서 인양이 됐을 때 기본 세척, 탈염하는 거 우리가 다 가르쳤어요. 3년 바닷속에 있으면 기본 3주는 탈염해야 돼요. 일주일씩 가서 유류품 탈염하고 한지로 싸는 걸 우리가 다 배워왔어요. 문화재센터와 해양박물관에 다니면서 공부도 했죠. 1차로 올라왔던 것들은 엉망이었어요. 도언이 캐리어도 제대로 세척이 안 돼서 부식이 된 거예요. 분향소에서 옷을 햇볕에 말리기도 했고, 아무 지식도 없이. 그건 잘못된 거거든요. 종이는 급속 냉동을 해야 하는데, 3년 동안 바다에 있던 종이를 복원시킨 건 처음이에요. 아이들 수학여행 안내문, 책, 들고 갔던 용돈. 다 엄마들이 한 거죠. 우리 엄청 고생했어요.

도언이랑 저는 하루 종일 카톡을 하다시피 했고 편지 주고받고 메모 쓰는 게 일상이었어요. 참사 후에는 그럴 일이 없었죠. 그러다가 2015년부터 기록을 해야겠다고 생각했어요. 팽목에 있던 기억이 통째로 사라졌더라고요. 그날그날 느끼는 감정이 다 다르고 겪는 일도 다르니까 기록해야겠다 싶었어요. 다른 엄마들에게도 권하고. 그렇게 기록을 시작했는데 저장소 오고 나서 오히려 못해요. 워낙 일이 많아서. 처음에 기반 잡을 때는 거의 새벽에 집에 들어갔으니까.

이제 자리를 잡았죠. 처음에는 기록 수집만 한 상태였는데 지금은 목록화됐고 입력만 하면 되는, 거의 마무리 단계예요. 전에는 자료도 절차 없이 그냥 막 나갔는데 이제는 공문으로 요청을 해야 제공해요. 그러지 않으면 절대 안 내보내요. 모든 자료를 목록화시키고 사용 범위를 확인하고, 자료 요청하는 공문도 확인하고, 교실 촬영도 그냥 못해요. 시스템을 만들어놓으면 특별히 더 어려운 건 없을 것 같고요. 이제 이 기록들을 어떻게 알리고 공감대를 형성하느냐, 기억교실을 어떻게 활성화시키느냐가 중요하죠. 자료를 움켜쥐고만 있으면 그건 죽은 자료잖아요.

저장소 일이 무진장 많아요. 늘면 늘지 줄어들지는 않아요. 전시하려면 사전 답사 가고, 전시하고 철수해야지, 방송해야지, 탈염해야지, 목요문화제 해야지, 유류품 관리해야지, 기억교실 해야지. 기억저장소가 안정화되어야 해요. 아이들을 가슴에 안다보면 세월호가 생각날 거고, 그때 왜 구조하지 못했는지 생각할 거고, 이렇게 연관되는 단어를 떠올리면서 기억하게 되니까, 그걸 움직이는 일이 저장소라고 봐요. 재난에 대한 기록들이 별로 없어요. 저는 기록들이 희망이라고 보거든요. 기록으로 희망을 만들고 대한민국 역사를 바꿀 수 있어요. 기록이 잘되어 있지 않으면 기억은 희미해져요. 글로 기록을 하는 게 쉽지 않으니까 구술 기록을 남기는 것도 필요하고. 그냥 가슴 먹먹하고 슬픈 역사가 아니라 어떻게 기억하냐에 따라서 다르게 풀어나갈 수 있다고 생각해요.

본업은 다시 못할 것 같아요. 강의하고 사업하고 그런 게 즐거웠거든요. 제가 나긋나긋한 성격이었어요. 유가족들은 격한 모습만 봐서 제가 원래 조신했다 그러면 안 믿어요. 제 지인들은 예전 모습을 보고 싶다고 하죠. 예전 모습으로 못 돌아갈 것 같아요. 욱하면 욕이 바로 나와요. 좋은 게 좋은 거야 하면서는 못 살아요. 그리고 예전처럼 해맑게 봉사 못해요. 노인들 발마사지 이제는 못해요. 그 노인들이 우리 아이들을 어떻게 욕했어요? 이 나라를 어떻게 했어요? 못해요. 다 정리가 되면 저는 조용히 살 것 같아요. 모든 인연 끊고.

이지성(김도언 엄마)

나는 활발하게 활동하는 부모님들처럼 적극적인 엄마는 아닌데 집에만 있을 수 없다는 생각은 했어요. 밝혀야 하는 일들이 많았잖아요. 진실이 있으니까. 저는 원래도 체력이 약해요. 그래도 내 체력이 받쳐주는 한도 내에서 내가 힘이 될 수 있다면 참여하자, 그래서 국회 가자고 하면 가고 광화문도 가자고 하면 가고 피켓을 들기도 하고 그랬어요. 피켓을 들다가 지나가는 사람한테 진짜 입에 담지 못할 말도 들었는데 그런 건 억울하지 않아요. 단지 내 아이까지 끌어내서 말을 할 때 너무 가슴이 아프고 힘들었지. 피켓을 들고 두시간 동안 펑펑 운 적도 있어요. 합창은 옆에서 다른 어머니가 자꾸 하자고 해서 못 이기는 척 시작했는데 내 우울함 때문이기도 해요. 어떨 때는 내가 감당이 안 될 정도로 우울하거든요. 그래도 유가족을 만나는 게 마음이 더 편해요.

합창 연습하면서 모니터에 나오는 참사 당시 장면을 볼 때가 있는데 그 순간이 너무 힘들어요. 누가 그 순간을 얘기만 해도 졸도할 것 같고. 지금은 담력이 많이 생겼어요. 내가 이렇게 감당하기 힘든데 합창을 하는 이유는 뭐지? 가만히 생각을 해봤는데, 우리가 합창 공연하러 가는 곳이 소외되고 연대가 필요한 곳이에요. 처음에는 나 자신을 위해서 시작했는데 하다보니 우리 호연이 계기로 나도 어딘가에 도움이 되고 있다는 걸 느꼈어요.

우리는 가장 비참하게 바닥까지 떨어진 부모잖아요. 여러가지 일로 싸우는 사람들이 많은데, 그분들에게 우리를 봐라, 우리도 용기를 내서 살고 있다, 이런 모습이 위로가 되는 것 같아 조금 뿌듯한 마음이 든다고 할까요. 내가 감히 이런 일에 참여를 할 거라고 생각해본 적이 없는데, 내 삶이 바쁘다보니, 내 가족만 행복하고 안전하면 된다고 생각했는데, 우리 호연이 일을 겪고 보니 그게 아니잖아요. 합창을 하면서 힘든 이웃들의 삶에 일조를 한다는 걸 느꼈어요. 그래서 조금은 호연이한테 미안하지 않다… 합창을 하면서 호연이한테 조금씩 빚을 갚는 느낌이에요.

저희들이 합창을 가면 저희 앞에 있는 관객들이 굉장한 에너지를 주세요. 관객 덕분에 힘을 얻고 온다고 해야 하나. 어느 곳이든 갈 때마다 소중하지 않은 곳이 없어. 처음에는 할까 말까 갈등을 했거든요. 그만할까 하다가도 공연 잡혀서 갔다 오면 내가 누군가에게 힘을 주고 왔다는 뿌듯함이 생기더라고요. 가지 말까 하다가도 내 마음을 이기고 가면 이런 기분이 들어요. '내가 오늘 여기 오지 않았으면 어쩔 뻔했나, 세상에 우리 편이 이렇게 많은데 왜 그렇게 외로워하고 두려워했을까. 우리를 욕하는 사람들이 많은 줄 알았더니 우리를 응원하고 이렇게나 생각해주고 함께해주는 사람이 많구나.' 저희가 합창만 하면 우시는데 그 눈물이 저희를 이해하고 품어주는 마음 같아서 멀리 갔다가 밤늦게 와도 마음이 너무 좋더라고요.

유희순(김호연 엄마)

싸움, 소중한

"우리가 어떻게 애국가를 불러?"

"아니, 사람들이 프로야구 개막식 보러 엄청나게 모일 텐데 왜 그 기회를 놓쳐요?"

"우리 애들이 어떻게 갔는데 애국가를 불러요?"

"TV에 나오면 416에 대해서 얘기할 수도 있고 아직 우리가 싸우고 있다는 것도 알릴 수 있는 기회 아닙니까?"

"아무리 그래도 갈 데가 있고 안 갈 데가 있죠."

제일 다툼이 많은 건 어디에서 요청이 올 때 갈지 말지를 결정하는 거예요. 의견 차이가 굉장히 많이 나요. '득보다 실이 많을 것 같다, 그런 데 가는 건 맞지 않는 것 같다' 이렇게 말하는 분들이 있고, '우리를 위하는 사람만 만날 수는 없는 거다, 반대하는 사람도 만나야 한다' 이러면서 부딪치는 거죠. 그래서 뛰쳐나간 분도 있고. 그래도 와해되는 지경까지 가지는 않더라고요. 수많은 갈등을 겪으면서도 이 조직을 유지하기 위해서 조금씩 양보를 하니까. 생각이 달라서 밉기도 하고 막 싸우기도 하는데 어쨌든 같은 목표를 향해 가는 거니까, 공통분모가 있으니까. 여기까지 올 수 있었던 힘은 많은 사람들이 지켜보고 있다는 믿음 같아요. 뭔가를 결정할 때도 신중하게 생각하고 여러 사람들의 의견을 모으고, 이런 과정들을 겪은 사람들이라 너무 소중하죠. 416 합창단 위기구나 싶을 때도 있었거든요. 그게 위기로 끝나지 않고 잘 넘겨지더라고요. 깨질 것 같은데도 깨지지 않고.

조직은 안정되어가는 것 같아요. 우리 합창단원끼리 결속력이 있고, 공방은 공방 엄마들끼리, 직장 다니면서도 꾸준히 활동하시는 분들도 있고, 처음에는 '내 일이 가장 소중해, 내 일만 중요해' 이러다가 이제는 각자가 다 중요하다고 여기는 마음들이 생겼어요. 실제로 모두 중요하죠. 뭐 한가지 빼놓을 수 없는 거죠. 임원들이 하는 일도 중요하고, 공방에서 하는 일도 중요하고, 기억저장소도 중요하고, 다 중요하다는 것, 그걸 서로 공유하고 인정하게 된 것 같아요.

최순화(이창현 엄마)

임원회의 가면 브레이크 걸고 나쁜 소리 하는 건 거의 나야. 어떤 때는 내가 왜 욕을 들으면서까지 악역을 해야 되나 싶을 때도 있는데 한번씩 짚고 가고 싶은 거예요. 이건 좀 아닌 것 같고, 이런 부작용이 있을 것 같고, 이건 우리 일이 아닌 것 같고, 이렇게. 내 의견이 묵살되고 그냥 갈 수도 있어요. 그래도 난 내 할 일을 하겠다. 다 예스맨일 수는 없잖아요. '노'(no)라고 하는 사람도 분명히 있어야 돼요. 의견이 먹히지 않더라도, 주의해야 한다고 경고라도 해줄 수 있잖아. 머리도 아프고 힘들지만 가시 같은 사람이 필요하다고 생각해요. 사람들이 나를 편하게 느끼지는 않겠지만.

그래도 나는 다수결로 넘어가면 결정한 대로 해요. 안 그런 사람도 있죠. 자기는 반대를 했는데 다수결로 통과가 됐어, 그러면 뒤돌아서 한다는 소리가 자기는 반대를 했으니까 안 쫓아가도 된대. 왜 다수결을 해? 각양각색의 사람들이 하나의 목표로 가려니까 하는 거잖아요. 생각이 다 달라서 다수결로 갈 수밖에 없는 상황일 때가 있어요.

따라줘야죠. 나는 내가 반대를 했어도 다수결로 결정이 되면 따라줘야 된다고 생각하는 사람이에요. 그런데 안 그런 사람들이 있어. 나는 그냥 마음을 접어요. 얼굴 붉히고 싸우고 안 보고 그러기는 싫잖아요. 일반인들이 나한테 공격하고 욕하는 건 아무렇지도 않은데 세월호 유가족이 나한테 욕하는 건 엄청 상처가 되더라고. 그래도 어떡해. 우리는 가족 같은 사람이고 이 사람들은 해마다 4월 16일에는 만나야 될 사람들이야. 다 뾰족한 사람들이잖아. 우리는 정말 안 미친게 다행인 사람들이거든요.

박혜영(최윤민 엄마)

모여 있으면 수다 떨고 농담도 하고, 애들 자랑하면서 웃고 좋았죠. 지금은 모여 있을 때 화가 차 있는 느낌을 받아요. 나도 그렇고. 누가 옆에서 뭐라고 하면 막 싸우자고 덤비는 엄마들이 있어요. 명절 되거나 하면 애들도 보고 싶고, 집에서 남편하고 싸우기도 하고, 그렇게 쌓인 감정으로 서로 상처 주는 거예요. 분이 가슴에 차 있으니까. 커피를 타줬는데 식었으면, 그래도 나를 위해 타준 거니까 고맙잖아요. 그런데 화가 나. 왜 나한테 식은 걸 갖다줘? 화를 내게 돼요. 엄마들이 서로 그걸 아니까 받아줘요. 나도 많이 받아주는 편이고.

오십 평생 살아온 성격은 안 변해요. 고집 센 엄마들도 있고, 자기주장 강한 사람도 있고, 그렇다고 우리가 다 맞춰서 살지도 못하고 그 성질들을 꺾지도 못하죠. 공방에서도 큰일 하다보면 마음이 안 맞아서 싸울 때도 있고 욕할 때도 있어요. 나도 힘들지만 그런 엄마들 보면 참 힘들겠다는 생각이 들어요. 이러고 평생 살아야 하는데. 뒤돌아보면 저 엄마도 아픈 사람인데 이래봤자 서로 더 아프기만 하니까 이해를 해주게 되죠. 다음 날 보면 또 웃고, '언니 그때 그랬구나' 하면서 이해해주고. 우리는 싸워도 또 볼 사이잖아요. 안 나오면 안 되거든. 누가 한 이틀 안 나오잖아? 그럼 내가 답답해서 못 있어요. 나와서 얼굴 보면 또 웃고 조율하고 의논해서 진행하고 그러죠. 진상규명 할 때까지는 가야 되니까.

박정화(조은정 엄마)

4년이라는 시간을 지나오면서 저는 부정적인 걸 많이 봤어요. 제가 '이 정도면 괜찮아' 하는 성격이 못 돼서, 아예 말을 안 하면 안 했지, 좋아 보이는 대답은 안 하거든요. 지금 부정과 긍정을 나누면 6대 4 정도? 부정이 더 커요. 똑같은 아픔을 당했지만 부모로서 생각이 다 달라요. 똑같은 부모인데 똑같지가 않아요. 그러니까 실망하게 되더라고요.

이기적일지 모르겠지만 내가 다른 아이를 위해서 싸우는 것도 아니고 나는 건우를 위해서 싸우는 건데, 그러면 자기 자식을 위해서 싸우는 부모들이 하나로 모일 때 그게 우리 아이들 전체를 위해서 싸우는 게 되잖아요, 산술적으로는 그렇잖아요. 그런데 '누가 내 아이를 위해서 싸워주겠지' 하는 부모들이 있다는 생각이 들더라고요. 지금은 없어졌지만 분향소 가족 대기실에 반별로 당직 설 때 2년 넘도록 한번도 안 나온 사람도 있고, '이 부모들은 세월호 참사 진상규명을 하고 싶은 건가? 우리 아이들이 왜 구조받지 못하고 갈 수밖에 없었는지 이유를 알고 싶기는 한 건가?' 이런 생각까지 들고 머리가 복잡해요.

다른 한편을 보면 모든 걸 내려놓고, 심지어 자기 목숨까지도 내려놓고 자식을 위해서 싸우는 부모들이 있거든요. 그럼 이 부모들은 뭐고 저 부모들은 뭔가. 똑같이 자식을 잃었는데 그 차이가 뭘까. 건우 엄마는 내가 이런 얘기 할 때마다 뭐라고 해요. 그렇게 생각하지 말라고, 그 사람들도 나름대로의 사정이 있다고. 우리는 사정이 없나?

김광배(김건우 아빠)

2014년 7월에 국회 들어가면 저는 특별법이 제정되는 줄 알았어요. 거기 가서 가만히 앉아 있으면 되는 줄 알았어요. 그 정도로 몰랐죠. 사람 마음이 왜 안 통해, 인지상정인데, 그런 생각만 했어요. 그때 저는, 무너지지 말아야 돼, 애 앞에서도 울지 말아야 돼, 화장실 나올 때 마음 약해지면 안 되니까 화장실 가서도 울지 말아야 돼, 혼자 있을 때도 울지 말아야 돼, 하고 마음을 굳게 먹었는데, 다 나 같은 마음인 줄 알았는데, 아프다고 안 나오는 엄마들이 있는 거예요. 한 사람이 외치는 것보다 두 사람이 외치고 여러명이 외치면, 꼭 외치지 않아도 지원군처럼 뒤에 있어주면, 사람이 많이 모이면 뭔가 될 것 같은데 안 나오는 거예요. 그때 '부모도 아니다' 하는 생각이 머릿속에 탁 박혔어요. 반별로 전화를 돌리는데 그래도 안 나오면 화가 나는 거예요. 카카오톡 단체채팅방에 '왜 부모인데 못 나오냐' 하면 나가버리고 싸우고.

아픈 사람들끼리 연대하는 게 더 힘들어요. 위로도 안 돼요. 왜냐면 내가 힘들다고 하면 "언니, 나도 힘들어" 하니까. 저도 자기 새끼를 잃었으니까 서로 다 힘들어요. 그러니까 입을 닫아버리게 되는 거예요. 그냥 시민이면 어느 날 손 한번만 잡아줘도 힘이 되는데 유가족과 유가족이 손을 잡으면 미치도록 힘든 거예요. 애가 그리우니까.

제가 시연이 엄마랑 손을 딱 잡으면 시연이까지 그리운 거예요. 그렇게 아픔이 전해지다보니까 미안해지더라고요. 그 아빠가 한 사람이기 전에 누구 아빠인데 내가 그 사람한테 욕을 하면 그 아이한테까지 욕을 한 거구나, 내가 그 아이를 미워한 거구나. 그게 너무 후회스러워요. 누가 나를 욕하면 내 새끼가 아플 거잖아요. 내가 다른 부모 욕할 때 그 아이가 너무 아팠을 것 같은 거예요. 우리 엄마한테 그러지 말라고, 우리 엄마 지금 아프니까 시간을 달라고 했을 것 같아요. 그렇게 힘들어하다가 나오시는 분도 있거든요. 내 잣대만 강요한 게 미안하고 아파요. 그래서 제가 분향소 가서 아이들 앞에 서서, 누구야 미안해, 누구야 미안해, 그랬어요. 미안하다고.

처음에는 싸우고 안 싸우고의 잣대를 아이를 사랑하고 안 사랑하고에 두었던 거예요. 지금 생각해보면 나는 준영이를 너무 사랑해서 활동하고 다른 사람은 자기 자식을 사랑하지 않아서 활동을 안 하고 그게 아니었던 것 같아요. 제가 잘못 생각한 거죠. 지금은 활동하는 분이나 안 하는 분이나 같은 유가족이라고 생각해요. 환경에 따라 다른 거죠. 나는 밖으로 나와야 살 수 있는 거예요. 나와서 한마디라도 표현을 해야 살 수 있는 거예요. 각자가 다 자기 살 구멍을 만들어서 사는 거예요. "활동하시면서 어떻게 스트레스를 푸세요? 어떻게 화를 푸세요?" 하고 묻는 분들이 계신데 못 풀어요. 그럼 쉬면 푸느냐, 그래도 못 풀어요. 활동을 하나 안 하나 자식 잃은 아픔은 못 푸는 것 같아요. 진실을 못 밝히는 것도 힘들지만, 솔직한 심정은 우리 애 보고 싶은 게 제일 힘들어요.

임영애(오준영 엄마)

188

우리도 전에는 예쁘게 꾸미고 회사 다니고 했던 엄마들이잖아요. 그런데 어느 날 조금이라도 차려입으면 전부 "왜 저래?" 이래요. 화장도 진하게 하면 안 될 것 같고, 치마도 입으면 안 될 것 같고… 그러니 활동 안 하는 엄마들이 화려하게 하고 다니는 모습을 보면 화가 나는 거죠. 우리는 열심히 투쟁하고 있는데, 저 엄마는 억울하지도 않나봐, 저러고 다니게.

우리도 유가족이 처음이니까, 다들 생각이 다르고 치유하는 방법도 다르고 화풀이하는 방법도 다르다는 걸 몰랐어요. 똑같이 싸워야 된다고만 생각했지. 처음에는 우리가 이렇게 싸우러 다니는데 누가 너무 아파서 못 나온다고 하면 이해가 안 됐어요. 우리는 덜 아파서? 그런데 동료 상담가 교육을 받다보니, 한 가족이라도 남편이랑 아내가 생각이 다르지 않냐, 똑같은 아픔을 겪어도 치유하는 방법은 다를 수 있다고 하더라고요. 다르다는 걸 인정하면 덜 상처받죠. 조금씩 배워가는 거죠. 저럴 수 있구나. 누가 화려하게 하고 다닌다고 해서 아픔이 없는 건 아니잖아요?

우리끼리는 농담으로 그래요. 우리 우아하게 싸우자, 그전에는 악에 받쳐서 분노만 드러냈지만 이제는 웃으면서 즐겁게 싸우자. 울면서 싸우지 말고. 그래야 좀 덜 고통스러울 것 같고. 그리고 예쁘게 하고 나가서 싸우자. 맨날 꾀죄죄해서. 우리도 조금씩 하고 싶은 거 하면서, 우아하게 싸우자. 하하.

김순길(진윤희 엄마)

목숨값

'민사소송을 왜 제기해야 할까요?'

'책임자를 처벌해야 하니까.'

'형사처벌을 하면 되잖아요?'

'높은 사람들은 법적인 책임도 안 지고, 지더라도 약하고, 대부분 뒤를 봐주잖아. 지켜야 할 것 안 지키고, 부당한 명령에 따르다가 사람 죽으면 엄청 손해 본다는 게 각인되어야 해.'

'사람들이 가장 두려워하는 게 재산상 피해겠죠?'

'지금 민사상 손배소 해봐도 몇천만원밖에 안 되니까 그걸 올려야 돼. 목숨값이 너무 싸요.'

2015년 봄이었죠. 정부에서 배상 규모 얘기 나올 때 손해배상청구 소송*을 본격적으로 고민하기 시작했어요. 나는 생각을 대화로 해요.

---

* 2015년 1월 제정된 '4·16세월호 참사 피해구제 및 지원 등을 위한 특별법'은 국가가 세월호 참사 피해자에게 배상금과 위로지원금을 지급하도록 했다. 2주년을 앞둔 4월 해양수산부는 희생자 1인의 배상금 규모를 대대적으로 발표하면서 당시 쟁점이던 세월호 인양과 특별법 시행령 개정 요구를 덮으려 했다. 배상금 규모에 정부 지출이 아닌 국민성금과 보험금까지 포함시켜 배상 금액 부풀리기를 시도했다. 가족협의회는 온전한 선체인양과 진상규명이 우선이라는 입장에서 정부가 진행하는 배·보상 절차를 거부하기로 했다. 9월 30일 68%의 신청률로 배·보상 신청이 마감되었고 배상 신청을 하지 않은 유가족 355명이 원고로 소송에 참여했다. 2016년 11월 1차 변론을 시작으로 진행된 민사소송 1심 결과는 2018년 7월에 나왔다. 서울중앙지방법원 민사 30부는 세월호 참사에 대한 국가 책임을 인정하며 원고 일부 승소 판결을 냈다. 판결

머릿속에서 계속 혼자 질문을 하고 대답을 하면서 생각을 다듬어요. 우리가 손해배상청구 소송을 하게 된 이유는 두가지예요. 첫번째는 책임자 처벌 제대로 하자. 사람이 죽어도 아무도 신경 안 쓰는 상황을 바꾸자. 두번째 이유는 특조위 강제해산이 거의 기정사실화됐기 때문이에요. 우리가 법정에서 직접 얘기하자. 같은 이유로 지금 항소까지 한 거죠. 진상규명에 전혀 효과가 없다고 보지는 않아요. 소송 대상을 개인으로 해보자는 바람도 있어요. 대한민국 정부 말고 박근혜, 김기춘, 우병우, 김석균, 이런 개인으로. 박근혜는 감옥 갔고 정부에 청구하면 문재인 정부에서 돈 내놓는 건데 결국 개인은 손해 안 보잖아요. 개인에게도 책임을 물어야지.

유경근(유예은 아빠)

항소를 할까 말까 고민이 됐어요. 새로운 걸 밝혀내려고 소송을 한 건데 2년 걸려서 나온 결론이 너무 실망스러웠어요. 또 하면 돈 더 받으려고 항소했네 하는 소리나 들을 게 빤하고. 변호사님한테 상의를 했어요. 그분이 더 전문가니까. "여기서 그만두시면 마음이 편하시겠어요?" 다시 실망하더라도 시도도 안 하는 것보다 낫지 않겠냐고 하는데 그 말이 맞더라고요. 그리고 바로 항소를 했어요.

임원 방에 올라온 걸 보니까 한 100가정 정도가 항소에 참여했더

내용에서 국가 책임이 충분히 드러나지 않았다는 점에서 많은 가족들이 다시 항소에 참여했다. 한편, 세월호 참사의 생존자 20명과 가족 등 총 76명이 국가와 청해진해운을 상대로 제기한 손해배상청구 소송에서도 2019년 1월 원고 일부 승소 판결이 나왔다. 판결문에는 세월호 참사가 우리 사회에 미친 영향이 중대하고 광범위했을 뿐만아니라 다시는 이러한 사고가 발생하지 않도록 예방할 필요성이 큰 점 등을 참작해야한다고 판시되었다.

라고요. 1심에 참여했던 131가정 중에 30가정만 빠져나갔다는 거잖아. 대단한 사람들인 거죠. 여기 안산이 부촌이 아니에요. 다 어려운 사람들이에요. 차라리 우리가 형편이 좀 나아요. 왜냐면 나이가 있으니까 그동안 모아둔 게 있잖아요. 그런데도 지금 어려워요. 딴 사람들은 오죽하겠냐고. 동생들 학비 대야 하는 사람들도 많아요. 그래서 활동 못하고 직장 다니는 사람이 많다니까. 그런데 2심을 가겠다는 거니, 정말 대단하죠.

우리가 많이 배우고 머리 잘 돌아가는 사람이었다면 이런 길을 선택하지 않았을 수도 있어요. 우리 개개인은 너무 보잘것없고 너무 평범한 사람들이에요. 우리 중에 높은 사람이 있었다면 이렇게까지 궁지에 몰리지도 않았을 거예요. 백이 없고 힘이 없으니까 몸으로 몸으로 부딪혀가면서 여기까지 온 거잖아요. 존경해, 존경해.

박혜영(최윤민 엄마)

민사소송에서 국가가 항소를 안 한다고 해서 우리도 항소를 안 하기로 했어요. 판결이 난 거니까 국가는 지급해야 되고, 우리가 안 받는다고 해도 공탁을 걸어서 결국 다 받게 되는데, 그게 어제 들어왔어요. 창현이 아빠가 막걸리 사 와서 혼자 술을 마시더라고요. 췌장염이 있어서 먹으면 안 되는 사람인데.

"이게 창현이 목숨값인데…"

현실이 되니까 심정이 그런가봐. 나는 과정이라고 생각하니까 술 먹을 만큼 마음의 동요가 있지는 않았어요. 창현이 아빠와 나는 이 돈을 어떻게 쓸지 전부터 얘기를 했어요. 창현이 친구들을 위한 일에 쓰자. 어떻게 실천할지 구체적인 얘기는 안 해서 의견이 다를 수도 있을 텐데 아무튼 이 돈을 어떻게 쓰느냐가 중요한 것 같아. 돈에 관한 개념이 많이 바뀌었어요. 416 이전에는 나도 돈 보고 살았지. 돈 쫓아가느라 정신없었는데 그게 세월호 사건을 낳은 거잖아요. 어쨌든 아이들 목숨값에 맞게 써야 한다는 생각을 하고 있어요. 우리 딸은 아직 몰라요. 나나 창현이 아빠는 생각이 같지만 딸아이는 아직 20대니까, 해라 하지 마라 그렇게 말은 못하니까, 어떻게 생각하는지 물어보고 얘기도 해야 할 것 같아요.

최순화(이창현 엄마)

배·보상 문제가 사람을 바꿔놨잖아요. 나눠놨잖아요, 받은 사람과 안 받은 사람으로. 안 받은 사람이 활동을 더 많이 하죠. 안 받은 이유 자체가, 아이들이 죽은 이유도 모르는데 돈부터 주면서 사회적으로 마무리하려는 건 부당하니까, 우리가 돈을 바라고 한 게 아니니까. 돈 받은 사람들이 배·보상 사인할 때 배·보상 안 받은 엄마들끼리 일부러 가봤어요. 가서 깽판 놓으려고. 사람들한테 물어봤어요. "이돈 어떻게 할 건데요?" 그러면서 그분들 상황도 알게 되고 조금씩 변해 간 거죠.

처음에는 보상을 받은 사람들이 활동에 좀 안 나오기도 하고, 못 끼기도 하는 과정이 있었는데, 지금이야 뭐. 배·보상을 받았건 안 받았건 가족이 아닌 건 아니잖아요. 받은 사람들이 굳이 진상규명 막으려고 받은 것도 아니고 그걸 받아서 나쁜 데 쓴 것도 아니고. 분란이 되다보니 그 사람들도 미안한 마음이 있었겠죠. 소외감을 느끼고 안 나올 수도 있고. 그냥 똑같은 부모다, 그렇게 생각해요. 나와서 얘기하다보면 예전과 똑같아지거든요. 여기까지 왔는데 "당신이 왜 왔어?" 하는 사람 없거든요. 다 똑같이 자식을 보낸 사람들인데. "저 사람 왜 저래?" 해도 언젠가는 같이 있을 사람들. 우리가 죽을 때까지는, 세월호 참사가 지운다고 지워지는 게 아니니까, 아무리 싫어도 평생 우리는 꼬리표를 달고 살아야 되니까. 같은 아픔을 서로 얘기할 수 있는 사람들. 그분들도 가족인 거죠. 세월호 가족. 새로 생긴 가족. 크-은 가족. 그런데 얼굴이 안 보여. 잘 안 나오기는 해요. 그런다고 쫓아갈 수도 없고.

전수현(오경미 엄마)

지속 가능한 싸움을 위해

"나 힘들어, 반 대표 못할 것 같아. 누가 할래?"

"안 돼! 무조건 이건 언니가 해야 돼."

"나 벌써 4년째야. 어우, 언제까지 해?"

"언니가 제일 잘해. 언니 아니고 누가 하겠어?"

"내가 너무 잘해서 문제다, 하하. 그래도 내가 슬럼프 오면 네가 나와야 돼, 알았지?"

"그럼, 내가 쉴 때 언니가 애썼잖아. 고마워, 언니."

나는 항상 그랬어. 힘들다고 하면 쉬라고 해. 처음부터 끝까지 쉼 없이 갈 수 없어. 특히 우리 같은 사람들은 쉬어줘야 해. 지금은 내가 잠시 쉬는 시간이야. 아마 저 언니 얼굴 왜 안 보이나 궁금해할지도 몰라. 그래도 내가 힘들 때는 쉬어야겠다는 생각이 들어. 어차피 1, 2년에 끝날 거 아니잖아. 지금 너무 지치고 힘들고 실망해서 쉰다? 쉬어도 된다고 생각해. 쉴 자격이 있다고도 생각하고. 몸 좀 추스르면 또 나가서 할 사람이야. 내가 쉴 때는 다른 사람들이 잘해내고 있어. 내가 나가면 그 사람들 중에 한두명은 쉬어도 되고. 교대로 이렇게 가야 된다고 생각해. 긴 세월이니까. 안 쉬고 다 같이 가려고 하다가는 못 버텨.

박혜영(최윤민 엄마)

안산 있을 때는 당직이나 회의할 때 늘 참석하고 활동하고 어디를 가든 다 같이 했는데, 이사하고는 여기서 갈 수 있는 거리에 있는 활동만 해요. 광화문 가는 거라든지. 아, 목포신항에 세월호 올라왔을 때, 그때 참 힘들게 다녔다. 근 1년 동안 목포 가서 자고 오고 그랬는데, 그때 한달에 한번씩 갔어요. 안산에서 버스를 타야 되니까 여기서 아침 6시 몇분 차를 타고 안산 분향소 가서 같이 이동하고, 아유 힘들었어요. 그런 활동들을 같이 했어요.

예전에는 가족들 모두랑 가까워지려고 노력하고 조금 서운해도 이겨낼 힘이 있었는데 지금은 피로감을 느껴요. 유가족 전부가 한마음은 아니에요. 다 나눠졌어요. 가족협의회 가입한 부모들, 아닌 부모들, 소송한 부모들, 안 한 부모들. 생각이 다 달라요. 저는 소송 안 한 엄마하고도 친하거든요. 이 엄마들도 되게 고집스러워요. 자기주장도 있을 수 있지, 저는 그냥 그렇게 생각해요. 다른 쪽 가족들 얘기 들으면 참여 안 하는 사람들에 대해 이해를 전혀 안 하려고 해. 참여 안 하는 사람들은 '뭐 이뤄지는 것도 없는데 맨날 저렇게 다녀야 하나, 현실로 돌아와서 열심히 사는 게 최고지' 이렇게 의견이 갈려요.

제가 우유부단한 건지 모르겠는데 양쪽 다 이해가 돼요. 자식을 잃었다 해도 현실로 돌아가서 열심히 살아야 하는 것도 맞아요. 다만 우리가 왜 이런 일이 일어났는지 알고 싶은 거잖아요. 누가 무슨 짓을 했는지도 모르고 제대로 된 처벌도 없고, 안개가 낀 것처럼 뿌옇잖아요. 그걸 외면하고 현실로 돌아가는 건 아니라고 봐요. 그렇다고 열심히 사는 걸 나쁘다고 할 수는 없잖아요? 손을 떼고 현실로 돌아간 사람들도 현실로 돌아가기까지 엄청 힘들었을 거고, 가서도 힘들고.

유점림(이지민 엄마)

열심히 하는 사람들은 섭섭하죠. 회의가 있는데 안 오면 저도 되게 섭섭하더라고요. 얼굴이라도 보면 좋은데 너무 관심 없는 것 아닌가 생각도 들고, 서운함이 클 수도 있죠. 저는 그거 내려놨어요. 그런 마음이 들면 하기 싫어지더라고요. 내가 선택해서 하는 일이지만 사람 마음이 참 간사해서, '왜 나만 해야 하지?' 하는 생각이 들잖아요. 또 사람들이 안 하는 것 같지만 그 사람들도 자기 일을 잘해나가는 것이 중요하잖아요. 저는 딱 그래요. 내가 할 수 있는 만큼 할 거야. 옛날에는 그 말뜻이 뭔지 몰랐어요. 전에 성당에서 제게 무슨 역할을 맡기려고 하면 "아휴, 저 못해요. 안 해봐서 자신도 없어요" 그러면 "누구나 그래. 할 수 있는 만큼 해" 그래요. 할 수 있는 만큼이 얼마만큼이야? 열심히 해야 될 것 같고, 안 하면 막 자책감 들고, 누가 뭐라고 하지도 않는데 힘들어 죽겠고, 그러다가 결국 못하겠다고 했거든요. 이제 좀 알게 됐어요. 내가 감당할 수 있는 만큼 해야 되는 거구나. 내가 감당하지 못하는 걸 하다가 나가떨어지고 상처받고 싶지 않더라고요. 사람마다 견디는 정도가 다르잖아요. 그런 걸 몰랐어요. 죽기 살기로 해야 된다고 생각했고 확실하지 않으면 못 견뎠어요. 그런데 안 되는 게 있더라고요. 내가 뜯어고치고 싶은 게 있는데 안 되는 벽을 맞닥뜨리고 나니까, 받아들이게 되더라고요. 열심히 하는 사람들 보면 존경스럽기도 하고, 내가 하지 못하는 부분을 하는 게 부럽기도 하고 대단하다는 생각이 들어요. 그래서 진심으로 응원해요.

문석연(생존학생 이시원 엄마)

가족들이 평상시에는 힘드니까 조금 수동적이다가도 힘을 모아야 할 때 진짜 나서서 해야 할 때는 단합이 잘되거든요. 그걸 지켜보다보니까 믿음이 생기더라고요. "그래도 우리 가족들은 뭔가 해야 할 때는 확실하게 해." 참여율이 떨어진 건 사실이에요. 직장에 복귀하시거나 취직하신 분도 있고 자영업 다시 시작하신 분도 있고. 그렇다고 해서 가족들이 우리 가족협의회가 목표로 하는 진상규명, 책임자 처벌, 안전사회 건설에 대해 생각을 안 하는 게 아니에요. 그건 그거대로 하고 생활전선에서 하는 건 하는 거죠.

지금 열심히 활동하시는 분들은 너무 힘들어서 다만 한달이라도 쉬고 충전하고 싶으신 거고, 참여 못하시는 분들도 나름대로 이유가 있어서 못하시는 거예요. 팽목항에서는 우리가 아무것도 할 수가 없었어요. 자식이 죽어가는데 발만 동동 구르고 아무것도 못했거든요. 그런데 아이를 찾고 올라와서 하는 일은, 물론 다 이뤄지는 것도 아니지만, 되든 안 되든 해볼 수 있는 거잖아요. 그래서 끝까지 해야 한다는 부모님들이 계실 테고, 처음에는 그런 마음으로 했다가 너무 더디고 희망이 보이지 않고 길어지니까 포기하게 되거나 무력감이 드는 부모님들도 계실 테고, 되지도 않는 싸움 같아서 열받아서 못하겠다 하는 마음이 들기도 할 테고. 부모님들이 가진 개개의 의견을 존중해야 하는 거죠. 우리는 세월호 참사에서 우리가 해야 할 일들을 그냥 하고 있을 뿐이에요. 저희들은 시민들을 붙들기 위한 전략이 전혀 없어요. 일부러 붙잡으려고 하는 게 아니라 우리가 우리 일을 하는 게 그분들을 붙잡는 방법이 아닌가 싶어요.

김종기(김수진 아빠)

198

가족, 되기보다 하기

"처음에는 언니 쪼까 재수 없었어. 뭘 잘못하면 콕 집어서 딱 얘기하고."

"그랬어? 지금은 괜찮고?"

"지금은 내가 언니라고 인정을 해."

"그럼 내가 뭐 얘기하면 좀 고칠 거야?"

"그건 모르지. 언니가 하는 말이라고 다 듣는 건 아니잖아, 하하."

"하하, 그래. 나도 9남매 막내인데 말 잘 들어본 적이 없다. 그날 이후로 내가 동생들 거두는 마음을 느껴봤네."

"도닥도닥 손 한번 잡아주는 거, 그게 최고야. 언니 역할 잘했으니까 내가 언니라고 인정을 해."

지금 제 주변을 채운 건, 제가 가족이라고 표현하는 우리 유가족들. 카톡에 연결된 분들이 싹 바뀌었어요. 그날 이후로 주변이 다 바뀌었어요. 전화번호 한번씩 들춰보면 다 그날 이후 새로 엮인 인연들이에요. 전에 알던 분들은 한분도 안 남아 있어요. 위로한다고 한마디 하는 게 상처를 주고, 상처받기 싫으니까 나 스스로 미리 차단하고. 나한테 다가오려고 하는 것도 싫은 거예요. 당신들이 나에 대해서 뭘 얼마나 안다고. 하다못해 피를 나눈 형제자매들조차, 어떻게 해주지 못해서 안타까워하는 마음이 느껴지지만, 그 마음조차도 싫었어요. 죽었다 깨어나도 똑같은 일 겪지 않고는 이해할 수가 없어,

제가 먼저 선을 그어버리죠. 유가족들은 달라요. 무슨 말을 해도 무슨 짓을 해도 아무렇지 않게 받아들이게 되고 크게 마음 상해본 적 없고, 내가 아팠던 거 똑같이 겪은 사람들이니까 다 이해할 수 있고. 정말 많은 가족이 생겼죠. 진짜 가족처럼, 혈연처럼 느껴져요.

제가 초창기에는 가깝게 지내는 분들이 없었어요. 거리상 멀리 있다보니까, 서명 받으러 전국 버스투어 갔다가 새벽 2~3시에 안산 도착하면 갈 데가 없었어요. 찜질방에 몇번 갔는데, 그것도 혼자 못 가서 큰아들 불러내서 몇번 자고. 비가 억수같이 쏟아지는 날 갈 데가 없어서 버스터미널에서 노숙한 적도 있고. 그나마 뒤늦게 한 어머니를 알아서 그 집에서 몇번 신세를 졌어요. 그러다가 가족들하고 더 자주 같이 움직이려면 안산으로 이사를 와야겠구나 생각이 들더라고요. 시간이나 차비도 만만치 않았고요. 경제 활동을 안 하니까 부담이 꽤 되더라고요. 그래서 이사를 왔어요. 처음 재워준 엄마가 순범이 엄마. 저한테 재수 없다고 말한 엄마. 이제 내 말도 잘 받아들여주고, 자기는 이제 나를 언니라고 인정을 한대요.

저는 보통 가족들뿐만 아니라 인간관계를, 조금 냉정하다고 할 수도 있는데, 아무리 좋고 가깝게 지내도 남한테 내 속을 백퍼센트 보이지 않아요. 항상 어느 정도 거리가 있어야 한다고 생각해요. 이만큼 거리를 두고 거기서 최선을 다하는 거예요. 솔직히 한발자국 다가가서 제가 잘못하는 거 실수하는 거 보이고 싶지 않고, 상대가 잘못하는 거 실수하는 거 보고 싶지 않거든요. 그래서 항상 요만큼은 선을 그어요. 지킬 건 지켜야 된다고. 가족들이, 특히 어머니들이 "언니, 말 놔. 그냥 편하게" 이러는데 저는 한번도 그래본 적 없고, 아무리 동생이라도 최소한의 예의는 지켜야 한다고 생각을 해요. 재수 없다고 생각할 수도 있고 저도 이게 정답은 아니라고 생각해요. 그저 인간관계를 엮어가는 나만의 법칙이랄까. 다른 부모님들 보면 활동가들하고도 친구처럼 지내는데 저는 그런 걸 못해요. 현장에서 만났을 때 반갑고 감사하고 그걸로 끝이에요. 저한테 친구처럼 지내자고 한 2년을 말씀하신 활동가도 있는데, 여자분이고 나이도 같으니까 친구하자는데 저는 그걸 못해요. '왜 저렇게 유별나? 왜 이렇게 속을 못 봐?' 그렇게 보일 수도 있는데 제 나름의 철칙이에요.

저는 SNS를 안 해요. 가깝게 다가왔다가도 가족들한테 실망했다, 상처받았다 이런 얘기 듣잖아요. 그러면 꼭 내가 당사자가 된 것 같기도 하고, 한편으로는 내가 그렇게 안 해서 그나마 다행이다 싶기도 해요. 어쩌면 제가 몸을 사리는 걸 수도 있어요. 구설수에 오르내리기 싫어서. 그런데 지켜야 돼요. 난 우리 가족들이 그런 면에서 조심해야 한다고 생각을 해요.

생뚱맞은 얘기지만 제가 제일 어려운 인간관계가 누군지 아세요? 아들이에요. 정말 어려워요. 말 한마디 행동 하나 하기가 어찌나 조심스러운지. 속에서는 있는 얘기 없는 얘기 다 하지만 같은 말을 해도 표현을 어떻게 하고 행동을 어떻게 할지 그게 제일 어려워요. 사고 이전에도 그랬어요. 부모 자식 간이기도 하지만 동등한 인격체로, 같은 어른으로 대해줘야 한다는 생각을 했고, 솔직히 이제는 제가 아이를 가르치기보다 아이가 저를 가르치는 입장이 됐어요. 내 속으로 낳은 자식이지만 세상에서 제일 어려운 관계. 가족이라고 하면서도 많이 어려워한다는 걸 이해하시겠죠?

윤옥희(김웅기 엄마)

집회를 나가든 어디를 가든 항상 내 손을 잡아주는 사람. 내가 흔들릴 때 옆에서 잡아주는 사람. 오늘같이 회의도 없고 아무것도 없는 날은 누군가 카톡을 올려요. "다들 뭐 해?" 늘 보면서도 하루 이틀만 안 보면 그 사람 괜찮나? 그래서 4년 동안 버틸 수 있었던 것 같아요. 내부적으로 불만이 많은 사람도 있죠. 그렇지만 툭 튀어나와서 방해하는 가족들은 없잖아요. 활동 못하시지만 묵묵히 따라가주는 분들도 많고. 배·보상 받은 분도 계세요. 생활이 어렵기도 하고, 당시 해수부가 지금 안 받으면 못 받는다는 식으로 협박 아닌 협박을 해서 불안해서 받으신 분들도 있고. 그렇다고 뭐라고 하지는 않아요. 어쨌든 가족협의회는 하나잖아요.

아이들 하나 보고 가는 게 구심력이 된 것 같아요. 아이들한테 부끄럽지 않은 부모가 되고 싶은 마음. 제가 칩거할 때 사람들이 자꾸 불러내면 되게 야속했어요. 가만 좀 내버려두지 왜 자꾸 전화해서 귀찮게 하나. 계속 전화해서 빨리 나와라, 어디 가라, 그러니까. 지금은 그때 그렇게 해준 게 너무 고마웠다고 얘기해요.

김연실(정차웅 엄마)

초창기에는 어떻게 해야 될지를 모르니까 애 아빠랑 저랑 서로 마주 보는 것도 힘들었어요. 애 아빠는 제 얼굴에서 혁이가 보인다, 저도 애 아빠를 보고 있으면 혁이가 보이고. 누구를 만나도 위로가 안 돼요. 그런데 유가족 엄마를 만나고 있으면 그 순간만큼은 위로가 돼요. 다시 집에 가면 힘들지언정 그 순간만큼은. '저 엄마도 나만큼 힘들겠지?' 하면서 힘든 모습 안 보이려고 서로 노력해요. 그러니까 눈에서는 눈물이 나는데도 입은 웃는 거야. 서로 마음이 똑같기 때문에 그냥 위로가 되는 거야. 처음에는 모르고 마음 상할 때도 있었어요. 내가 조금 더 배려를 하고 조금 더 이해를 하는 게 안 될 때도 있고요. 내 탓이다 생각하고 나니 내가 편해지더라고요. 자꾸 다른 사람 탓을 하면 자기가 더 힘들어지거든요. 우리는 다 아프잖아요. 누구를 미워하고 싶지 않아요. 지금은 그래요.

조순애(강혁 엄마)

솔직히 저는 우리 가족협의회 가족들 말고는 아무도 안 믿어요. 열심히 자원봉사하시고 옆에서 같이 도와주는 분들도 정말 고마운 사람들이지만 그 사람들은 내일이라도 하기 싫으면 안 하면 그만인데 우리는 아니잖아요. 같은 유가족이라도 미울 때가 있고 마음에 안 들 때도 있고 싫을 때도 있지만 싸울 수 없는 건, 우리는 죽을 때까지 서로 보고 살아야 되는 사람들이잖아요. 아이들이 함께 있잖아요. 그래서 난 우리 가족들만 믿어요. 우리끼리는 쟤 왜 저래 욕을 할망정, 남이 우리 가족들 욕하면 전 못 참아요. 나는 이 사람이 싫을망정, 우리끼리는 욕을 할망정, 이 사람들이 있어서 우리가 여기까지 왔잖아요. 나 혼자였으면 이렇게 못했잖아요. 우리 가족들이 있어서 같이 했잖아요.

윤경희(김시연 엄마)

글: 미류

세월호 참사 이후 5년, 가능성을 만들어온 시간

박래군(4·16연대 공동대표 / 인권재단 사람 소장)

시간은 멈추지 않는다

참사를 겪은 피해자들은 종종 '그날에 시계가 멈춰 있다'고 말하고는 한다. 세월호 참사를 당한 유가족, 피해자들도 그날에 시간이 멈춘 채 5년의 시간이 흘렀다. 그날 남쪽 바다에서 세월호가 침몰했고 배 안에 있던 승객들이 구조받지 못하고 죽어가던 과정이 생중계되었다. 배의 침몰 과정을 지켜봤고, 사건의 이후 과정을 같이 겪었던 사람들은 그 사건과 가까우면 가까울수록 그 고통의 시간에서 벗어나지 못한다. 하염없는 기다림의 시간이었던 팽목항, 무거운 공기가 짓누르던 진도체육관, 가족들이 살던 안산 또는 수도권의 다른 지역이거나 제주도, 그리고 그들이 걸었던 행진로나 수많은 사람들을 만났던 전국의 장소들, 거리와 광장과 분향소, 유가족 대기실, 쉼터, 집, 방 등에서 그들은 수시로 그날의 고통을 기억하게 되고, 그 고통에 묶여 있다. 그러므로 피해자들이 '몇번째 그날'이라고 말하는 것은 전혀 틀린 말이 아니다. 세월호 참사만이 아니라 지울 수 없는 끔찍한 고통의 사건을 겪은 모든 이들은 죽는 날까지 그날만은 또렷하게 기억하기 마련이다. 그날로부터 벗어났다고 생각했다가도 불현듯 그날로 되돌아가는 자신을 발견하는 일은 드문 일이 아니다.

살아야 되니까 안 먹을 수는 없는데도 먹는 것, 마시는 것, 입는 것, 모든 게 다 보기 싫었어요. 아들도 밉고 남편도 밉고 나 자신도 너무 미웠어요. 안 먹을 수만 있다면 진짜로 안 먹고 살고 싶더라고요. 그래놓고도 너무 배가 고프니까 나도 모르게 밥통을 끌어안고 먹다가 배가 좀 차면 막 울어요… (49면)

그날 "폭탄이 터진" 유가족과 지옥에서 탈출한 생존자들은 "시한폭탄"을 안고 살아가는 삶이었다. 참사 초기에 세월호 안에 갇혀 나오지 못했던 유가족이나 생존자들은 세상에 나오는 게 너무 두려웠다. 빨리 죽어서 먼저 떠난 아들딸에게 하루라도 빨리 가고 싶던 유가족들은 자신을 저주하고 학대했다.

그렇지만 피해자들이 그날 그 순간에 정지해 있기만 한 건 아니었다. 5년이란 시간을 살아냈고, 살아왔다. 죽지 못해 살았던 시간이든 앞서간 아들딸에게 하루라도 빨리 가고 싶은 시간이든 그들은 생각해야 했고, 말해야 했고, 행동해야 했다. 집 밖을 나오는 게 두려워서, 사람을 만나는 게 겁나서 못 나왔던 사람들도 있었다. 그들은 자신을 위해서 찾아오는 이들에게 문을 열어주지 않았다. 지금도 그런 사람이 있을 수 있다. 그럼에도 그들에게 시간은 객관적으로 흘러갔다. 그 과정에서 피해자들은 참사 이전과는 달라진 자신의 모습을 확인하게 되었다. 때가 되면 배가 고프고 그래서 밥을 허겁지겁 먹어대는 자신이나 가족들을 저주하다가도, 자신이 살아 있어야만 죽어간 이들의 억울함을 풀 수 있을 거란 생각이 생겨났다. 그리고 그들은 보게 되었다. 얼마나 많은 거짓말과 위선과 조작과 왜곡이 있는지를. 자신들이 알지 못했던 세계로 던져진 피해자들은 압축적으로 세상과 사회에 대해 학습하게 되었다.

온몸으로 겪으면서 알게 된 세상은 지옥이었다. 그런 지옥에서 아이와 가족들이 살고 있었음을 보게 되었다. 사람들은 보상금 문제로 유가족에게 험한 비난을 퍼부었고, 세월호 유가족이라는 낙인을 극복하는 일은 위축되지 않고 적극적으로 행동하는 것뿐이었다. 그들은 난생처음으로 진상규명을 요구하는 농성과 단식, 삭발과 행진에 나섰다. 그러면서 멀게만 느껴졌던 공무원과 정치인의 민낯을 보게 되었고, 그들이 책임을 회피하기 위해서 손바닥 뒤집듯 말을 바꿀 수도 있음을 알게 되었다. 그리고 자신들이 정부기관의 감시 대상이 되어버렸음도 알게 되었다. 친구나 친척, 가까운 이웃이 부담스러운 사람들이 되었고, 같은 피해를 입은 이들끼리만 정서적 공감을 느끼게 되면서 사회적 관계도 모두 변했다.

큰 폭의 변화를 겪은 유가족과 피해자들은 과거의 자신으로 돌아갈 수 없음을 깨달았다. 이제는 달라진 관계 속에서 살아갈 수밖에 없음을 이해했다. 정치에 무관심했던, 그래서 선거 때면 관성적으로 한나라당-새누리당을 찍었던 자신을 후회하고, 우리가 사는 사회와 정치에 대해 새로운 인식을 갖추었다. 수동적인 시민에서 적극적으로 행동하는, 항의하고 요구하는 시민으로 바뀐 유가족들은 이제는 정치적·사회적 사안에 연대 활동도 하게 되었다.

세월호 참사를 해결해야 하는 이유 중 하나가 우리와 같은 아픔을 더이상 다른 사람이 겪지 않았으면 하는 거예요. 웃을 때도 있겠지만 평생을 울어야 돼요. 그 쓰리고 가슴 아픈 일을 또다른 누군가도 겪어야 하나요? (319면)

유가족들과 피해자들에게 5년은 큰 폭의 변화를 만들어냈고, 따라서 그들의 시간은 정지되어 있는 게 아니었다. 그날의 사건 안에 갇혀 있으면서도 아이들과 가족들의 죽음의 억울함을 풀고, 더 안전한 사회를 만들어서 죽어서 만날 때 고인 앞에 떳떳한 가족이 되겠다는 인식을 갖추었다. 참사 초기에 생존자들은 유가족 앞에서 자신들만 살아와서 죄송하다고 고개를 숙여야 했고, 유가족은 미수습자 가족 앞에서 죄인이었고, 미수습자 가족은 유가족이 되는 게 소원이었지만 시간이 지나면서 피해자들은 크게 달라졌다. 그들은 예전에는 사회운동을 하는 활동가들을 만난 적도 없었지만, 그들의 삶은 활동가로 바뀌었다. 그들의 존재가 바뀌었다.

그날의 약속

유가족과 피해자들만 변화한 것이 아니었다. 참사 이후 시민들은 누가 시켜서가 아니라 스스로 거리에 나와 촛불을 들었다. 전원 구조 소식에 가슴을 쓸어내렸던 시민들, 그들은 그날을 생생하게 기억하고 있었다. 시민들은 한명이라도 생환하기를 바라면서 노란리본을 달았고, 차디찬 바다에서 생명의 소식이 전해지기를 간절히 바랐다.

하지만 이후 구조는 없었고, 언론조차 앵무새처럼 정부의 브리핑을 옮길 뿐 제대로 진실을 전하지 않자 시민들은 분노했다. 그때부터 "이게 나라냐!"라고 외치는 피켓을 들었다. 시민들은 쉽게 집으로 돌아가지 못했다. 유가족이 제시한 진상규명, 책임자 처벌, 안전사회 건설은 시민들의 요구이기도 했다.

시민들은 약속했다. 무엇보다 먼저 '잊지 않겠다'고 약속했다. 이전에도 성수대교, 삼풍백화점, 대구지하철 같은 대형 참사들이 있었음을 시민들은 기억해냈다. 그런데 그런 참사들이 쉽게 덮이고 잊혔음도 알게 되었다. 충격적인 참사를 쉽게 잊은 결과 같은 유형의 비극이 반복적으로 발생하게 만들었다는 자각이 일었다. 더이상 '참사공화국'을 만들어서는 안 된다는 다짐이었다. 이전의 참사에서 말단 공무원과 직원들만 처벌되어왔고, 정작 가장 핵심적인 책임자들은 처벌받지 않았음을 상기했다. 검찰의 수사 결과, 이전과 마찬가지로 현장 구조 책임자였던 해경 123정장만 구속하는 것으로 수사가 종결되는 것을 용납할 수 없었다. 대통령이 7시간 이상 아무런 논의도, 지시도 하지 않은 채 실종되었다는 점에 대해서도 시민들은 용납할 수 없었다. 그래서 반드시 책임자들을 처벌할 것을 약속했다.

그리고 '가만있지 않겠다'고 다짐했다. 그날 세월호에서 반복적으로 나온 안내방송 멘트는 '가만히 있으라'였다. 가만히 있다가 죽임을 당한 어린 학생들. 어른을 믿었고 선사(船社)를 믿었고 선생님을 믿었던 단원고 학생들이 더 많이 죽었다. 가만히 있는 것은 죽음이라는 것을 세월호 참사는 분명히 보여주었다.

참사 초기에 나라 전체가 상중(喪中)인 상황에서 정부도 국민들의 애도 분위기에 압도되었다. 대통령도 나서서 눈물 흘리며 진상규명과 책임자 처벌을 약속했다. 하지만 그 분위기는 두달도 채 못 갔다. 그해 6월 초에 열린 지방자치선거에서 당시의 새누리당이 승리하자 표변했다. 유가족들을 시체를 팔아서 돈이나 더 받아내려는 떼쟁이로 몰아갔다. 아파서 제대로 울지도 못하는 유가족과 피해자들을 향한 모욕과 공격은 잔인했다. 정부와 집권여당인 새누리당과 일베와 극우집단이 동원되었다.

그런 분위기를 넘어설 수 있었던 것은 유가족과 함께한 시민들이 있었기 때문이다. 유가족이 제기한 진상규명 특별법 제정을 위한 천만 서명운동이 전국에서 불붙었다. 시민들의 자발적인 행동으로 한 달여 만에 서명은 3백만명을 넘었다. 유가족은 이 서명지를 들고 시민들과 함께 행진을 해서 국회에 접수했다. 2014년 하반기에 이르러 서명은 650만명을 넘었다. 유가족들이 서명을 위해 전국을 버스로 순회하자 각지에서 이에 호응해서 그들을 만나러 나왔다. 유가족이 국회와 광화문 광장, 청운동 사무소에서 단식과 농성에 들어가자 시민들도 합류했다. 광화문 세월호 광장에서 유민이 아빠 김영오씨가 단식 40일 만에 병원으로 실려 간 뒤에 그 자리를 지킨 것도 시민들이었다. 이처럼 적극적으로 행동하는 시민들이 나타났다.

'잊지 않겠다'는 약속과는 다른 차원의 약속도 있었다. "416 이후는 이전과 달라야 한다." 이 약속은 이전의 삶, 과거의 삶에 대한 부정이자 반성이고 성찰이었다.

세월호의 참사가 계속 되풀이되어왔고 또 앞으로 되풀이될 또 다른 참사 중 하나로 기록될지 아니면 새로운 민주주의의 건설을 위한 출발선이 될지 그것은 살아남은 우리에게 달려 있다. 살아남은 우리에게 제기된 첫번째 책임은 세월호가 우리에게 질문하는 것, 우리들 각자에게 대답해보도록 호명하는 것을 외면하지 않는 일이다. 그것은 바로 너희가 욕망하는 나라는 무엇인가, 너희가 원하는 나라는 어떤 것인가라는 질문일 터이다.[*]

시민들은 세월호 참사를 통해서 비로소 우리가 사는 사회가 지옥임을 깨닫기 시작했다. 경쟁과 효율, 돈만 추구하는 사회가 낳은 참극이 세월호 참사이고, 우리 역시 무언의 공범자라는 자각이 일었다. 그래서 앞으로의 세상은 생명이 존중되는 세상, 안전이 보장되는 세상이 되어야 한다고 말하기 시작했다. 그런 활동은 「존엄과 안전에 관한 4·16인권선언」으로 이어졌다. 2014년 12월 10일, 세계인권선언일로부터 약 1년간 전국에서 풀뿌리 토론을 100여회 진행한 결과로 집약된 이 선언은 참사 2주년인 2016년 4월에 완성되었다.

1. (인간의 생명과 존엄성) 인간의 생명과 존엄성은 최우선적으로 보장되어야 한다. 돈이나 권력은 인간의 생명과 존엄보다 앞설 수 없다.[**]

세월호 참사를 겪은 피해자와 시민들은 헌법 제10조에 등장한 채

---

[*] 진태원 『을의 민주주의: 새로운 혁명을 위하여』, 그린비 2017, 119면.
[**] 「존엄과 안전에 관한 4·16인권선언」 제1조. 전문은 http://416act.net/decl_notice/9459 에서 볼 수 있다.

잊혔던 '인간존엄'을 새롭게 발견했다. 참사 이후 구조도 하지 않고 진실을 방해하고 피해자들을 모욕한 국가와 사회에 대해 진실의 권리, 저항과 연대의 권리를 시민들의 목소리로 집약해냈다.

세월호가 우리에게 던진 질문에 답하기 시작해서일까? 2016년 5월 구의역 참사가 났을 때, 시민들은 자발적으로 추모에 나섰고, 결국 지하철 안전업무에 종사하는 이들을 서울시가 직고용하도록 만들어냈다. 이전에는 비슷한 사고가 반복되었어도 볼 수 없었던 일이었다. 2018년 12월, 태안화력발전소 김용균 노동자의 죽음에 대해서도 이전과는 다른 반응들이 일어났다. 안전에 대한 인식의 변화가 없이는 불가능한 일이었다. 해상사고와 관련해서도 남대서양에서 침몰한 스텔라데이지호에 대한 심해수색이 이루어지고 있는 점, 39년 전 동해에 침몰한 해경 경비정 72정에 대한 수색이 시작된 점 등은 이전에는 생각도 못했던 일들이다. 이런 변화는 '권력이 국민을 이길 수 없다'는 점을 행동으로 분명히 보여준 박근혜 탄핵 촛불항쟁으로 발전되었다.

새로운 운동, 416운동

416운동은 세월호 참사 이후 '진상규명, 책임자 처벌, 안전사회 건설'이라는 활동에서 시작되어 '생명존중, 인간존엄'의 세상을 만들자는 일체의 활동을 아우른다. 이전과 다른 세상에 대한 꿈을 만들자는 운동일 것이다.

세월호 참사 이후 먼저 유가족이 대책위원회를 만들었고, 이후

2015년 1월에는 피해자 전체를 아우르는 사단법인*을 만들었다. 유가족들은 자신의 처지에서 사회에 운동을 제안했고, '진상규명, 책임자 처벌, 안전사회 건설'은 유가족들의 집단 토론 속에서 정리된 방향이었다. 이런 점에서 이전의 재난참사 유가족들과 다른 행보를 보였다. 이전 유가족들은 거대한 권력의 회유와 탄압, 농간 앞에서 분열되어 자신들의 의지를 뚜렷이 결집하지 못한 측면이 많았다.

저희는 '세월호'처럼 한목소리를 내지 못했죠. 한목소리를 모아야 하는데 개인들이 하나로 뭉치지 못해 각자의 목소리가 허공으로 뿔뿔이 흩어졌어요. (사고 처리에 있어) 서초구청이든 정부든 빨리 정리하자는 의지가 강했죠.**

삼풍백화점 유가족의 증언처럼 이전의 재난참사 유족들도 한목소리를 내고 싶었지만, 재난참사에 대한 인식이 부족했던 유가족이나 시민들은 정부의 회유 앞에서 분열되고 말았다. 그 결과로 삼풍백화점 자리에서 참사의 흔적은 지워졌고, 위령비는 아무 상관도 없는 양재시민의숲 한가운데에 자리잡게 되었다. 참사를 지우고 묻은 결과였다. 이전의 참사 피해자들은 국가의 회유와 공세를 당해내기에는 힘에 부쳤다.

하지만 세월호 참사 유가족은 적극적으로 세상을 향해 발언을 했고, 권력의 탄압을 받음에도 크게 분열하지 않았다. 이전의 박근혜 정권이 단원고 유가족과 일반인 유가족을 분리하는 것에는 성공했

* 정식 명칭은 '4·16세월호 참사 진상규명 및 안전사회 건설을 위한 가족협의회'이다.
** 서울문화재단 기획 『1995년 서울, 삼풍』, 동아시아 2016, 196면.

을지 몰라도 희생자의 대부분을 차지하는 단원고 유가족들은 자신의 요구를 중심으로 가족협의회를 만들어갔고, 이런 요구를 사회화했다.

이에 먼저 시민들이 호응했다. 가장 먼저 움직인 것은 비슷한 연령대의 아이들을 둔 40대 여성들이었다. 그들은 '엄마의 노란 손수건' '리멤버 0416' 같은 모임들을 만들었다. 인터넷 카페를 통해 결집한 이들은 거리에서 피켓을 들었고, 노란리본을 만들어 보급하면서 잊지 말자고 호소했다. 전국의 거리 곳곳에서 자발적인 시민들의 움직임은 확산되어갔고, 이런 움직임은 지금도 전국에서 확인되고 있을 뿐 아니라 해외 동포들의 지속적인 움직임으로 나타나고 있다.

이전의 재난참사에 거의 무관심했던 사회단체들도 국민대책회의를 구성해서 정부에 대항하는 싸움을 주도했다. 2015년에는 유가족을 비롯한 피해자와 시민들을 아우르는 새로운 운동체를 만들었다. '4월 16일의 약속 국민연대'(4·16연대)는 진상규명, 책임자 처벌을 넘어서 안전사회에 대한 지향을 분명히 밝히고 있다.

우리가 가는 길은 위험한 사회를 벗어나 안전한 사회를 만드는 길이다. 우리가 가는 길은 왜곡되고 초라해진 민주주의를 되살리는 길이다. 지금까지 버려진 인간의 존엄성을 되살리는 길이다. 우리의 모든 권리를 되찾는 길이다. 그리하여 사람이 사람답게 사는 세상을 만드는 길이다.*

---

* 「4월 16일의 약속 국민연대 규약」 중 일부. 전문은 http://416act.net/intro_416에서 볼 수 있다.

4·16연대가 이런 운동 방향 속에서 전국과 해외의 시민들의 모임과 연결을 계속 시도하고 있고, 이 움직임은 지역 4·16연대로 나타나고 있다. 그리고 안전운동을 전문으로 하겠다고 천명한 단체인 '생명안전시민넷'(안전넷)이 2017년 11월에 발족했다. 안전넷은 안전 사안들에 연대하여 쟁점화하고 있고, 정부의 안전정책 등에 대한 모니터 활동을 벌이고 있다.

2017년 5월에는 4·16재단이 출범했다. 4·16재단은 가족협의회 소속의 유가족들이 한 가정당 5백만원씩을 출연하고, 그에 호응한 시민들이 기금을 모아서 발족하기에 이르렀다. 피해자들과 시민들의 지속적인 활동을 지원하기 위한 조직이 만들어진 것인데, 지금까지 아무런 관심과 활동이 없었던 다른 재단에 기댈 것이 아니라 피해 당사자와 시민이 직접 재단을 만들자는 결의가 모아진 결과다. 이후 4·16재단은 정부로부터 인정받은 공식 재단이 되어 정부의 재정 지원을 받으면서 추모 사업과 안전문화 사업, 피해자 지원 사업 등을 전개하게 된다.

이처럼 세월호 참사 이후 피해 당사자들과 시민들은 꾸준히 움직이고 활동하면서 새로운 세상으로 가는 길을 내려고 하고 있다. 이런 운동들이 정부와 지자체에도 영향을 주고 있다. 세월호 참사 이후 정부는 안전 관련 지침들을 강화해왔고, 2015년부터는 정부 주도로 매년 국가안전대진단을 실시하고 있다. 법령과 제도의 개선도 많은 부분 이뤄지고 있지만 근본적인 한계점 또한 갖고 있다. 지금의 안전 문제들은 대체로 한국 자본주의 시스템과 맞물려 있는데 이에 대한 개혁 없이 진행되는 제도의 변화들이기 때문이다. 세월호가 침몰한 과정에는 부정부패와 권력유착이 한 원인을 이루고 있다. 또한 안전에 무감한 채 기업의 이윤을 높이려는 규제완화가 한몫했다. 따라서 국가권력의 민주화와 함께 공공성을 강화하는 방향의 개혁이 동반되어야 현실적인 변화를 이룰 수 있다. 그렇지 않고는 꼼수로 전락하고 만다. 이전 정부보다 문재인 정부가 안전을 강조한다고 하지만 이와 같은 권력과 기업의 부정한 유착에서 오는, 또는 기업의 경쟁력을 강화하는 방향에서 행해진 규제완화 등이 바로잡히지 않으면 안 된다. 아울러 기업들에 안전 의무를 지우는 '중대재해기업처벌법' 같은 법을 통한 강제가 필요하다.

서울시와 안산시 등에서 조례가 제정된 것도 의미있는 변화다. 서울시는 세월호 참사 이후 시청 광장에 분향소를 상당 기간 유지하였고, 분향소 철거 뒤에도 서울도서관에 기억공간을 만들었다. 그리고 광화문 남측 광장에서 유가족들이 농성에 들어가자 중앙정부의 반대에도 불구하고 천막을 설치하는 등 이를 지원하였다.

안산시에는 시민들의 발의로 제정된 '4·16정신을 계승한 도시비전 수립 및 실천에 관한 기본조례'가 있다. 이 조례에서 "'4·16정신'이란 4·16세월호 참사를 추모하고 생명과 안전, 인권과 정의를 지향하는 가치를 말한다"라고 규정하고 있다. 4·16인권선언에 담은 내용들이 한층 충실하게 논의되는 과정을 통해서 4·16정신은 구체적인 사회적 합의를 이루어낼 것으로 보인다. 아직은 분명하지 않지만 이런 조례에 의거해서 도시의 변화를 꾀하려는 노력이 이어지고 있다. 이와 함께 경기도교육청 등에서는 민주시민 교육을 강화하는 등 교육계의 변화도 보이고 있다.

한국사회의 상징적 사건인 세월호 참사가 던진 질문에 한국사회는 때로는 격렬하게, 대부분은 조용하게 답을 해내고 있는 중이다.

앞서 언급한 변화 외에도 문화예술 활동에서, 인문사회과학 등의 학문 연구에서, 그리고 무엇보다 자신들을 416세대로 규정하고 있는 청소년 세대에게서 깊은 변화의 흐름이 만들어지고 있다. 세월호 참사는 우리가 외면할 수 없는 그 무엇으로 분명히 자리잡고 있다.

희망을 가능하게 하는 것들

세월호 참사 이후 5년, 가끔 유가족들은 "뭐 하나 제대로 된 게 없다"라고 말하고는 한다. 5년 동안 참으로 고단하게 움직였는데 그 결과가 아직은 보이지 않는다는 것에 대한 실망감의 표현이다. 실제로 아직 진상규명도 이루어지지 않았고, 책임자 처벌은 만족스럽지 못하다. 우리 사회가 이전보다 안전해졌다고 믿을 수 있는 변화를 실감하지 못하는 것도 현실이다.

그렇지만 5년 동안 세월호 가족과 시민들은 많은 성과를 만들어왔다. 그 성과들이 아직 진행 중이어서 손에 잡히지 않을 뿐이다. 먼저 진상규명과 관련해서 보자. 2014년에 제정된 진상규명특별법*에 따라서 2015년에 1기 특별조사위원회가 설치되었다. 박근혜 정권의 탄압으로 조사 활동은 큰 진전을 이루지 못했지만, 이후 조사를 위한

---

* '4·16세월호 참사 진상규명 및 안전사회 건설 등을 위한 특별법'을 말한다. 이 법은 2015년 1월 1일 시행에 들어갔다. 하지만 이 특별법에 의해 만들기로 한 특별조사위원회는 구성이 지연되었고, 인원과 예산을 갖추어서 실제 조사를 할 수 있었던 것은 2015년 8월부터였다. 당시 박근혜 정권은 이 기구의 조사 기간을 법 시행일인 2015년 1월 1일부터로 잡아서 특별조사위원회의 모든 활동을 2016년 9월 30일로 강제 종료시켰다. 이후 법원은 정부의 강제 종료가 잘못되었다는 판결을 내렸다.

자료들을 축적했다. 다시 세월호 선체조사를 위한 특별법*이 2017년에 제정되었고, 이에 따라 설치된 세월호 선체조사특별위원회는 2018년 8월 활동을 종료했다. 선체조사위원회가 설치되는 과정에서 세월호가 인양되어 목포신항에 거치되었고, 이후 바로 세워졌다. 선체조사위원회는 미수습자 수색 작업을 진행하여 4명의 유해를 찾아냈다. 비록 5명의 미수습자는 찾지 못했지만 그것이 위원회의 잘못은 아닐 것이다. 나아가 선체조사위원회는 해외에 나가서 전문적인 실험을 통해 선제 침몰의 원인을 규명하고자 했다. 하지만 미완의 조사 작업이었다. 선체조사위원회는 최종 침몰 원인을 밝히지 못한 채 선체 내부 결함에 의한 침몰설(내인설)과 외력에 의한 침몰설(열린 안) 두개의 안을 내놓고 종료하고 말았다.

다시 가습기살균제 피해와 함께 세월호 참사의 진상규명을 위한 특별조사위원회(사회적 참사 특별조사위원회)**가 2018년에 만들어졌고, 이 조사위원회는 2018년 12월 조사를 시작해 2020년 12월까지 조사 활동을 전개할 수 있다. 박근혜 정권 때와 같은 노골적인 방해가 없는 조건에서 조사가 이루어질 것이어서 진실에 상당 부분 접근할 것이란 기대가 일고 있다. 이 위원회는 진상규명과 함께 안전사회를 위한 대안을 마련하고 피해자를 지원하고 피해자의 권리를 강화하는 방안 등을 마련하게 된다.

* '세월호 선체조사위원회의 설치 및 운영에 관한 특별법'을 말한다.
** '사회적 참사의 진상규명 및 안전사회 건설 등을 위한 특별법'에는 사회적 참사로 가습기살균제와 세월호 참사를 규정하고 있다. 이 법에 따라서 가습기살균제 피해와 세월호 참사의 진상규명을 진행하고, 안전사회를 위한 대안을 제시하며, 피해자들에 대한 지원을 하게 된다. 이 조사기구는 2018년 12월 11일 조사 활동을 개시하였고, 그에 따라서 2년 동안 조사 활동을 한 뒤 조사보고서를 제출하게 된다.

지난 5년간 국가는 실종되었다. 국민을 구조하지 않은 국가가 나서서 진상규명을 방해했고, 은폐하려고 했다. 나아가 유가족과 시민들을 탄압했다. '잔인한 국가'는 현재는 어떻게 바뀌었을까? 지난 촛불항쟁으로 등장한 문재인 정부는 박근혜 정부와 달리 여러모로 세월호 참사의 진상규명에 협조적이다. 국정농단 사태 이후 밝혀진 새로운 사실들도 있다. 국가권력의 중심부는 세월호 참사의 진실을 원치 않았고, 적극적으로 방해하기까지 했음이 드러났다. 더 분명한 사실은 이전에는 국정원의 개입에 대한 의혹이 제기되었지만 기무사 등 군까지 개입한 정황이 새롭게 드러났다. 이런 점까지 사회적 참사 특별조사위원회는 밝혀내야 한다.

이와 같은 과정들은 세월호 참사의 진상규명이 쉽지 않다는 점을 분명히 보여준다. 세월호 참사가 단순한 사고가 아니기 때문이다. 책임을 져야 할 세력이 폭넓게 존재하고, 그들은 어떻게든 자신의 책임을 회피하고자 한다. 가족협의회와 4·16연대가 이런 세력의 명단을 폭로하고, 이들의 처벌을 주장하는 요구를 계속하고 있는 이유다.

세월호 참사 희생자 추모공원 '4·16생명안전공원'을 만들게 된 일도 성과 중의 하나다. 앞에서 언급한 삼풍백화점의 경우처럼 이전의 재난참사는 사람들의 기억 속에서 지워졌다. 사건 현장에는 그곳이 삼풍백화점 자리였음을 알 수 있는 어떤 흔적도 없다. 이렇게 재난참사의 흔적을 열심히 지우거나 묻었던 것에 비해서 이번에 만들어지는 추모공원은 단원고 학생들이 살면서 가족, 친구, 이웃과 함께 찾았던, 그리고 안산 시민들이 즐겨 찾는 화랑유원지에 들어서게 된다. 이에 대한 반대 의견이 여전히 존재하지만, 이곳에 추모공원을 세우게 된 것만도 큰 진전이다. 아픈 기억일수록 잊으면 안 된다는 인식이 피해당사자와 우리 사회에 퍼졌기 때문에 가능한 일이다.

하지만 이런 일들은 안전사회를 만들어야 한다는 과제와 함께 가능성으로 남아 있다. 지난 5년의 활동은 '416 이후는 이전과는 달라야 한다'는 약속의 실천과정이었다. 국민이 죽어가는데도 사라진 국가를 보면서 "이게 나라냐!"라는 구호를 외쳤던 사람들이 2016년 겨울 광장에서 다시 그 구호를 들었다. 5년 동안 확인한 사실은 잔인한 국가를 바꾸지 않으면 모두가 세월호의 승객이 된다는 것이었고, 광장에서는 불공정·부정의·불평등의 3불 시스템을 바꿀 직접민주주의를 외쳤다. 적폐청산과 사회대개혁이 시대의 과제로 제시되었다. 적폐청산과 사회대개혁 없이는 세월호 참사의 진상규명과 책임자 처벌, 그리고 안전사회 건설은 불가능할 것이라는 공통의 인식도 마련되었다.

그 겨울 광장의 앞자리에는 늘 세월호 유가족이 있었다. 광장의 시민들은 정치인이 아니라 유가족에게 맨 앞자리를 내주었다. 촛불집회는 매번 오후 7시면 소등 퍼포먼스를 가졌다. 광장의 불빛이 꺼진 어둠 속에서 그때까지 돌아오지 못한 미수습자들의 이름을 불렀다. 그리고 '진실은 침몰하지 않는다'라는 노래를 부르면서 청와대로 행진했다. 세월호 참사 유가족과 피해자들은 아픈 이들과의 연대만이 살 길임을 몸으로 체득해갔다. 그들의 이러한 노력만큼 시민들도 그들에게 곁을 내주었다.

아직은 이루지 못한 것이 많다. 하지만 5년 동안 쌓아왔던 분노와 고통이 있고, 연대가 있기에 새로운 세상에 대한 가능성, 곧 희망을 볼 수 있게 되지 않았을까? 이 책은 그런 의미에서 유가족이나 피해자들의 이야기만이 아니라 그들의 곁에 섰던 우리의 이야기일 것이

다. 지난 5년 우리는 많은 변화를 거쳤고, 새로운 가능성을 목격해왔고, 거대한 변화를 만들어가는 중에 있다. 우리가 세월호를 붙안고 416운동을 진전시켜간다면, 단지 참사가 반복적으로 일어나지 않는 덜 위험한 사회가 아니라, 진정 생명이 존중되고 인간존엄성이 뿌리내리는 세상에 대한 꿈이 차츰 현실로 다가오지 않을까? 그러한 거대한 변화를 유가족과 시민들이 만들어가고 있는 중이다.

4
장

가족의 재구성

제가 정신을 차리지 않으면 남은 가족들이 두 배로 힘들겠다고 생각했어요.
큰애가 한번은 저한테 그래요. "잘 버텨줘서 고맙다"라고.
'아, 내가 엄청 많이 겁을 먹었었구나' 하는 생각이 들더라고요.
우리 세 사람만 있으면 좀 어색해요.
차웅이가 가족 안에서 참 많은 역할을 했었구나… 새삼 느껴요.
차웅이는 저하고 거의 매일 통화를 했어요.
애 아빠가 "아빠한테는 왜 안 해?" 그러니까 애 아빠한테도 전화를 해줬어요.
형이 고3일 때는 자기가 챙겨줘야 한다고 밥해주고 뭐 해주고.
그렇게 모든 식구를 골고루 챙겨줬어요.
차웅이를 중심으로 세 사람이 연결되어 있었던 것 같아요.
한집에 생명 하나가 사라진 게 아니라,
남은 사람들의 인생까지도 이렇게 좌지우지되는구나…

김연실(정차웅 엄마)

이름의 뒤편

세월호 엄마

그냥 숙명처럼 받아들이고 사는 것 같아요. 세월호 엄마라는 것…
받아들이고 싶지 않지만 받아들여야죠. 그조차도 우리 아들로 인한
일이니까. 지금 저는 모든 일에 준영이를 중심에 놓고 의미를 부여하
고 살아요.

제 부모님이 한분은 파킨슨병으로, 다른 한분은 폐암으로 돌아가
셨어요. 부모님이 아프시다고 했을 때 병원부터 떠올렸어요. 병원에
서 잘해주겠지. 그런데 제 아이가 아플 때는 병원 먼저 떠올릴 겨를
이 없더라고요. 차라리 내가 다쳤으면, 차라리. 그 마음부터 들어요.
돌아가신 부모님을 떠올리면 '더 잘해드릴걸…' 하는 후회도 들지만
내가 잘해드렸던 것도 생각이 나더라고요. 내가 막내딸인데 엄마를
2년 동안 모셨잖아, 내가 그때 엄마 한복 맞춰줬잖아, 나도 잘한 거
있어… 엄마 돌아가셨는데 그렇게 나를 합리화시키더라고요. 그런데
자식이 죽으니까 그렇지가 않아요. 준영이가 군대 가고 대학 가고 그
러면 서른살까지는 내가 보살펴줬을 거 아니에요. 열여덟해 동안 못
해준 것뿐만 아니라 그 이후에도 내가 더 해주었어야 할 일들을 못해
주게 된 게 너무 아파… 내 새끼 먹을 통닭이 몇마리가 더 있는데, 내
가 해줄 음식이 너무 많은데…

준영이 동생이 곧 영국으로 유학을 가요. 저는 지금 알고 지내는

분들이 유가족뿐이에요. 인간관계가 다 무너졌어요. 둘째가 떠나면 저는 정말로 외톨이예요. 남편까지 셋이 버티던 게 이제 둘이 되는 건데, 그게 되게 달라요. 부부끼리만 있으면 언제든 틀어질 수 있어요. 자식이 있으면 그게 안 되거든요. 엄마라는 존재는 남편한테는 큰 힘이 안 나오는데, 자식한테는 엄청 끈끈하거든요. 그러니 둘째를 다른 곳으로 보낸다는 건 우리 부부가 고립된다는 얘기예요.

내 욕심에는 보내고 싶지 않은데, 둘째에게 "내가 언제고 널 지켜줄 거야"라고 말을 못하겠어요. 저하고 준영이 아빠가 죽으면 이 아이는 돌봐줄 사람이 없는 거예요. 형제도 없는데 친척 관계는 다 끊어지고… 세월호 동생으로 산다는 건 말할 수 없이 힘들어요. 사랑하는 사람이 떠나는 게 다 자기 잘못 같은 거예요. '이러다가 내가 엄마도 잃으면 어떡하지. 아빠도 잃으면 어떡하지.' 그 마음이 외로움에서 오는 거거든요. 그건 짝이 생기거나 결혼해도 채워지지 않는 공허함이에요. 그런데 그애가 하고 싶은 일을 하면 그 공허함이 약간은 채워지지 않을까 싶은 생각이 들었어요. 아기를 낳기 전까지는 저에게도 그런 게 있었거든요.

저는 대학에 가서 미술을 공부하고 싶었어요. 그런데 아버지가 환쟁이가 되려고 하느냐고 펄쩍 뛰셨어요. 미용이나 재봉 기술을 배워서 먹고살 생각을 해야지, 계집애가 시집이나 가면 되지, 막 이랬단 말이에요. 대학도 붙었는데 안 보내주셨어요. 선생님이 칭찬해준 그림을 집에 가져와 벽에 붙였더니 아버지가 싹 찢어버리셨어요. 내가 발로 그려도 그것보다 잘 그리겠다고 하시면서… 시집와서 스물여덟살에 애기를 낳았는데도 대학이 가고 싶어서 독학사 시험을 준비했어요. 그러던 중에 준영이 아빠가 실직이 됐어요. IMF 때문에. 그러면서 제 꿈을 접었단 말이에요. 아버지를 원망했어요. 아버지 때문에 내 인생을 망친 것 같았어요.

제가 늦둥이로 태어났는데, 제가 세살 때 큰오빠를 잃었대요. 연탄가스로 새언니하고 조카 둘까지 다 세상을 떠난 거예요. 그걸 저는 아홉살이 되어서 알았어요. 학교에 갔더니 아이들이 생일이라고 떡을 해오는 거예요. 저는 그때까지 생일이 뭔지 몰랐어요. 집에 가서 엄마한테 물었어요.

"나도 태어난 날이 있는 거야? 나는 왜 생일을 안 챙겨줘?"

아버지가 큰애가 죽었는데 너네 태어난 게 무슨 의미가 있냐고 나머지 자식들 생일을 안 챙겨주신 거예요. 아버지가 너무 싫었어요.

'나는 자식 아닌가? 왜 오빠 죽은 것 가지고 나한테 그래?'

아버지가 돌아가실 때 저보고 미안하다고 하셨어요. "네 꿈 꺾어서 미안하다. 너 그림 잘 그렸다"라고. "아버지 괜찮아요. 저 대학 가도 화가는 못 됐을 거예요. 그 정도 실력은 안 돼요." 제가 그렇게 말하면서 대학 안 보내준 것에 대한 원망은 풀었어요. 그래도 큰오빠 때문에 내 인생이 망가졌다는 생각은 그때까지도 가지고 있었어요.

우리 준영이 보내고 나니까 아버지 마음이 제 마음에 확 다가오는 거예요. 아버지가 큰오빠를 보내고 이런 마음이었구나… 저는 그거를 겪고 나서야 알았어요. 그러니까 그런 일을 겪지도 않은 국민들이 '세월호는 우리 일이다' 해주는 게 저한테는 되게 생소했고 의아했었어요. 제가 되게 이기적인 사람이에요. 아이를 잃고 서로 돕는 삶을 알게 되었어요. 연대의 의미를 깨닫고 자식을 위해 4년을 넘게 싸워왔어요. 저 자신도 신기해요. 그런 게 자식의 힘이구나 싶어요.

임영애(오준영 엄마)

여자의 자리

참사 나고 한동안은 누워만 있었어요. 모든 게 다 싫었어요. 애 아빠는 그 상황에서도 삼시 세끼를 먹어야 하는 사람이에요. 나는 밥을 먹으라는 소리를 한다는 것 자체가 용납이 안 됐어요. 남편이 밥을 달라고 하면 제가 속으로 그래요.

'목구멍에 밥이 넘어가냐?'

애 아빠는 나름대로 날 생각해서 그랬는지도 모르죠. 자기가 먹기 위해서가 아니라 날 먹이려고 그랬을 수도 있는데, 그 당시에는 정말 나를 그냥 가만히 내버려두길 바랐어요. 그런데 우리 시어머니가 그렇게 남편한테 전화를 했어요. 주아 장례 치르러 내려가면서부터 시작해서 끊임없이. 아버지가 다쳤다, 병원 가야 한다, 병원비가 없다, 전 상식적으로 이해가 안 갔어요. 이 상황에 나한테? 우리 집에? 애 아빠는 입막음하려고 그냥 돈을 보내고 말았어요. 애 아빠가 효자라 어머니한테 싫은 내색을 못해요. 어머니 걱정돼서 주아 사고 났을 때도 아무 일 없다고, 주아 학교 갔다고 했던 사람이에요.

2015년에 친정어머니가 쓰러지셔서 제가 간병을 해야 했어요. 엄마가 어느 정도 괜찮아졌다 싶으니까 이번에는 시아버지가 다리에 금이 갔다 그러더라고… 애 아빠가 시댁 가자고 하는데 막 꼭지가 도는 거예요. 저희 부부가 열살 차이거든요. 남편은 제가 안 따라주면 막 짜증을 내는 스타일이라 안 할 수가 없어요. 그냥 끌려가야 하는 거예요. 시아버지가 퇴원하시고는 계속 술만 드시다가 건강이 나빠져서 돌아가셨어요. 시아버지 돌아가시고 시댁 집을 수리하는 동안 시어머니가 저희 집에 오셨어요. 그런데 시어머니 수발을 못 들겠더라고. 나는 광화문 가야 하는데, 애 아빠는 못 가게 하죠. 미쳐 죽을 것 같더라고…

제가 최근에 요양보호사 자격증을 땄어요. 왜 그런지 아세요? 저한테는 이게 탈출구였어요. 친정어머니가 올봄에 또 쓰러지셨거든요. 그런데 엄마 봐줄 사람이 또 저밖에 없는 거예요. 오빠들은 직장에 다니고 여동생은 애들이 어리고. 나만 집에서 놀고 있잖아요. 또 제가 내려갔어요. 3주를 간병했어요. 저도 마냥 할 수는 없으니까 아버지한테 맡겨놓고 잠깐 안산에 올라왔는데 마침 딱 요양보호사 교육이 있더라고요. 아버지한테 "엄마도 시어머니도 편찮으시고 해서 요양보호사 준비하려고 했는데 좋은 기회가 있다"라고 말했더니 하래요. 아버지는 자식이 배우는 건 다 하라고 하거든요. 그래서 빠져나오고 간병인을 고용한 거예요. 이거 아니었으면 지금도 엄마한테 계속 붙어 있었을 거예요.

최근에 실버 미술교육도 등록해놨어요. 요양보호사 자격증이 있으니 같이 따두면 좋을 것 같아서요. 그리고 뭔가 핑계가 있으면 집 밖으로 나갈 수 있잖아요. 아니면 애 아빠 밥을 세끼 다 챙겨야 하는데. 이거 배우기 전에는 시어머니한테도 매일 갔거든요. 시어머니가 지금 요양병원에 계세요. 그래서 제가 시어머니한테 "어머니, 저 돈 벌러 나가야 해요. 돈 벌어서 시골에 집 지어가지고 같이 살게요" 그랬더니 그러자고 해요. 시어머니가 며느리들 직장 다니는 거 좋아하시거든요.

엄마는 그래도 간병인이 있어서 돌봐주지만 우리 아버지는 지금 몰골이 말이 아니에요. 2016년에 아버지도 허리 디스크 수술을 받으셔서 몸이 불편하신데 엄마가 또 쓰러진 거니까요. 엄마 병원비며 열흘에 한번씩 주는 간병비도 아버지가 계속 대고 있어요. 저번에 아버지한테 그랬어요.

"왜 딸을 낳았어? 아들 둘 낳고 말지. 아들 낳고 얼마나 좋았어?"

"야, 나 딸 안 낳았으면 죽었다. 벌써."

이제 그나마 말도 나눠주고 마음에 버팀목이 되어주는 게 딸들인 거잖아요. 그걸 아니까 저도 그냥 의무감으로 전화를 해주는 거예요. 가서 보면 불쌍해요, 우리 아버지. 비쩍 말라가지고…

정유은(김주아 엄마)

제사 거부 선언

참사 나고 나서 시댁을 한번도 안 갔어요. 제가 맏며느리인데. 시어머니는 아직 모르시는데 제가 시누, 동서들, 재강이 아빠한테 선언했어요. 나는 앞으로 제사는 안 지내겠다. 그런 얘기 있잖아요? 죽은 조상 제사를 잘 모시면 자식이 잘된다고. 그런데 그 자식이 잘되는 게 아니고 이별을 했잖아요. 정말 조상들이 있다면, 내가 당신들을 위해서 그렇게 정성껏 제사상을 차렸는데 왜 재강이를 살려서 보내주지 않았느냐. 재강이가 나한테 온전하게 왔으면 내가 제사를 지내겠지만, 이건 아니다. 그러고 나서 이제 아무도 저한테 제사에 대한 얘기는 안 해요. 재강이 아빠도 자기가 알아서 하겠다고 신경쓰지 말라고 하더라고요. 제가 좀 이렇게 맺고 끊는 게 분명한 편이에요. 아니다 싶은 건 딱 얘기를 해요.

시어머니가 고대병원을 계속 다니셨었어요. 시어머니 올라오시면 제가 모시고 갔는데, 참사 나고 나서도 제가 약을 타서 시어머니 댁으로 보내요. 시어머니 올라오시면 저희 집에서 같이 움직이고요. 2017년에 시어머니가 꼬리뼈를 다치셨어요. 재강이 아빠랑 고모가 대구병원으로 내려가서 구급차로 안산에 모시고 올라왔어요. 그때도 제가 계속 시어머니 반찬도 해다 드리고 챙겼어요. 퇴원하시고는 시어머니가 일주일 정도 저희 집에 계셨어요. 며느리로서의 제 역할은 충분히 했어요. 재강이 아빠한테도 그랬어요. 어머니는 돌아가실 때까지 내가 보살피겠다고. 그건 걱정하지 마라, 대신 제사만 안 지내겠다.

양옥자(허재강 엄마)

어떤 비난에 대하여

웅기가 일곱살 때 이혼했어요. 처음에는 아이들을 제가 데리고 있다가 웅기가 초등학교 1학년 여름방학 때 아빠한테 보냈어요. 저는 제 얘기가 많이 알려지는 게 싫어요. 웅기가 엄마 없이 아빠하고만 살았던 아이로 알려져서 조심스러웠어요. 아이들과 따로 살면서도 계속 만나기는 했지만, 대외적으로 보면 엄마랑 같이 살지도 않았는데 참사 이후에 엄마가 나타난 거잖아요. 아이를 키우지도 않았으면서 어떤 목적이 있어서 이러는 것처럼 보는 시선이 있으니까요. 그런 시선에 크게 구애받지는 않았어요.

제가 사람들 앞에 나서기 꺼리는 가장 큰 이유는 웅기 형아들이 웅기가 사람들 입에 오르내리는 것을 굉장히 힘들어해서예요. 사람들이 좋은 얘기만 하지는 않잖아요. 거기에 이혼해서 같이 살지도 않았던 엄마 얘기가 거론되는 것도 힘들 거예요. 참사 이후에 모든 시선이 저를 이혼하고 아이들 다 버리고 나간 엄마로 보지만 저는 세상이나 주변 사람들한테 잘못 살았다고 말 들을 사람은 아니라고 생각해요. 아이들 보내기 전까지 저는 세상에 다시없을 엄마처럼, 그렇게 당당하게 살았다고 말할 수 있어요. 저는 아이들한테만 죄인이에요. 그것만이 사실이에요.

윤옥희(김웅기 엄마)

내 안에 머물던 이야기가 흘러나올 때

내가 남편 없으면 못 사는 사람이었다는 걸 알게 됐어요. 너무 의지했다는 걸. 저희는 장도 항상 같이 봤어요. 남편이 운전해서 마트에 가고, 물건 사 와서 집에 같이 들여다놓고, 이렇게 오랫동안 살았단 말이에요. 남편이 416 TV 일에 매진하게 되니까 그동안 가정에서 남편이 해오던 일이 뚝 떨어져 나갔잖아요. 남편이 내 곁에 있어줬으면 좋겠는데 내 자식을 위한 일이니 남편에게 그만두라고 할 수도 없고… 서로 부딪히는 두 마음을 어찌할 바를 모르겠는 거예요.

참사 후에 너무 많은 변화가 갑자기 한꺼번에 몰려오다보니까 그것들이 내 안에서 뒤엉켜서 1년 동안 굉장히 힘들었어요. 게다가 친정어머니도 돌아가시고, 친하게 지냈던 친구 하나도 하늘나라로 가게 됐고… 이런저런 일들이 연이어 일어나다보니까 너무 괴로웠어요. 죽을 것같이 힘든데 어디 하소연할 데도 없고… 그런 상황에서 어느 날 사람들은 한번씩 자기 변화가 올 때가 있잖아요. 어떤 다짐을 할 때가.

어느 추운 겨울날이었어요. 분향소 가는 게 너무 힘든 거예요. 버스 타고 가기도 어려웠어요. 회의가 저녁에 끝나잖아요. 우리 남편은 일이 많으니까 나를 태워다주지 못해요. 내가 운전면허를 딴 지 10년 됐는데 운전을 안 했어요. 무서워서 도저히 도로로 차를 끌고 나갈 수가 없더라고요. '나는 그냥 편안하게 남편 옆자리에 타고 다니는 게 장땡이다. 나는 그런 사람인가보다' 생각해왔거든요. 그런데 그날은 이렇게는 안 되겠다는 생각이 들었어요. 정말 큰마음을 먹었어요.

다음 날 바로 운전면허학원에 가서 사흘 정도 연습하고 차를 끌고 다녔어요.

너무 무서웠어요. 그렇지만 지금 이렇게 안 하면 나 혼자 설 수 없다고 생각했어요. 처음에는 남편이 집으로 다시 들어오기를 바라는 마음이 컸지만 그게 안 되는 상황이라는 걸 수용해야 했어요. 이 사람을 보려면 내가 일에 뛰어들어야겠구나… 그래서 나도 416 TV 일을 시작했어요. 아무것도 모르면서요. 한 1년 도왔던 것 같아요. 그런데 이건 내가 잘할 수 있는 일이 아니더라고요. 우리 남편은 사람 만나는 일에 두려움이 없는 사람이에요. 나는 그런 성품이 아니에요. 남들 보기에는 그냥 카메라 들고 서 있으면 되는 건데 나는 힘든 거예요. 이걸 하다가는 내 애간장이 다 녹겠더라고. 내가 잘 못하는 일을 한다는 건 항상 스트레스잖아요. 내가 잘하는 쪽으로 가야겠다는 생각이 들었어요.

남편은 내가 도와주면 자기가 편하니까 같이 해줬으면 하는데, 내가 모르는 게 있거나 자기가 답답한 부분들은 면박을 주거든요. 꼭 상사와 부하 직원같이 되어버리는 거야. 이건 아니라는 생각이 들어서 제가 416 합창단으로 들어가버렸죠. 416 합창단도 너무 바빴어요. 전국 여기저기 돌아다니느라고 힘들었어요. 하지만 내가 더 잘할 수 있는 일이었기 때문에 보람이 있었어요. 그리고 간담회 자리에 많이 섰잖아요. 나중에는 혼자 앞에 나가서 말을 할 수도 있게 된 거예요. 제가 굉장히 담대해지더라고요. 내가 달라지고 있는 걸 나 스스로도 느낄 정도였어요. 그게 어디서 생겨난 담대함인지는 모르겠어요.

처음에는 사람들 앞에서 어떻게 말을 해야 할지 모르겠더라고요. 그렇지만 내 안에는 말이 항상 목구멍까지 가득 차 있었어요. 다만 입을 통해서 나오지 못하는 거였어요. 감히 그 말을 내놓지를 못했어. 남편한테도 못했어요. 남편한테 순종적인 여자로 살아야 한다는 생각이 있었어요. 그리고 내 말이 남편을 설득할 수 있다는 생각을 안 해봤어요. 예전에 부모들이 그렇게 가르쳤잖아요. 여자는 어디 가서 말도 함부로 하면 안 되고, 나서면 안 되고… 이런 생각들이 나를 굉장히 누르고 있었던 것 같아요.

예전에는 나를 드러내는 게 좀 창피했어요. 누가 나를 칭찬해도 창피하기만 했어요. 사람들 앞에서 내가 높임을 받는 건 잘못된 일이라는 생각이 있었어요. 내가 가진 신앙이 그런 생각을 하게 했던 것 같아요. 저희가 할머니 때부터 기독교 집안이에요. 우리 아버지가 좀 엄격하셨어요. 우리 어머니는 워낙 말이 없으셨던 분이고. 자라면서 남들은 자유롭게 마음대로 할 수 있는 일들을 접해보지 못한 것이 너무 많아요. 이거 하면 안 돼, 저거 하면 안 돼. 그런 게 완전히 딱 짜여 있었기 때문에 정해진 테두리 바깥을 못 나갔던 거죠. 항상 착한 애로 살아야 했어요. 스물다섯살이 가장 좋을 때라고 해서 그때 결혼했어요. 결혼하고서는 계속 전업주부로, 7남매의 막내며느리로 살았고요.

나를 표현하지 못하고, 할 말을 하지 못하고 살아온 내가 우리 아이 일 이후에 달라지기 시작한 거죠. 사람들 앞에서 그런 얘기를 한 적이 있어요. 우리 지성이가 나의 교사다. 그냥 나라면 다 할 수 없는 일들인데, 엄마니까 한 거예요. 엄마로서 내 아이를 위해서 뭔가를 해야 한다는 생각 하나로 지금껏 버텼어요. 그 과정이 정말 버거웠어요. 그런데 도망가지 않았어요. 도망가고 싶었죠. 그만두고 돌아가면, 그동안 살았던 것처럼 살면, 편안하게 살 수도 있었겠죠. 그런데 이걸 통해서 내가 달라져야 한다는 생각이 들었어요.

지금은 예전에 비하면 두려움이 많이 사라졌어요. 416 TV 할 때 안 가본 데가 없잖아요. 내가 몰랐던 세상을 많이 봤어요. 국회 들어가서 인터뷰도 하고, 최루액 뿌리는 집회 현장 속에도 카메라 들고 들어가 있었고… 가장 기억에 남는 건 유가족들이 안산에서 광화문까지 도보할 때 카메라 든 지성 아빠를 태우고 도보자들 사이로 큰 차를 몰고 갔던 일이에요. 그때 운전을 시작한 지 얼마 안 된 때였어요. 광화문에서 엄청나게 많은 군중이 경찰과 대치하고 있는데 정중앙을 헤치고 차가 들어가야 했어요. 그걸 내가 한 거예요. 나는 진짜 새가슴이라 그렇게 무시무시한 일을 하는 게 정말 큰 스트레스였어요. 그래도 버텼어요. 내가 그걸 잘하나봐요. 버티는 거.

안명미(문지성 엄마)

부서진 자리

칼로 마음 베기

참사가 나서 가정이 다 무너졌어요. 정말로 생각하지 않은 길을 가고 있어. 우리 반만 해도 세 가정이 이혼했어요. 우리도 몇번 심각하게 싸웠어요. 부부싸움은 칼로 물 베기라는 말이 있잖아요. 예전에는 그렇다고 생각했는데 참사 나고서는 싸움이 격해져요. 정말로 심해져요. 진짜 있는 욕 없는 욕 다 해가면서… 싸우는 날이 정해져 있는 것 같아요. 애가 돌아온 날, 그리고 생일 같은 날들. 그럴 때는 마음이 좀 그렇잖아요. 그때 서로 말 한마디라도 조심해야 하는데 그렇게 못 하고 싸움이 되는 거죠.

애 엄마가 화가 나서 분풀이를 하면 그걸 받아줘야 하는데, 받아주지 못할 때가 더 많아요. '너만 부모야? 나도 부모야. 나도 힘든데, 왜 다 나한테 덮어씌워?' 그런 생각을 하는 거예요. 여자들은 그런 마음도 가지고 있는 것 같아. '나는 애를 열달 동안 품었어. 당신이 그 고통을 알아?' 그거야 모르지, 그 고통은. 그렇지만 엄마나 아빠나 애를 보내는 마음은 똑같다고 생각해요.

나는 화가 치밀어도 누르고 있어요. 내색을 못해. 남편이 화를 보이면 부인은 더 힘들거든. 그런데 계속 참아주지 못하고 가끔 폭발해요. 한쪽에서 화가 나서 있는 말 없는 말 다 하잖아요? 그걸 전부 받아주기가 힘들어요. 그걸 받아주는 건 진짜 성인군자나 되어야 할 것 같아. 옛날에는 참을성도 많았는데 지금은 안 그래요. 이런 게 트라우마 아닌가? 그리고 나도 모르게 언성이 높아져요. 나는 그렇지 않다고 생각하고 말을 했는데 상대방이 듣기에는 언성이 높대. 나도 모르게 이런 말이 나오는 거구나. 속에서 화가 너무 많이 나니까 이런 식으로 나오나보다, 그런 생각이 들어요.

이거는 뭐, 평생을 안고 가야지 고칠 수가 없잖아요? 애가 살아온다면 고쳐지겠지만 애는 안 돌아오는데… 싸우기도 참 힘들어요. 죽을 때까지 이렇게 싸워야 하는 건지, 아니면 너 원하는 대로 가라고해야 할지, 그것도 모르겠어요.

유해종(유미지 아빠)

미움과 화의 방향

눈에 넣어도 아프지 않은 내 자식인데, 그런 자식을 보내고 내가 살아야 될까? 사는 게 맞는 건가? 그런 생각을 참 많이 했거든요. 내가 너무 밉고 못 견디겠는 거예요. 진짜 눈에 넣어도 아프지 않은 내 새끼라면, 내 새끼가 갔는데 나도 따라가야지. 말로는 귀한 내 새끼라고 하면서 자식 보내고 살아가는 게 맞나? 엄마로서? 부끄러웠어요. 그래서 정말 나쁜 마음 먹고 실행에 옮기려고 한 적이 있었어요. 이런 나를 보여주기 싫은 거예요. 이렇게 살아 있는 나를…

누가 돌아가셨다고 해도 슬픈 생각이 안 들고, 누가 어려운 일을 당해도 '그 정도는 뭐, 헤쳐나가면 되지' 하고 생각해요. 그런 생각들로 꽉 찬 내가 누구를 만날 수 있을까… 모든 게 부정적으로 변한 것 같아요.

가정생활을 꾸리는 일에 별 관심이 없어졌어요. 애들 아빠랑 그걸로 자주 싸워요. 왜 큰애한테 신경을 덜 쓰냐, 반찬도 잘 안 해놓는다, 뭘 잘 안 해놓는다… 저는 그냥 알았다, 해놓겠다 하고는 며칠이 지나도록 안 해요. 그게 반복돼요. 제가 집은 거의 팽개치다시피 하고 거의 밖으로만 돌고 있잖아요. 애 아빠 보기에는 안 좋은 거죠. 어쩔 수 없다고 생각해요. 내 새끼가 왜 억울하게 갔는지 알아야 하니까. 저는 제 길이 맞다고 생각해요.

혜선이 보내고 남편이 엄청 미웠어요. 아이가 친구들을 참 소중히 여겼거든요. 그렇게 친구들과 어울리고 싶어했는데 애 아빠는 공부만 하라고 했거든요. '금구모' 모임 친구들이 놀러 갈 때도 혜선이는 같이 못 갔어요. 남편은 아이들끼리만 움직이는 게 걱정이 돼서 못 가게 했지만, 그게 저는 지금까지 마음에 걸려요. "엄마, 여름에 또 갈 거야. 그때는 꼭 보내줘" 그러길래 "다음에는 엄마가 아빠랑 싸워서 라도 보내줄게" 그랬거든요. 혜선이 보내고 나서 혜선이 페이스북을 다 뒤져봤어요. 친구들이 여행 간 날에 올라온 게시물이 있더라고요. 친구들이 "혜선아, 너도 왔으면 좋았을 텐데" 그러면서 음식을 요리 해 먹는 사진을 올렸어요. 아빠에 대한 불만을 드러내지 않았을까 하 고 댓글을 봤어요. "아, 아빠가 보내줬으면 나도 갈 수 있었는데" 그 냥 달랑 그렇게 한 줄 있더라고요. 철없는 막내라고 생각했는데 속은 깊었나봐요. 그런 거 보면 더 미안한 거지. 그런 생각을 하니까 화가 엄청 나더라고요. 엄청나게 미워했어요. 지금은 그 마음을 조금씩 덜 어내는 중이에요.

성시경(김혜선 엄마)

서로 다른 우리

이 일 나고서는 윤희 아빠하고 사이가 안 좋았어요. 서로 생각이 다른, 아니, 생각이 다른 게 아니라 행동이 달라서 그런가? 남자들이 술 먹는 걸로 마음을 풀려고 하는 게 너무 싫더라고요. 윤희 아빠가 워낙에 흥이 많은 사람이고 노래도 잘하는 사람이라, 윤희 보내고 나서도 마음 풀 데 없으니까 노래방에 가고 그랬는데, 저는 그게 용납이 안 되는 거예요. TV 보면서도 막 웃는데, 남편이 그러고 있는 모습을 보면 저는 막 짜증이 나는 거죠. 이 상황에 어떻게 코미디 같은 걸 볼 수가 있지? 어떻게 웃음이 나오지? 진짜 보기 싫더라고요.

우리는 크게 싸우지는 않아요. 화가 나면 둘 다 그냥 입을 닫아버려요. 화가 나면 대부분 상처 주는 말이 나가니까요. 그래서 겉으로 크게 싸우지는 않았지만, 안으로는 굉장히 힘들었어요. 지금은 남편의 그런 모습을 조금 이해해요. 윤희 아빠가 그런 행동을 덜하기도 하고요. 윤희 아빠는 2015년부터 다시 직장에 나가고 있어요. 가족협의회 활동은 주로 제가 담당하고. 남편은 그게 미안하니까 본인이 살림을 다 하죠. 식사도 자기가 챙기고요. 서로 대화를 많이 하지는 않아요. 그게 오히려 더 곪을 수도 있다는 생각은 드는데. 그냥… 살아야 되니까 사는 것 같아요.

김순길(진윤희 엄마)

혼자 울기

슬픔을 달래는 방식은 사람마다 다 달라요. 가슴 아픈 영화를 볼 때 나도 모르게 눈물이 주룩 흐를 때 있어요. 애가 갑자기 죽는다거나 부모가 애들을 놔두고 먼저 간다든가, 그런 거 보면 나도 모르게 눈물이 흘러요. 나는 영석 엄마랑 집에 둘이 있어도 흐느끼지 않아요. 조용히 흘리고 닦아낼 뿐이지. 표현을 안 하지.

엄마들은 모여서 이야기도 하고 울 수도 있겠죠. 아빠들은 혼자 많이 울더라고요. 혼자. 나도 2014년에 참사 일어나고 혼자 많이 울었어요. 영석 엄마하고 둘이서는 별로 울어본 적이 없어요. 울 때도 있죠. 우리가 왜 이렇게 됐냐며 울 때도 있는데 같이 운 적은 많지 않던 것 같아요. 둘이 앉아서 울면 힘만 더 빠지죠.

남자들은 어… 남들 앞에서 대놓고 우는 게 좀 그런 게 있어요. 엄마들 앞에서 운 적도 있기는 해요. 웬만하면 잘 안 울려고 해요. 무엇 때문에 그런지는 모르겠지만… 좀 그렇잖아요? 아빠들이 막 울고 다니면. 좀… 그런 게 있는 것 같아요. 남들 보기에요. 남자가 되어가지고… 애가 희생됐으니까 우는 건 충분히 이해해주겠지만… 몰래 울어야 될 것 같아.

오병환(오영석 아빠)

다시, 부모가 된다는 것

방향 잃은 이정표

만약에 지금 자식이 하나도 없다면 저는 직장을 그만뒀을 것 같아요. 아들한테는 엄마 아빠가 정상적인 생활을 하고 있는 모습을 보여줘야 한다는 생각이 있어요. 그렇다고 해서 세희 동생한테 신경을 많이 써준 것도 아닌데… 그래도 최소한의 안정적인 모습은 보여줘야 하잖아요. 그런데 사실은 안정적으로 보이지는 않았을 것 같다는 생각도 들어요. 아이가 보기에 예전에 정상적이었을 때 보던 부모의 모습은 아니거든. 아이를 그냥 내버려두다시피 했던 것도 많이 미안하고…

부모로서 자식한테 훈계도 하고 조언도 하고 또 기도하고… 이런 일들을 못했거든요. 그런 대화의 시간이 부담스러워진 거예요. 자식을 지키지 못한 부모가 자식한테 조언이나 훈계를 할 자격이 있나? 이런 생각을 하게 되는 거죠. 만약에 아들이 "그래놓고 왜 누나를 못 지켰어?" 이런 말을 하면 할 말이 없잖아요.

그래서 오늘 못하면 내일 하지 뭐, 내일 못하면 모레 하지 뭐, 이런 식으로 미루다보니까 4년 넘게 시간이 지나버렸어요. 마침 또 세희 동생이 대학에 진학할 시기가 되었고, 그러다보니 대화가 많이 사라져버렸죠. 부모로서 얘가 어떤 생각을 하고 있나, 어떤 진로를 선택하려고 하나 알아야 할 것 같은데, 대화가 단절되더라고요. 지금 자기가 만족하는 대학생활을 하고 있는지 아닌지도 모르겠거든요. 자기는 괜찮다고 하는데 그게 진짜 괜찮아서 그런 건지 우리하고 대화를 끌어가는 게 싫어서 그러는 건지 솔직히 모르겠어요.

제가 대화의 기술이 없어서 그런지 몰라도 무슨 말을 걸어도 아들은 그냥 단답형인 거야. 대답을 강요하는 것도 한두번인데다 그걸 굉장히 짜증스러워하니까… 더 얘기하면 싸우잖아요. 그래서… '나도 모르겠다. 너도 힘들지만 나도 힘든데 서로 대화해서 더 힘들게 하지 말고 내버려두는 게 차라리 낫겠다' 이런 생각을 하게 되는 거죠. 어떻게 보면 포기하고 방치했던 건데, 항상 미안해요. 부모로서 많이 챙겨주지 못했다는 생각이 들어서.

이번 여름휴가 때 집사람이 제안해서 2박 3일 동안 아들하고 둘이 여행을 다녀왔어요. 둘이 있는 시간은 길었는데, 역시 대화는 별로 안 하게 되더라고요. 그나마 하는 대화도 일상적인 얘기뿐이에요. 그래도 그 시간이 좋더라고요. 한창 더울 때 가서 고생은 했지만 아들이 저와 같이 사진도 찍고 하는 거 보면서 '그래도 같은 공간에 있으니까 이런 표현도 할 수 있겠구나'라는 생각을 했어요.

그렇지만 여전히 큰 변화는 없어요. 아들이 지금 자취생활을 하는데 먼저 전화하는 걸 한번도 못 본 것 같아요. 제 생일이나 결혼기념일 같은 날이 되면 전화가 오는데, 그것도 자기가 알아서 하는 게 아니고 집사람이 코치하는 것 같아요. 저번에 어버이날인가? 생뚱맞게 전화가 왔더라고요. 무슨 일 있는 줄 알았어요. 얘는 무슨 일이 있어야지 전화를 하니까. 아들이 지금 대학교 1학년인데, 1학년 마치고 군대 간다고 해요. 그러면 회사를 그만둬야겠다, 그런 생각이 들어요.

임종호(임세희 아빠)

자상한 아빠

나는 자랄 때 가정환경이 불우했어요. 고등학교를 한달쯤 다니다 그만두고 안산에 올라와서 1년 6개월 정도 직장생활을 했어요. 그때 한달에 12만 4000원을 받았는데 그중에 8만 7000원을 적금 넣고 나머지로 살았어요. 그렇게 해서 100만원을 모아서 검정고시 학원을 갔죠. 검정고시 합격한 그해에 대학에도 붙었어요. 그런데 내 밑으로 동생이 세명 더 있어서 포기했죠. 군대 다녀와서 장사를 시작했고 성공도 꽤 했는데 말아먹기도 했어요. 망하려니까 순식간이더라고요. 사업은 안 되겠다 싶어서 월급쟁이 생활하다가 선배가 도와달라고 해서 농수산물시장에 갔어요. 처음에는 배달만 한다고 했는데 가보니 안 되겠더라고. 나는 1톤짜리 트럭 3분의 1을 채워서 배달하면 끝인데 남들은 5톤 차로 실어 나르는 거야. 그래서 사장한테 말했지. "형, 내가 영업해줄게." "영업 안 한다며?" "해줄게." 그래서 가게 매출을 100배 이상 올려놨어요. 농수산물시장 일이 되게 고돼요. 새벽 2시에 출근해서 오후 5~6시에 퇴근하는데 영업 뛰니까 저녁에 술도 먹게 되고, 그대로 잠도 못 자고 가서 또 장사하고. 그 생활을 3년 정도 하니까 월급은 올라가지만 애들 얼굴 볼 시간이 없는 거예요. 그래서 직장 옮길 데를 알아봤어요. 애들하고 즐겁게 살려고. 그때 이게 딱 터진 거예요.

참사 당일에 갑자기 아이 얼굴이 생각이 안 나서 핸드폰을 보니 준형이랑 같이 찍은 사진이 없는 거예요. 그리고 내가 우리 준형이나 준형이 동생들에게 사랑한다는 말을 해본 적이 없다는 게 떠올랐죠.

그때 깨달았어요. 잘못 살았구나, 이건 사람이 사는 게 아니다, 하고 말이죠. 대화도 없고 가부장적이고 너무 무뚝뚝한 아빠가 저였어요. 그때 많이 울었어요. 후회하고. 저 스스로한테 욕도 많이 했어요. 아이들에게 너무 미안한 거예요. 사람이 변할 때는 계기가 있어야 하더라고요. 쓰디쓴 계기지만 변하기로 했죠. 아이들에게 또 내가 사랑하는 사람들에게…

그전에는 '아버지'라고 하면 돈 벌어다주고 가끔 외식이나 시켜주고 용돈 주고 그러면 다인 줄 알았어요. 지금은 서툴더라도 대화도 하고 아이들과 소통해야 한다는 걸 알게 된 거죠. 그런데 제가 이게 아주 서툴러요. 남들한테는 말하기가 되게 쉬운데 이상하게 아이들하고 이야기하려면… 편하게 하기가 쉽지 않더라고요. 어색하고 좀… 그래요. 나는 자상한 아빠를 해본 적이 없어서 어떻게 해야 자상한 아빠가 되는지를 잘 모르겠어요. 차라리 진상규명이 쉽다니까!(웃음) 나는 오히려 적들과 대화를 더 잘하는 것 같아. 국회 가서도 국회의원들하고 막 서슴없이 이야기해요. 그들이 나하고 뭔 상관인데, 이 생각으로 하는 거니까. 그런데 애들하고 얘기할 때는… 허허… 애들이 '이 양반이 왜 이래?' 이런 표정으로 보니까 머쓱해지고…

원래 내가 소심해요. 극소심. 중학교 때부터 일부러 성격을 바꾸려고 노력한 거예요. 계속 소심하게 살다가는 바보 되겠다 싶어서. 제가 되게 외향적으로 보이잖아요. 어디를 가든 그 자리를 주도해요. 술자리가 됐든 뭐가 됐든. 이게 인위적인 거예요. 지금 2시간 가까이 얘기했지만, 내가 눈 보고 얘기 잘 못하잖아요. 그래서 오해를 많이 받아요. 부산하다, 관심 없냐… 그게 아닌데. 아이들한테도 마찬가지죠. 내가 소심하니까 애들도 상처받지 않을까 걱정돼요.

짝꿍이 시켜서 짝꿍한테 아침 점심 저녁으로 "사랑해"라고 말하고 있거든요.(웃음) 아이들한테도 사랑한다고 얘기해요. 그리고 저도 아이들한테 그 말을 들어요. 이게 반복될수록 가족들과 점점 가까워지는 것 같은 느낌이 생겨요. 내가 사랑받고 있다고 느끼게 되는 거예요. 아이들도 그런 것 같아요.

장훈(장준형 아빠)

간절한 바람

둘째 아이 여섯 살 때부터 일을 했어요. 직장에 나가더라도 아이들에게 신경 많이 쓰는 엄마가 되려고 노력했어요. 보이스카우트 같은 대외 활동도 다 하게끔 하고 아이 공부에 안달하고 그랬어요. 학교 일도 적극적으로 나섰어요. 저는 욕심이 많아서 제 아이는 정말 남들이 하는 거 다 시키고 싶었는데 경제적인 상황이 잘 안 따라주니까 남편한테도 화를 내게 되더라고요. 많이 싸웠어요. 아이들 공부를 열심히 시켜서 대학 보내고 또 좋은 곳에 취업하게 하고… 이런 것만 생각하고 살았던 엄마였던 것 같아요.

지금은 그게 다 헛된 일이라는 생각이 들어요. 왜 그랬을까… 그럴 시간에 아이한테 사랑을 한번 더 줬어야 했는데… 지금 생각해보면 별것도 아닌 것 가지고 엄마 아빠가 다투는 모습을 보여줬을까… 그게 다 부질없는 짓이라고 생각을 해서, 지금 주현이 동생한테는 공부하라고 강요 안 해요.

"네가 하고 싶은 거 해. 너 공부 그렇게 안 해도 돼."

주현이 동생은 음악을 하고 싶어하는데 고등학교에서 공연 활동을 하면서 마음의 상처를 많이 다스리는 것 같아요. 엄마가 변화된 모습을 보여주니까 "엄마, 나한테 왜 이렇게 잘해줘?"라고 하더라고요.

"너한테 잘해주는 게 아니라, 원래 이랬어야 했는데 엄마가 그렇게 못했어. 미안해."

아이들한테 못해줬던 모습… 이렇게 되고 나니 정말 그런 생각들이 너무 많이 떠올라요. 그 기억들이 매일 찾아와 저를 힘들게 해요.

만일 과거로 되돌아갈 수만 있다면 정말… 오로지 주현이만 위해서 사는 그런 엄마가 되어줄 거예요. 그냥 시간을 되돌려서 모든 걸 다시 하고 싶은 생각밖에 안 들어요. 제 간절한 바람이에요.

남편이 좀 많이 변했어요. 정말 가정적인 사람이 됐어요. 그전에 남편은 밖에 나가서 사람들하고 시간을 보내려고 했는데, 지금은 가정에서 시간을 더 많이 보내려고 하는 게 보여요. 주현이 동생이 막 고집을 부려도 많이 참아주세요. 우스갯소리로 몸에서 사리 나올 정도로요. 예전에는 그러지 않았거든요. 아이도 그걸 모르지 않아요. 아빠가 자기를 위해서 참아주신다는 걸 아니까 아이 역시 변화하는 것 같고, 그게 좋아진 것 같아요. 그나마.

김정해(안주현 엄마)

기대, 의심, 불안, 믿음

윤희 동생은 언니 일에 대해서는 기억을 안 하려는 마음이 강한 것 같아요. 많은 엄마들이 형제자매들 활동하는 거 보면서 내 아이도 그렇게 해주기를 바라거든요. 엄마 아빠는 진상규명을 하겠다고 이렇게 뛰어다니는데 형제자매들이 너무 아무것도 안 하는 것도 서운하죠. '쟤가 도대체 언니를 생각하기는 하는 거야? 억울한 게 없는 거야?' 어떨 때는 확인하고 싶어요.

그런데 말 꺼냈다가 상처받으면 어떡하지? 이런 두려움도 있어요. 윤희가 평택 서호추모공원에 있는데 작은애는 거기도 안 가려고 하거든요. 처음에는 "한번쯤 같이 보러 가야 하지 않아?" 하고 물어보곤 했는데 "보면 뭐 해?"라면서 딱 잘라버리더라고요. 그 말이 서운하니까 저도 입을 닫은 거죠. 지금은 제 마음을 좀 내려놨어요. 그래, 네 마음이 시키는 대로 해라. 그 아이 입장에서는 살아 있는 언니가 아니니까, 그 모습을 본다는 게 더 가슴 아파서 외면하고 싶다는 마음이 들 것도 같아요.

한번은 진로에 관해 얘기하다가 윤희 동생이 그 말을 하더라고요. "언제 죽을지도 모르는데." 어느 날 갑자기 언니가 수학여행 갔다가 안 돌아온 거잖아요. 그 생각이 머릿속에 박혀버린 것 같아요. 내가 이렇게 활동하고 다니는 것에 대해서도 "엄마, 그런다고 세상이 바뀌어?"라고 해요. 자기도 그 말을 주위에서 듣겠죠. "바뀌었잖아. 이번에 박근혜 탄핵시켰잖아. 조금씩 바뀌잖아." 그렇게 대답하기는 했는데… 본인이 스스로 깨달아야겠죠. 이만큼 살아보니 세상일이 한순간에 바뀌는 건 없더라고요. 언제 죽을지 모르는 것도 맞는데, 일단 살아 있는 동안에는 최선을 다해서 살아야겠다고 생각을 해요.

내가 원래 마음이 여린 건지 겁이 많은 건지, 윤희 있을 때도 애들이 조금만 늦으면 불안해하는 게 있었어요. 윤희 그렇게 되고 나서는 윤희 동생도 잘못될까봐 많이 불안해요. 작은애는 저보고 그래요. 자기한테 집착하지 말라고. 작은애가 집에 온다는 시간에 안 오면 제가 계속 전화하거든요. 네가 지금 누구랑 있고 몇시에 들어온다는 것만 알려주면 덜 불안하다고 그랬더니 지금은 얘기해주죠. 그래서 좀 나아요. 여전히 불안하기는 한데 아이를 믿으려고 노력을 많이 해요. 이 아이가 대책 없는 행동을 하지 않을 거라고 믿는 거예요. 특별한, 갑작스러운 사고가 아닌 이상은 얘가 어떻게 되는 일은 없다고.

작은애는 앞으로의 시간을 살아가야 하잖아요. 우리가 가고 나면 혼자잖아요. 쟤 혼자 어떻게 살지? 형제가 있으면 의지하고 살 텐데… 그렇다고 사촌들하고 친한 것도 아니고… 그게 제일 걱정이죠. 제가 그런 얘기 비치면 아이가 그래요. "엄마, 세상은 혼자 사는 거야."

김순길(진윤희 엄마)

어떤 미안함

저는 아이들을 키울 때 예의범절이나 학생으로서의 자세 같은 걸 강조했거든요. 그런데 지금 재강이 동생한테는 그런 말을 할 수가 없어요. 참사 이후로 엄마 역할을 한 게 별로 없는 것 같아서요. 이제 그 애가 방을 안 치워도 치우라고 말을 못하겠는 거예요. 한동안 얘가 그냥 저지르는 대로 봐줬으니까요. 그건 내 잘못이니까. 제가 그날 이후 집회니 뭐니 막 돌아다녔잖아요. 그러니까 얘는 그동안 엄마의 보살핌이 없었어요.

제가 2014년에 재강이 동생한테 이렇게 얘기했었어요. "미안하지만 진상규명이 될 때까지는 오빠의 엄마로 살겠다"라고. "너의 엄마는 나중에 해줄게" 그랬어요. 그게 아이 마음에 가시처럼 박혔을 수도 있을 것 같아요. 그래도 엄마한테 크게 불만을 표시하거나 그러지 않더라고요. 학교 가고, 학교 마치면 집에 오고, 이렇게 자기 일상을 스스로 해나갔어요. 재강이 아빠도 저보고 마음 편하게 활동하라고 그랬거든요. 자기가 잘은 못하겠지만 알아서 해보겠다고. 그래서 저도 편하게 다녔어요.

지금도 아이를 잘 못 챙기긴 마찬가지예요. 작은애한테 마음이 없는 건 아니에요. 제가 딸하고 시간이 안 맞으니까 못 챙기는 거죠. 아이가 주말에 집에 오면 늦게 일어나잖아요. 저는 기억저장소 일이 있어서 일찍 나가느라 밥을 못 차려주고 나와요. 5년쯤 지나니까 이제는 각자 익숙한 방식으로 지내요. 엄마는 항상 이쪽에 나와 있고, 아빠는 일하고, 딸은 자기 할 일 하고…

다른 형제자매들 보면 엄마들이 되게 힘들어하시잖아요. 재강이 동생은 저한테 자기 속내를 얘기 안 하거든요. 그래서 제가 가끔 불안할 때가 있어요. 네? 작가님한테는 엄마가 자기한테 공부하라고 안 해서 너무 좋다고 말했다고요? 맞아요. 제가 그랬잖아요. 참사 나고 작은애 공부는 놔버렸어요. 공부하라는 소리를 안 했다니까. 전혀. 그전에는 시험 기간 되면 독서실 끝나는 시간에 맞춰서 제가 데리러 가고 했었거든요.

양옥자(허재강 엄마)

나의 딸 나의 엄마

진짜 힘들 때 있잖아요. 제가 정말 힘들어서, 아, 죽을 것 같다 느낄 때면 수인이가 꿈에 찾아와요. 항상 나를 보고 웃어주거든요. 미안하기도 하고, 고맙기도 하고… '수인이가 저렇게 웃으면서 지켜보고 있는데 뭐가 힘들어! 하면 되지!' 그렇게 마음을 다지게 돼요.

그리고… 그렇게 힘들 때면 작은애가 알더라고요. 그때는 내가 딸이 되고, 걔가 엄마가 돼요.

"엄마, 괜찮아. 잘하고 있어."

옛날에 수인이가 했던 행동을 제게 해줘요. 안아주고 다독여주고 하는 거요. 작은애는 원래 그런 걸 되게 싫어하는 아이거든요. 어렸을 때부터 얘를 떨어지게 하려면 안아주면 됐어요. 그러면 질색하면서 저만치 도망가요. 그런데 오빠 가고 나서는, 제가 힘들어 보이면 한번씩 와서 다독다독 해줘요.

"엄마, 괜찮아. 잘될 거야."

작은애가 단원고에 다녀요. 오빠 옷 입고 학교 다니고 싶다고 해서요. 입학 전에 제가 말렸거든요. 기억교실 문제도 있고 해서 엄마가 학교하고 부딪힐 거다, 네가 불편할 거다, 그랬더니 그래요.

"엄마는 엄마 일 해. 나는 내 공부 할 테니까."

기억교실 문제 때문에 엄마들이 단원고에 가서 노숙 농성도 하고 그랬잖아요. 그때도 친구들 보기 불편하지 않냐고 물어봤어요. 친구들이 대부분 제 얼굴을 아니까요.

"괜찮아. 내 친구들은 오빠도 알고 나도 알고 다 아는데. 괜찮아."

그래서 걔는 학교 수업 끝나고 알아서 집에 가고, 나는 거기 앞에 앉아서 매듭하고 있고 그랬죠.(웃음) 작은애가 마음이 따뜻해요. 그래서 많이 의지가 됐던 것 같아요. 양쪽 집안 통틀어서도 제일 막내거든요. 그래서 어디 가든지 막내 취급만 받는 아이였는데…

김명임(곽수인 엄마)

기우 떨치기

세월호 참사 이후에 가장으로서, 아빠로서, 무엇을 해야 하는지를 알게 됐죠. 가족들에게 가장 필요한 게 뭔지 그걸 알게 된 계기… 계기라고 하면 좀 그렇지만… 여하튼 그런 것들을 알게 된 거예요. 우리 건우를 떠나보내고 나서야…

아들 둘이 연년생인데, 초등학교 다닐 때까지만 해도 주말이나 연휴만 되면 전국을 돌아다녔어요. 그러다가 애들이 중학교에 가면서 마침 저도 동호회라든가 사회 활동이 많아지다보니까 일요일에 거의 같이 못 있었어요. 그때 아이들한테 많이 소홀했죠. 제일 후회되는 일이에요. 집사람한테도 그런 점들이 항상 미안하죠. 맞벌이하는데 집안 살림, 애들 건사하는 건 전부 집사람한테 떠맡겨놓고 당연한 것처럼 그렇게 했으니까.

작은 녀석은 올해 대학교 2학년 올라가야 하는데 휴학계를 냈어요. 군대 가야 해서. 12월에 입대하거든요. 그것도 굉장히 힘들었어요. 자라 보고 놀란 가슴 솥뚜껑 보고 놀란다고, 이 일을 겪고 나니까 아무것도 믿을 수가 없는 거야. 작은 녀석을 군대 안 보내려고 여러 가지 생각을 많이 했는데 방법이 없더라고요. 불안감이 굉장히 컸어요. 그런 생각을 떨쳐낸 게 얼마 안 돼요. 이 녀석이 대학에 가서 운전면허를 땄거든요. 운전하고 싶어서 몸이 근질근질하죠. 그런데 나는 자동차 열쇠를 줄 수가 없는 거예요. 그러다가 어느 날 갑자기 그런 생각이 딱 들더라고요.

'내 이런 노파심이, 불안함이, 혹시 이 녀석의 인생에 장애물이나

족쇄가 되지 않을까?'

'사실 아무 일도 아닌데 나 혼자 너무 크게 생각하는 게 아닐까?'

그래서 열쇠를 줬어요. 보험 들어주고요. 운전하는 걸 보니까 잘하더라고요. 차분하고 조심스럽게 잘해요.

올해 6월 말에 어쩌다보니 동생네 가족하고 우리 가족이 함께 일본에 갔다 왔어요. 3박 4일로. 작은 녀석이 현지 사람들한테 먼저 길을 물어보고 방향도 찾고 하더라고요. 글은 못 읽지만 의사소통은 제법 하더라고요. 그런 걸 보니까 내 기우였구나… 이 녀석에 대한 내 걱정을 떨쳐버리길 잘했구나 하는 생각이 들었어요. 어차피 이놈은 이놈의 인생을 살잖아요. 내가 아버지라는 이유로 거기에 간섭할 수가 없잖아요. 해서도 안 되고. 잘했다는 생각이 들어요.

김광배(김건우 아빠)

행복에 관하여

혜원이 밑으로 딸이 하나 있고, 그 밑으로 쌍둥이 아들이 있어요. 애들이 왠지 모르게 조금 성숙해지고 어른스러워졌는데… 그게 슬퍼요. 슬프더라고요. 부모한테 애들은 마냥 애여야 하는데… 너무 어른스러운 건 싫어요. 약간 속도 썩이고 해야 하는데…

사고 이후 언제부턴가 애들이 은근히 부모한테 다가와요. 딸은 이제 자기가 제일 큰놈이 된 거잖아요. 언니가 했던 일들을 대신하려는 게 보여요. 엄마 아빠를 챙기려고 엄청 노력해요. 예쁘고 고맙잖아요. 그런데 마음 한편에서는 얘가 너무 부담감을 느끼는 건 아닌가 싶어서 걱정되고 안쓰럽죠. 아들들은 말은 잘 안 하는데, 곁에 와서 한번씩 엄마 아빠 어깨에다 손을 툭 올려요. 그런 것 하나하나가 느낌이 오잖아요.

한동안은 애들이 참 무거웠어요. 저놈들도 많이 아팠구나… 그걸 알겠더라고요. 둘째 놈 같은 경우는 언니 페이스북에 편지도 쓰고, 언니 핸드폰이 아직 그대로 있으니까 카톡도 보내고 하는 걸 보면… 모르는 체는 해주죠. 애들이 혜원이를 못 잊는다는 얘기니까 부모로서는 고맙고. 애들이 커가면서 누나나 언니를 안 잊어줬으면 하는 바람도 있잖아요. 그 걱정은 안 해도 될 것 같은데, 한편으로는 애들이 느낄 부담감을 생각하면 또… 슬프죠.

저는 사람이 자기가 하고 싶은 걸 하고 살아야 행복하다고 생각해요. 내가 자식들의 가치관이나 진로를 결정하는 데 도움을 줄 수는 있지만 만들어줄 수는 없어요. 사고 전에도 저는 애들이 좀 자유롭게 살았으면 좋겠고 물질적인 것에 얽매이지 않았으면 하는 바람이 있었어요. 지금은 그 생각이 더 커진 거죠. 최대한 너희들이 하고 싶은 거 즐겼으면 좋겠다. 그렇게 하는 게 내 나름대로 애들을 가장 잘 키우는 길이라고 생각하거든요. 그래야만 나중에 우리 혜원이 만날 때 "혜원아, 아빠가 네 동생들 참 행복하게 키웠어"라고 자신 있게 말할 수 있을 것 같거든요.

지금은 모든 생활이 아이들 위주로 돌아가요. 사회를 믿을 수가 없고, 다시는 자식을 잃고 싶지 않으니까요. 우리 가족의 안전을 내가 지켜야겠다는 강박감을 느껴요. 우리 둘째 놈은 올해 대학에 들어갔는데도 불구하고, 거의 매일 아침 학교까지 내가 태워다줘요. 하굣길은 늦으면 항상 위치 확인하고 마중 나가고요. 주변에서 가끔 과보호한다는 말도 듣는데, 내가 불안해서 못 견디니까 할 수 없어요. 그러니 둘째가 일본여행을 간다고 했을 때 허락한 건, 나 나름 엄청 용기를 낸 거죠.

모든 것에 대해서 불안하다고 해서 내가 아이들을 마냥 붙잡아둘 수는 없는 거잖아요. 해외에서 사고 나는 것까지는 내가 막을 수 없어요. 그 정도 위험은 감수할 수 있다고 생각했어요. 우리 애가 다른 나라를 다녀보고 얻게 될 경험이 그걸 상쇄하고도 남는 자산이 되지 않을까 싶었어요. 혜원이가 그렇게 해주기를 원할 것 같았어요. 동생들을 넓은 세계로 보내주는 것. 우리 혜원이가 보낸 마지막 문자가 여동생한테 미안하다고 했던 거라…

혜원이하고 둘째가 두살 터울인데 옷을 같이 입었어요. 혜원이가 수학여행 가면서 둘째 옷을 가져갔단 말이에요. 그전에 자기들끼리 투닥투닥한 일도 있다보니까 옷 다 가져가서 미안하다는 문자를 보냈어요. 아마 마지막이 될 것 같아서 그런 문자를 했겠죠. 그 미안한 마음, 아빠가 다 보충해준다, 그런 마음이 들어요. 쌍둥이 같은 경우는 큰누나가 워낙 예뻐했어요. 누나의 그 마음으로 얘들도 챙겨주려고요. 그게 나한테 남아 있는 숙제라는 생각을 해요.

유영민(유혜원 아빠)

사랑이라는 말

이혼하고 정인이가 세살, 정인이 동생이 두살 때부터 제가 맡아서 키웠어요. 아이들 유치원 행사 때 갔더니 아빠는 나 혼자밖에 없는 거야. 남자는 사진사하고 저밖에 없었어요. 지금은 집에서 살림하는 아빠도 있고, 직장에 다니는 엄마도 있지만요.

아이들이 한부모 가정이라는 사실에 구애받지 않게 아빠로서 최선을 다했다고 생각해요. 같이 밥 먹고, 대화하고, 웃고, 즐기고… 금전적으로 좀 부족하니까 밥을 거의 집에서 먹었어요. 참사 나기 딱 한달 전쯤 정인이하고 밖에서 밥을 처음 먹었던 것 같아요. 딸하고는 몇번 먹었는데, 아들하고는 처음이었어요. 너무 좋아하더라고요. 너무 예쁘게 먹는 거야. 맛있게… 4000원짜리 해장국 하나 먹는데 표정이 너무 행복한 거예요. 더 좋은 시간을 보내려고 애썼는데… 그렇게 참사가 났어요.

정인이 친구나 딸 친구들한테 제가 인기가 많았어요. 친구들이 '너희 아빠는 부드럽다'라고 표현했대요. 저는 술 담배도 안 하고 아이들하고 같이 시간도 많이 보냈죠. 정인이하고는 볼링을 자주 쳤어요. 당구도 내가 알려주고. 딸은 항상 저를 졸졸 따라다녔어요. 중학교 때까지만 해도 옆에서 같이 자고 그랬거든요. 화랑유원지에 많이 놀러 갔어요. 초등학교 때는 딸 친구들하고 서울대공원에 자주 갔어요, 도시락 챙겨서. 아이가 고사리 같은 손으로 음식을 집어 먹는 걸 보면 참 즐거웠죠. 그런 일이 사고 이후에는 아예 없어졌어요.

제 고향이 전주인데 열여덟살쯤에 고등학교 중퇴하고 안산으로 올라왔어요. 어머니가 혼자 5남매를 키우셨고, 제가 3남 2녀 중에 막내였어요. 큰형님은 군대 가고, 작은형은 대학 들어가고, 누나는 시집 가기 직전이었거든요. 그러니까 희생할 사람이 나밖에 없더라고요. 엄마가 날 키워준 것만 해도 감사하다고 생각했어요. 무작정 티셔츠 하나, 팬티 하나 갖고 올라왔어요. 직장생활하면서 제가 4, 5년 동안 집으로 돈을 부쳤던 것 같아요. 그때 저는 되게 순진했어요. 젊으니까 즐기고 살아야겠다는 생각도 못했고, 가정을 꾸려서 고향 내려와 어머니 모시고 살겠다는 생각을 했어요. 아마 가정을 정말 그리워했던 것 같아요.

애 엄마를 만나서 결혼하려고 했는데, 돈이 없었죠. 제 성격에 엄마한테 돈을 달라고 할 수도 없고… 2년 정도 회사 다니다 그만두고 퇴직금으로 결혼식을 했어요.

정인이 낳았을 때는 나오는 말이 그저 감탄사밖에 없었죠. '어떻게 아이가 있을까? 나한테?' 신기했어요. 이혼하고 2008년에 하던 일에서 사기당하고 자살까지 생각했는데, 그걸 극복하고 2012년에 다시 집을 장만했거든요. 몇년 사이에 큰 사건이 몇개 터지니까, 제 삶이 막 휘청휘청한 거예요. 그래도 변하지 않는 것 딱 하나가 있더라고요. 저하고 우리 아이들의 유대 관계요.

예전에는 아이들하고 전화 끊을 때면 항상 "사랑해"라고 했어요. 사고 당일에 정인이하고 통화했거든요. 정인이 마지막 말이 계속 귓가에 맴돌아요. "절대 두번 다시 배 안 탄다"라고. 그 일 터지고 나서… 딸한테 "사랑해"라는 말을 안 했어요. 딸이 가족협의회 대기실에서 밥을 제일 많이 먹었을 거예요. 다른 친구들은 웃으면서 다른데서 밥 먹었을 텐데 우리 딸은… 아빠가 아침에 일어나서 나가버리고, 저녁에 늦게 오고, 아니면 아예 안 들어오고. 이걸 3년 동안 했으니까… 미안하죠. 맞아요. 나도 힘들었지만, 우리 딸도 되게 힘들었겠죠.

아이들에 대해 참 많이 안다고 생각해도 놀라게 되는 순간이 있어요. 얼마 전에 회사 동료들과 회를 먹으러 갔는데, 딸도 데리고 오라고 해서 같이 갔거든요. 산낙지가 서비스로 나왔는데 딸이 산낙지를 너무 잘 먹더라고요. 꿈틀거리니까 난 못 먹었거든요. 아무리 내가 아이를 사랑해도, 알 수 없는 면이 있는 것 같아요. 딸은 지금 많이 힘들 텐데, 내색은… 안 하는 것 같아요. 지금은 딸이 버는 돈으로 생계를 꾸리고 있어요. 웃어야 할지 울어야 할지 모르겠지만… 당분간은 그렇게 하지 않을까 싶어요. 딸은 아빠가 일했으면 좋겠대요. 내가 돈 문제로 힘들어하니까… 자기가 버는 돈만 갖고는 안 되니까 아빠도 벌어야 하지 않을까라고.

딸이 대학교를 일주일 다니고 때려치웠어요. 원래 가고 싶어했던 곳에 합격했는데, 합격 소식이 문자로 오잖아요. 얘가 그걸 못 본 거야. 그래서 다른 곳에 갔는데 너무 힘들다는 거예요. 한번 되게 뭐라고 했어요. 그럼 때려치우라고. 고등학교 때까지만 해도 내가 화내면 내 말을 듣기도 했는데, 성인이 되니까 자기 하고 싶은 것만 고집하는 거야. 그러니 내가 할 말이 없는 거예요. 대학 등록금 낼 돈으로 학원비를 냈어요. 애니메이션. 원래 딸이 하고 싶어했던 일이에요. 학원 마치고 비정규직으로 직장에 들어갔어요. 딸 친구들은 다 대학에 다니거든요. "후회 안 해?" 그랬더니 후회 안 한대. "앞으로도 후회 안 할 거야?" 그랬더니 안 한대. "그럼 됐어."

나중에 후회하고 후회 안 하고도 중요한데… 지금을 살아가는 게 더 중요한 것 같아요. 대학 나와서 자기 좋아하는 일 하면서 사는 사람이 백명 중에 몇명이나 있을까요? 딸도 나름대로 자기 미래를 생각하고 있더라고요. 앞으로는 너 알아서 하라고 했어요. 자기 삶은 자기가 결정하는 게 맞잖아요. 내가 대신 살아줄 것도 아니고. 자기가 생각한 게 있으니까 그걸 밀어주려고요. 부모로서.

이우근(이정인 아빠)

친족 관계에 관한 소고

함께할 수 없는 이유

명절 오는 게 제일 힘들어. 이번 명절 때도 하늘공원 다녀오고는 계속 집에만 있었어요. 배고프면 각자 알아서 먹어요. 누가 챙겨주고 그런 것도 없고. 음식도 안 해요. 딸내미 생각나서. 원래 우리 남편이 장남이라 형제들이 다 우리 집으로 모이는데 오지 말라고 했어요. 참사 나고 맨 첫해에 의무감에 명절을 치르려고 준비하는데 도저히 못 하겠더라고요. 내가 그 형제들을 위해서 음식 하는 게 우리 딸한테 미안한 일 같아서. 며느리가 나 하나니까 내가 음식을 많이 했거든요. 은정이가 어렸을 때부터 항상 나하고 같이 일했어요. 그때 우리 딸이 얼마나 놀고 싶었겠어.

친정어머니도, 형제들도 다 멀어지더라고요. 친정에서 안 오냐고 전화하는데… 친정에 형제들이 모이면 아이들은 아이들끼리 놀고, 부모들은 부모들끼리 놀고 그랬거든요. 지금은 그 아이들 속에 우리 딸만 없는 거야. 그게 너무 힘들고 슬프고 화가 나요. 조카들이 대학도 가고 많이 성장해 있는 걸 보면 우리 은정이는 어땠을까 생각하게 되고 또 슬퍼지고…

형제들끼리 모이면 서로 사는 이야기들 하니까 자기 아이들이 어디 학교를 들어갔고 점수가 어떻고 막 그런 얘기를 하잖아요. 우리 딸 있을 때는 나도 같이 딸 자랑을 했거든요. 지금은 내가 할 얘기가 없는 거예요. 대화에 못 끼어들겠더라고요. 그러다 우리 딸내미 이름이 탁 튀어나오면 갑자기 눈물이 확 나는 거야.

"은정이 있을 때는…"

'있을 때는'이라고 하니까 과거잖아요. 그게 너무 슬퍼요. 우리 딸이 여기 있었으면 하는 생각이 많이 들어요. 다들 웃다가도 내 눈치 보고… 나 때문에 분위기가 안 좋아진다고 느끼니까 안 가게 되고. 신랑이나 나나 그냥 우리 집에 있는 게 낫지. 딸 생각하면서…

박정화(조은정 엄마)

결혼식장에서

친척들은 이 사건을 그야말로 '사고'라고 생각하는 것 같아요. 그래서 제가 정말 놀랄 만한 기사들을 문자로 보내줬거든요. 예진이가 사고로 간 게 아니다, 난 이렇게 살고 있다, 그런 의미로 보냈는데 반응이 없어요. '그래, 고생한다. 유신아 힘내' 이런 말이라도 해줬으면 좋겠는데 그런 것도 없고.

우리 유가족들 중에도 그전에는 박근혜가 어떤 사람인지 몰랐으니까 뽑아줬던 사람들도 많이 있잖아요. 우리 친정 식구들은 더했어요. 그래서 내 말에 무반응인가, 이런 생각이 들어요. '당해보지 않으니까 모르지. 그냥 어른들 돌아가시는 거하고 다르다.' 말은 안 했지만 이런 감정을 순간순간 많이 느꼈어요. 진짜.

가족들이 말로는 슬프다고 하면서도 집회 한번 안 나오고… 예전에는 서먹서먹했다가 진상규명에 동참해줘서 사이가 더 좋아졌다는 가족들도 많이 있어요. 나는 그 가족들이 너무 부러운 거예요. 그 사람들은 할머니가, 이모가, 고모가… 같이 노란 옷 입고 피켓도 들어주는데 내 곁에는 아무도 없으니까. 예진이가 더 가여워. 우리 예진이가 이모들한테 이런 존재밖에 안 됐었나 하는 생각이 들고.

한번은 고등학교 선배 언니를 집회장에서 만난 거예요. '엄마의 노란손수건' 활동을 엄청 열심히 하는 언니예요. 언니라도 있어서 다행이라고 그랬어요.

"우리 가족들은 그렇게 친하게 잘 지냈는데 어떻게 내 일처럼 싸워주는 사람이 하나도 없냐. 언니, 나 너무 외로웠어."

양가하고 연락을 끊었는데 참사 나고 2년쯤 되었나, 다시 추석이 다가왔어요. 예진이 동생이 친척들 어떻게 지내는지 궁금해하는 거예요. 나야 그렇다 치지만 애가 너무 가엽더라고요. "고모나 삼촌, 이모들이 너한테 문자나 전화 같은 것도 안 해?" 물었더니 안 한대요. 그것도 좀 속상하더라고요. 그런데 막냇동생이 결혼한다고 연락이 왔어요. 그래서 애한테 물어봤죠. "외삼촌 결혼하는 데 가볼래?" 가고 싶어하는 거예요. 그럼 이 기회에 애만이라도 친척들하고 왕래하게 해야겠다 해서 갔어요. 그런데 예진이 사촌들은 다 멀쩡히 있는데 그 자리에 우리 예진이만 없는 게 너무 속상한 거예요. 결혼식 주례사도 뻔하잖아요. 검은 머리 파 뿌리, 자식을 어쩌고…

"자식 낳아서 열심히 키워놓으면 뭐 해, 물에 빠뜨려 죽이는데."

혼잣말로 그랬어요. 박수도 안 쳤어요. 안 나오더라고요. 울컥해서 음식 먹다 말고 나와서 안산으로 왔죠.

박유신(정예진 엄마)

사랑의 방향

친정어머니가 참사 이후에 저를 위한다고 한달을 저희 집에 계셨어요. 그게 오히려 더 힘든 거예요. 밥 먹어라, 뭐 어째라 하는 소리도 듣기 싫고, 주변에 아무도 없었으면 좋겠는 거예요. 그냥 내 아이를 위해서 내가 하고 싶은 일만 하고 살았으면 좋겠더라고요. 그래서 엄마한테 그냥 내려가시라 하고 그때부터는 아예 안 만났어요. 제가 엄마하고 친구처럼 지내는 사이였거든요. 하루에 한번씩 전화했어요. 1~2시간은 기본으로요. 지금은 꼭 필요한 일 아니면 연락을 안 해요.

내가 참 못된 게, 엄마를 내려보내고 몇달 있다가… "무슨 일 있으면 혼자 해결하고, 아프면 병원 가고, 밥 먹고 잘 지내고 있어"라고 문자를 보낸 거예요. 지금 생각하면 너무 못된 딸이야. 그때 나는 아무것도 신경쓰기 싫고 혜선이 일만 하겠다는 의지였거든요. 무슨 일이 생겨도 나한테 전화하지 말라는 마음이었는데, 지나고 보니까 엄마한테는 굉장히 아픈 문자였겠다는 생각이 들더라고요. 엄마도 혼자 계시거든요. 아들들은 다 장가가서 따로 살고. 예전 같으면 걱정 엄청 많이 했죠. 아침저녁으로 전화하고, 친구처럼 대화도 하고. 지금은 엄마가 친구를 하나 잃은 거나 마찬가지죠. 딸도 잃었지만…

엄마는 나를 걱정하잖아요. 나는 내 새끼를 걱정하는 거고. 그게 싫은 거야. 차라리 내 새끼 걱정을 해주면 엄마하고 문자도 주고받고 전화도 할 수 있을 것 같은데, 엄마는 새끼 잃은 나를 걱정하니까 이런 나를 보여주기 싫어요. 나를 걱정하는 엄마를 보기 싫어요.

성시경(김혜선 엄마)

네가 멈춰도 나는 안 멈춰

결혼 준비할 때 저희 시어머니를 처음 뵙고서 너무 놀랐어요. 정말 세련된 분이셨거든요. 요리나 패션은 말할 것도 없고, 사회 돌아가는 것에 대한 지식이 정말 해박하신 분이셨어요. 본인도 그런 자부심이 있었어요. 그런데 이 일로 그게 완전히 무너진 거죠. 예은이를 지키지 못했다는 죄책감이 정말 크셨어요. "내가 예은이를 죽인 거다"라고 하시면서.

저희 시어머니가 보수적이신 분이었거든요. 바깥 활동을 많이 하셔서 트인 분이지만, 한편으로는 정치적으로나 신앙적으로나 좀 닫힌 눈을 갖고 계셨어요. 그런데 이 일을 통해서 몰랐던 부분들을 알게 됐고, 남은 인생은 예은이 덕분에 이전보다 나은 생각을 할 수 있게 되었다고 예은이한테 고맙다고 이야기하시더라고요. 그리고 고맙다고 말하는 것 자체가 미안하다고요.

어머님께서 참사 나기 직전에 '한국여장로회연합회' 회장이 되셨어요. 한국여장로회연합회는 모든 교단을 아우르거든요. 가장 젊은 분이 60대고 대부분은 70대분들이에요. 정말 보수적인 분위기죠. 그분들한테 세월호 참사에 대해 알려야겠다는 생각을 하신 거예요. 그래서 일을 그만두지 않으셨어요. 가을에 전국 수련회가 열렸는데 특별법 서명지 가지고 가셔서 수백명의 서명을 받아오셨어요. 장로들이 책상 뒤엎고 깽판 치는데 끝까지 버티신 거예요. 광화문이나 시청 광장에서 집회할 때도 딱 한번 빠지고 다 나오셨어요. 예은 아빠 단식할 때는 거의 매일 광화문에서 피켓 들고 서 계셨고, 분향소에서 예배드릴 때도 매주 나오셨고요. 어머님이 지금 여든을 바라보는 나이세요.

시동생도 목사인데, 강단에서 세월호 얘기하다가 장로들이 반발해서 교회를 나가고 그랬어요. 시동생이 그 충격으로 쓰러져서 입원하기도 했죠. 지금도 끊임없이 세월호 알리는 일을 하고 있어요. 우리 교회 목사님이 세월호 이후에 감리교단 안의 적폐를 걷어내고 변화를 만들어보겠다는 모임을 조직했는데 거기에도 시동생이 들어갔어요. 막내 시동생도 초창기 때 개인 방송을 하는 시민기자들 지원하는 일을 했거든요. 집회 때 다른 집은 한두명씩 올 때 저희는 열명씩은 항상 갔어요. 그러니까 저희는 시댁하고 관계가 좋을 수밖에 없죠. 정말 고맙죠. 엄청난 위로가 되었어요.

친정 언니도 굉장히 보수적인 신앙생활을 해왔고 집하고 교회밖에 몰랐거든요. 참사 있고 예은이 보내주고 나서 언니가 저에게 이제 일상으로 돌아가라고 하더라고요. 특별법 제정 촉구 서명 받으러 다닐 때였는데, 언니가 이거라도 돕겠다며 500명의 서명을 받아왔어요. 혼자서 동네 상가 다 돌고 놀이터며 학교며 다니면서 학생들과 아기 엄마들을 만나서 500명을 딱 채운 거예요. 굉장한 거죠. 그러니 국회로 서명지 들고 간 날 언니가 얼마나 뿌듯했겠어요.

그날 여의도공원에 모여서 국회까지 행진했는데 저희 언니가 국회를 그때 처음 들어가본 거예요. 기자들도 되게 많이 오고. 언니가 너무 벅찬 거예요. 이 정도면 해결되겠다고 좋아하면서 집에 갔어요. 그리고 그날 저녁에 뉴스를 기다린 거예요. 그런데 지상파 아무 데도 그 소식이 안 나왔어요. 그 일에 저희 언니가 충격을 많이 받았어요. 제가 여러가지 미심쩍은 부분들에 관해서 이야기할 때도 언니는 설

마설마했거든요. 전화가 왔더라고요.

"어떻게 이럴 수가 있어? 우리가 가서 봤잖아. 내가 그 500명 서명을 받느라고 얼마나 애를 썼는데 어떻게 기사 한줄이 안 나올 수 있어? 예은아(예은 엄마), 미안한데 너 그냥 끝까지 싸워야겠다."

그러고 나서 저희 언니가 '리멤버 0416' 활동을 시작했어요. 그 이후에 일어나는 모든 일의 현장에 한번도 안 빠졌어요. 국정원(국가정보원), 대법원, 청와대, 안 간 데가 없어요. 처음이에요. 저희 언니가 그런 일 하는 것 자체가. 언니 집이 용인인데 언니는 차가 없어서 서울에 집회 있으면 버스를 타고 왔다 갔다 했어요. 지방에서 하는 집중 피케팅도 다 갔어요. "예은이 덕분에 KTX 처음 타본다" 그러면서 전국 팔도를 안 간 데가 없어요. 몸도 안 좋은데. 솔직히 말리고 싶기도 했어요.

"나 혼자만 힘들면 되는데 언니까지 힘들어서 어떡하냐?"

"너를 위해서 하는 거 아니야, 내가 미칠 것 같아서 하는 거야."

언니가 동네에서 사람을 모아서 지하철역에서 피케팅도 시작했어요. 월요일부터 금요일까지 매일 참여했고요. 예은 아빠가 팽목항에서 도보로 올라올 때도 같이 했어요. 그뿐만 아니라 김관홍 잠수사나 백남기 어르신 일에도 후원하고 지지를 보냈어요. 그러다보니까 언니 몸이 망가졌어요. 간 수치가 정상치보다 몇십 배 이상 높게 나왔어요. 아프고 난 뒤에는 지하철역 피케팅을 일주일에 한번만 나가고 있어요. 저는 고마우면서도 마음이 아프죠.

참사 나고 초창기에 언니가 친정 식구들한테 당분간 가족 모임에 예은이(예은 엄마) 부르지 말라고 딱 잘라 말했어요. 저한테도 "너 앞으로 한 2년 동안은 가족 모임에 나오지 않아도 돼. 언니가 대소사 다 챙길 테니까, 넌 네 일을 해” 그렇게 얘기하더라고요. 요즘도 뜬금없이 이런 문자를 보내줘요.

"언니는 항상 너를 지지하고 응원해. 네가 뭘 해도 같이 할 거야. 예은이한테 미안해. 나는 왜 아이들을 구하지 않았는지에 대한 명쾌한 답이 나오기 전에는 이 일을 멈추지 않을 거야. 네가 멈춰도 내가 안 멈춰."

박은희(유예은 엄마)

살아가야만 하는 날들

결혼

작은딸은 지금 호주에 있어요. 오렌지 농장에 있다는데, 얼마 전에 1년 더 있겠다고 연락이 왔어요. 잘 지내고 있대요. 둘째가 이 일 있고 나서 마음이 너무 힘들었을 때 친구들하고 외국여행을 다녀왔는데, 돌아오자마자 워킹홀리데이로 다시 나갔어요. 간다고 했을 때 반대는 못했어요. 자기가 하고 싶은 거 다 해보라고 놔뒀어요. 후회를 해도 가보고 후회해야 될 거 아니에요. 불안하기는 해요… 그래도 걱정은 안 해요. 둘째는 워낙 야무지니까.

큰딸은 요즘에 결혼 생각이 있는 것 같더라고요. 연애한 지는 1년 정도 된 것 같은데, 결혼 안 한다 그랬거든요. 그런데 엊그저께 통화했는데 그래요.

"엄마, 나 결혼해야겠어."

"해라. 니들이 벌어서 아껴 쓰고 살면 되지. 뭐가 걱정이냐."

"머지않아 상견례해야 할 것 같은데… 엄마, 아저씨하고 혼인신고 해. 엄마 혼자 남겨두는 건 좀 그렇잖아. 내가 아빠라고 부를게. 알았지? 동생한테는 내가 얘기할게."

내가 혼자서 우리 애들을 십몇년을 키웠어요. 두번 결혼을 했는데, 첫 남편은 폭력을 휘둘렀어요. 하루는 죽으려고 마음먹고 큰집에 전화해서 큰엄마한테 '애들 좀 키워주세요' 말하고 약을 먹었어요. 깨어나니 병원이더라고요. 큰아빠가 이혼할 수 있게 도와줬어요. 큰아빠 댁 근처에 방을 얻어 사는데, 어린애 둘을 데리고는 도저히 일을 할 수가 없더라고요. 먹고살기 버거워서 고향으로 갔는데 거기라고 뭐 뾰족한 수가 있겠어요. 이모가 중매를 서서 할 수 없이 두번째 결혼을 한 거예요. 그리고 순범이를 낳았어요. 그런데 남편이 나하고 성격이 너무 안 맞아서 헤어지고 애 셋을 다 감당하게 된 거예요.

난 안 해본 거 없어요. 진짜 안 해본 거 없어. 나는 뭐든지 다 할 힘이 있어요. 애들 굶기지 않는다는 말이에요. 잘 살아보려고 했어요. 아빠 없이 키워서 그렇다는 소리 안 들으려고요. 아빠하고 엄마 몫을 다 해야 했잖아요. 그래서 내가 더 일을 많이 해야 했어요. 하지만 나는 애들을 버리고 왔더라면 벌써 죽었을 거예요. 애들이 있기에 모든 걸 감수하고 살았어요. 그러다가 지금 우리 아저씨를 만난 거예요.

큰딸이 평소에는 우리 신랑한테 아빠라고 안 하고 아저씨라고 그래요. 나 우리 아저씨랑 혼인신고 안 하고 살았거든요. 우리 딸들 입장에서 보면 자기 아빠가 있고, 또 순범이 아빠가 있는데 또다른 아빠가 생기는 거잖아요. 그게 상처가 될까봐 혼인신고를 안 했어요. 애들 다 시집보내고 나중에 늙어서 하려고 그랬어요.

한편으로는 남자를 믿을 수 없다는 생각도 있었어요. 남자에게 받은 상처가 있으니까 안 믿는 거예요. 나는 스스로 내 애들을 키우겠다. 그런 자세가 항상 몸에 배어 있어요. 그래도 애들한테 아빠라는 사람을 만들어주고 싶었어요. 제대로 된 아빠.

이 사람은 아이들에게 좋은 아빠가 될 가능성이 있어 보였어요. 애들한테 엄청 잘해줬거든요. 그래도 처음에는 친해지기 쉽지 않잖아요. 정을 쌓고 서로 가족으로 받아들이게 되는 데는 시간이 필요하니까요. 순범이가 수학여행을 떠날 무렵이 굉장히 중요한 시점이었어요. 그 일이 일어나지 않았다면 서로 더 정이 들었을 거고 그러면 순범이가 "아빠"라고도 했을 텐데… 우리 아저씨도 많이 울었어요. 나더러 그러더라고요. "너는 시작했으니까 끝까지 해. 나는 돈 벌 테니까. 같이 하면 둘 다 죽으니까."

착한 사람이에요. 그래서 내가 우리 아저씨를 좀 믿게 됐어요. 진상규명하라고 나를 밀어주고 신경써주니까 그게 내 마음에 와닿았던 거죠. 혼인신고를 하기는 해야 할 것 같아요. 순범이를 위해서라도. 어느 순간 그 생각이 딱 드는 거예요. '내가 혼인신고를 하면, 우리 아들이 마음이 놓이지 않을까?' 나에게 어떤 생각이 떠오를 때는 꼭 순범이가 얘기를 해주는 것 같아요. 그런데 아직은 마음의 준비가 좀더 필요할 것 같아요. 닫혔던 마음이 쉽게 열리지는 않더라고요.

나는 우리 딸이 결혼하는 거 별로 안 좋아요. 그래도 한편으로는 빨리 보내야겠더라고. 나이 먹은 딸을 내가 언제까지 데리고 있을 수는 없잖아요. 보내고 나면 딸 걱정은 안 해도 되잖아요. 진상규명만 더 신경써도 되잖아요. 어차피 내 인생은 포기한 거예요. 나 상견례 같은 거 적응 안 되는데… 걱정되죠. 내 체질 아닌데. 지금 내 마음이 온통 우리 아들한테 있는데 집중이 될까. 만나면 어떻게 해야 되지. 무슨 말을 할 수 있을까. 나 머리도 노랗게 했는데 상견례도 그렇고 결혼식 때도 이렇게 노랑머리 하고 가면 하객들이 웃지 않을까. 내가 이 머리를 바꿀 생각이 없는데… 진상규명할 때까지 절대로 바꿀 생각이 없거든요. 엄마들하고 광화문에서 삭발할 때 결심한 거예요. 이 답답한 마음을 이렇게라도 표현하지 않으면 견딜 수가 없어요, 나는.

최지영(권순범 엄마)

채워지지 않을 갈증에 대하여

만두는 2015년에 데려왔어요. 6월요. 나는 개 별로 안 좋아해요. 우리 집사람이 되게 좋아해요. 나는 만두의 주인이지 아빠 아니에요. 나는 그런 말 되게 싫어요. 나한테 아들은 성호밖에 없어요. 성호 엄마도 주인님이라고 하지 절대 '엄마' 같은 말은 안 써요. 내가 싫어하거든요. "당신을 엄마라고 할 수 있는 사람은 한명밖에 없어. 그건 잊으면 안 되지"라고 해요. 그런 사이예요. 그래도 잘 키우고 있어요.

만두랑 살면서 배우는 거요? 얘는 평생을 나랑 같이 살아야 해요. 사람으로 치면 1살 반 정도의 지적 수준을 가지고. 늙어 죽을 때까지 끊임없이 비슷한 요구를 하겠죠. 사람이 커가면서 하게 되는 복잡한 요구를 나한테 하지는 않을 거예요. 맛있는 거 먹고 싶고, 가볍게 한 바퀴 돌며 산책하기를 바라고, 만져주기를 원하고… 그러고 나면 더 바라는 것도 없는 것 같아요. 내가 관심을 안 두면 얘는 좀 눈치 보다가 자요. 그냥 그 정도예요.

사람과 사람이라면, 좀더 복잡한 관계 형성을 원하죠. 너무 단순한 관계만으로 이어지면 재미가 없어진다고 해야 하나. 골치 아픈 걸 원하는 건 아니지만, 좀더 다이내믹하고 좀더 깊이 있는 관계를 원하게 되죠. 그게 연인과의 사랑일 수도 있지만 아들과 아빠로서의 교감 같은 것이기도 해요. 지금은 복잡다단하고 깊은 관계를 맺지 못하고 심플한 관계만 갖고 있어요. 계속 목마르겠죠. 갈증에 시달리겠죠.

참사 전에 직장 다니면서 만났던 사람들은, 최근 4년 동안 연락한 사람이 한명도 없어요. 깊은 관계를 갖지 못했구나 반성하는 계기도 되었어요. 유가족 중에는 저에게 어느 정도 신뢰를 가진 분들이 몇명 있긴 있어요. '성호 아빠가 얘기했으니까 맞겠지.' 어떤 깊은 유대가 있었던 건 아니고 그냥 약간의 신뢰겠죠. 모르겠어요. 얼마만큼 깊은 관계가 될지.

우리 5인방* 부모님들을 만나서 다행이라고 생각해요. 매달 정기적으로 만나는 날이 있는데 이날 애들을 보러 가요. 그런 날에는 오래 수다를 떨죠. 애들 보고 와서 밥 먹고 커피 마시러 가고, 누군가의 집으로 우르르 몰려가기도 하고. 남자들끼리는 전화해서 당구 칩시다, 불러내기도 하고. 엄마들끼리는 전화해서 서로 수다 상대가 되기도 하고. 누군가 꿍하게 있으면 다른 엄마가 전화해서 풀어주기도 하고. 그런 누군가가 있다는 게 좋죠.

그런데 5인방 가족들은 다 형제자매가 있어요. 우리만 외동이고. 얘기하다보면 다른 애들 얘기를 하게 돼요. 시간이 흘렀으니 대학 가는 애도 있고 그렇죠. 자취방이 어떻고 애가 요즘 공부 안 하고 게임만 한다는 둥… 화나죠. 내색은 안 하지만. 남은 자식이 있는 사람들은 큰 의식을 못하고 얘기를 하게 돼요. '열 손가락 깨물어 안 아픈 손가락 없다는 말은 거짓말이다. 손가락이 한개밖에 없는 사람은 더 아프다' 그런 생각이 들어요.

참사 이후에 우리 집사람과 내가 함께 있는 시간이 결혼하고 참사 전까지의 시간보다 더 많은 것 같아요. 예전에 직장 다닐 때는 잠자는 시간 빼면 출근 전 잠깐하고 퇴근 후에만 보잖아요. 하루에 많아

---

* 참사 이후 이재욱, 김건우, 이준우, 김제훈, 최성호 다섯 소년의 부모들은 생전에 절친 했던 아이들의 기억을 나누며 '단원고 5인방'이라는 모임을 결성해 정기적으로 만나고 있다.

야 4~5시간. 성호가 열살 넘어가면서는 지방에서 저 혼자 떨어져 살았거든요. 그때는 한달에 평균 3~4시간? 2013년부터는 제가 아예 외국에 나가 있었어요. 지금은 자는 시간을 빼고는 거의 내내 마주 보고 얘기하는 관계가 되었어요. 우리의 관계도 변화가 있어야 하지 않을까 하는 생각을 했어요. 기존에 살았던 방식과는 다른 방식으로 서로를 대해야 할 것 같아요.

예전에 나는 가부장적인, 멋대가리 전혀 없는 남자였죠. 상당히 재미없는 남편이었어요. 열심히 일해서 돈 많이 갖다주면 최고의 남편이야, 최고의 아빠야, 그렇게 생각했어요. 월요일부터 토요일까지 열심히 일했어요. 어떤 날은 2박 3일을 꼬박 회사에 있기도 하고. 그러니까 나는 주말이 너무 아까운 사람이었어요. 주중에 죽을 둥 살 둥 일했는데 주말에는 정말 최선을 다해서 놀아야겠다. 우리 성호는 주말에 게임을 하고 싶어했어요. 평일에는 못하니까. 그런데 나는 내 기준으로 즐거운 일을 정해놓고 성호를 데리고 나갔어요.

지금은 내가 집에서 밥을 하기도 하고 청소도 해요. 집사람이 모임에 가면 태워주기도 하고. 그러면서 집사람 단점이 보이기도 하고 장점이 보이기도 해요. 여태껏 잊고 지냈던 집사람의 매력을 다시 발견하기도 하고요. 집사람 역시 그랬으면 좋겠어요. 왜냐하면, 못했던 게 너무 많으니까요. 우리 집사람은 저보고 엄한 말투 좀 하지 마라, 목소리가 너무 크다, 그렇게 얘기를 하는데 잘 안 바뀌는 부분도 많아요. 그래도 훨씬 좋아지기는 했을 거예요. 그렇지 않니, 만두야?

최경덕(최성호 아빠)

아무도 모르는 쓸쓸한 죽음과 우리의 소멸

"외동아들을 잃었는데 얼마나 마음이 아프실까요. 영석이는 어떤 아이였나요?"

간담회 가면 항상 물어보는 질문이에요. 우리 애들이 IMF 때 태어났잖아요. 그때 형편이 어려워서 하나만 낳았어요. 한달 벌어 한달 먹고사는 빠듯한 월급쟁이 생활을 했는데, 힘들었어요. 나 혼자는 버거워서 영석이 엄마한테 맞벌이해달라고 했던 기억이 나요. 아들한테는 이런 형편을 대물림을 해주기 싫었어요. 그래서 공부하라고, 영석이를 많이 채근했던 것 같아요. 그랬는데… 이렇게 아들이 훅 가버렸잖아요. 죄책감이 들어요. 이렇게 갈 줄 알았으면 내버려둘걸.

영석이는 나하고 친구처럼 지냈어요. 밖에 나가면 사람들이 내가 아빠 아닌 줄 알았어요. 엄마도 마찬가지로 영석이가 친구 같았죠. 살다보면 부부싸움도 하잖아요? 그러면 아들이 중간에서 잘 풀어주고. 그렇게 살았죠. 이제는 영석이 엄마와 나, 둘만의 시간이 되었잖아요. 집에 가면 완전히 각자예요, 각자. 영석이 엄마는 거실, 나는 침대.

영석이가 있을 때는 아이가 하나라도 아쉽거나 그러지는 않았어요. TV 보면 재산 때문에 형제지간에 싸움도 하고 그러잖아요. 그럴 바에는 하나만 낳는 게 낫겠다고 그랬죠. 물려줄 재산이야 얼마 없겠지만요. IMF 전까지는 국가에서 지금처럼 아이를 많이 낳으라고 장려하지 않았어요. 하나만 낳아서 잘 기르자는 캠페인도 있었잖아요. 그게 참 안타까워요. 열 손가락 깨물어서 안 아픈 손가락이 없듯이 자식이 많았어도 누구 하나를 보내면 아프기는 마찬가지일 텐데, 그래도 하나라도 더 낳을걸… 솔직히… 어떻게 보면 대가 끊긴 거잖아요. 우리 집사람하고 저는. 우리가 죽음으로서 우리 자체는 이제 영원히 사라지는…

독거노인들이 아무도 모르게 쓸쓸히 죽음을 맞는 이야기를 TV에서 봤어요. 몇달 만에 부패된 모습으로 발견되는 일요. 혹시 우리도 그렇게 되지 않을까 참 염려스러워요. 둘 중에 먼저 죽은 사람은 남은 한 사람이 챙겨주겠죠. 태워서 뿌려주기라도 하겠죠. 그런데 마지막에 죽은 사람은 누가 찾아오지 않으면 죽었는지 살았는지도 모르지 않을까…

오병환(오영석 아빠)

우리의 의미

세월호 참사 나고 2년 후에 안산에서 다른 지역으로 이사했어요. 막내가 고등학교를 다른 지역으로 가게 됐는데, 이참에 다 같이 떠나자고 했어요. 안산에서는 너무 힘들어서 살 수가 없었어요. 남편도 저도 남은 두 딸도 다들 자기 마음속에 지민이의 존재가 이만큼씩 있었으니까 서로 자기가 가장 힘들다고 생각했던 것 같아요. 그걸 표현을 안 했지만요. 우리는 다 슬픔에 젖어서 사느라 서로 돌보지 못했어요.

이사하던 날은 혼자 엄청나게 울었어요. 오래 살아온 곳에서 이렇게 떠나게 됐으니까요. 막상 와서는 잘했다 싶은 생각이 들어요. 안산에 있을 때는 온 정신과 마음을 세월호에만 쏟고 있었잖아요. 여기와서는 생활을 좀 돌아보게 됐어요. 다시 예전으로 돌아갈 수는 없지만 그래도 앞으로 살아가야 하는 날들이 있잖아요. 이사하고 나서야 그런 걸 좀 돌아보게 된 거죠. 이사하고 나서 가장 큰 변화는 '우리'한테 집중할 수 있게 됐다는 거예요. 저희는 '가족'이라는 범위를 양쪽으로 너무 크게 잡고 살았어요. 주말이면 무조건 시댁에 가고, 방학 때는 거의 친정 가서 살았어요. 우리끼리는 따로 여행도 거의 가보지 못했어요. 그게 당연하다고 생각했어요.

시아버지는 유교적인 가치관을 따르시고 권위적이신 분이에요. 남편은 아버지 뜻에 충실히 따르는 아들이었어요. 아버지가 원하니까 가야 해, 아버지가 싫은 소리 하는 거 듣기 싫으니까, 그런 식이었어요. 그랬던 남편이 달라졌어요. 지민이 보내고 명절이 왔는데 시댁에 안 갔어요. 그런 날이 되면 더 슬픈 게 유가족들이에요. 슬픈 마음이 가득한데 어른들한테 절하고 싶지 않았어요. 그런데 저희가 안 왔다고 아버님이 노여워하시는 거예요. 할 도리를 안 한다고. 남편한테도 술 드시고 전화해서 뭐라고 하고 저한테도 그러셨어요. 조금 기다려주셨으면 좋았을 텐데… 아버님은 지민이가 하루아침에 이렇게 됐는데도 똑같으셨어요. 그걸 본인은 모르시는 거예요.

이 일 겪고 우리는 가장 소중한 사람의 기준이 바뀌었어요. 내 곁에 없으면 안 될 사람들이 누구인지 다시 생각하게 된 거예요. 가족의 재탄생이에요. 남편이 가장 큰 변화를 겪었다고 할 수 있겠죠. 애아빠가 지민이 있을 때 우리끼리 여행을 많이 다니지 못한 걸 되게 후회해요. 그래도 행복은 했지만 우리끼리 더 많은 추억을 쌓지 못한 게 너무 아쉬운 거예요. 지금은 우리끼리 같이 뭘 하려고 많이 노력해요. 요즘은 대화를 참 많이 해요. 장난도 치고 토론도 해요. '미투 운동*' 같은 사회적인 문제들에 대해서요. 예전에는 그런 게 없었어요. 남편이 좀 가부장적이었거든요. 자기 의견을 안 받아들이면… 남자들이 그런 게 조금 있잖아요. 그런데 지금은 애들이 아빠를 공격하는 형세가 될 때가 많아요. "남자라서 그런 게 어딨어!" 그러면서.(웃음)

애들하고 얘기하다보면 요새 애들은 우리 때와는 생각이 다르다는 걸 많이 느껴요. 낙태죄에 관해서도 얘기를 했거든요. 애들은 낙태죄를 폐지해야 한다고 그래요. 왜 여자만 책임을 지고 처벌을 받아야 하느냐고. 애들 아빠하고 저는 천주교 신자거든요. 그런데 애들 아빠는 기준을 정해놓고, 이를테면 애기가 뱃속에서 형체도 거의 없을 때 정도는 허용할 수 있다고 그러더라고요. 원치 않는 임신을 했

---

* Me Too, 즉 '나도 겪었다'라는 의미로 사회 각계에서 자신이 겪은 성범죄 피해 사실을 폭로하여 사회적 각성과 재발 방지를 촉구하는 운동.

을 때는 큰 문제인 거잖아요. 별의별 얘기를 다 해요. 정답은 없지만 각자의 의견들을 서로 얘기하는 거예요. 그런 중에 약간 다투기도 하는데 지나고 나면 다 웃어요. 재밌어요. 굉장히 변한 모습이죠.

남편이 지금은 안산에 있는 예전 직장으로 돌아갔어요. 다시 올 수 있겠냐고 전화가 온 거예요. 그 직장을 20년 가까이 다녔거든요. 고민했죠. 막내 학교 때문에 이사를 갈 수도 없거든요. 그러면 남편이 주중에는 기숙사에서 지내야 하는데… 경제적인 면만 보면 남편이 안산으로 일하러 가야 했어요. 저희 부부가 일을 1년이나 쉬었으니까요. 그런데 우리가 지민이를 보내고 아빠까지 떨어져서 살아야 하나… 그래서 투표를 했거든요. 찬성과 반대가 3대 1이 나온 거예요. 반대 한표는 큰딸이었어요. 막내하고 저는…(웃음) 막내 등록금이 비싸요. 그래서 막내하고 나는 돈 걱정을 하는 거죠. 그런데 남편도 찬성에 동그라미를 쳤어요.(웃음)

남편 보내고 나서 내리 사흘을 울었어요. 월요일 아침에 가서 금요일 저녁에 오는 거니까 사실은 떨어져 있는 시간도 나흘뿐인데 그때는 왜 이렇게 슬픈지… 지민이 생각이 나는 거예요. 지민이가 그리워서 울 때 마음이 생각나서요. 우리가 함께하지 못해서 이렇게 마음이 아픈 거잖아요. 가족 중에 누구 하나가 사라진다는 건 너무 큰 슬픔이에요. 존재가 없어진 거잖아요. 이 세상에서는… 이렇게 아픔을 겪고 난 다음에 깨달았다는 것 자체가 참… 힘들어요. 너무 힘들어요.

유점림(이지민 엄마)

글: 박희정

다시 만난 세계

'우리 감시하러 온 사람들 아닐까?'
참사 나고 국회에서 농성할 때 시민들이 도와준다고 오면 말을 안 했어요.
너무 불신에 차 있을 때였거든요.
와도 모르는 척하고 대충대충 듣고 그랬어요.
국회에서 혼자 바람개비를 꽂고 있는데, 어떤 여자분이 가까이 오셨어요.
며칠 전부터 우리 주위에서 계속 사진을 찍던 분이셨어요.
"어머니, 바람개비에 뭐라고 쓰셨어요?" 하면서 말을 거는 거예요.
대꾸를 안 했어요. 저한테 그러시더라고요.
"사실은 제가 대구 지하철 참사 생존자예요.
저희는 기록을 못 남겼어요. 세월호 참사는 어머님들이 하고 있는 걸
기록으로 남기고 싶어서 제가 여기 와 있어요."
결혼은 했지만 두려움에 아이를 못 낳고 있다고,
대구 지하철 참사 때 국가가 어떻게 대응했는지 이야기를 전해주셨어요.
처음이었던 것 같아요. 그런 분들과 대화를 했던 게.
그분으로 인해서 제 마음이 열렸어요.
저런 아픔을 가지신 분들도 우리 곁에 있구나.

윤경희(김시연 엄마)

낯선 두려움

"너무 오랜만에 얼굴 보는 것 같아요?"

"… 아, 네."

"어디 다녀오셨어요? 아님 잘 안 나오셨나? 어떻게 지내시나 해서…"

"주로 집에…"

"아… 몸은 좀 어떠세요?"

"뭐, 그렇죠…"

지현이 보내놓고 한달 넘게 집 밖을 안 나갔어요. 집 가까이 떡볶이 가게가 있는데 단원고 다니면서 그 집 떡볶이 안 먹은 애들이 없을 거예요. 거기를 지나는 것도 두렵고 죄지은 것처럼 못 나오겠더라고요. 애를 먼저 보냈으니 죄인인 거지. 부모가 무능력해서 아무것도 못하고 애들이 저렇게 된 게 창피한 거지.

남편이 내가 어떻게 될까봐 집에 나를 놔두지 않고 차를 태우고 돌아다녔어요. 전국 방방곡곡을 다 다녔어. 관광을 한 게 아니라 부산 갔다 그냥 오고, 전주에 갔다 그냥 오고, 차만 타는 거예요. 처음 1년 동안은 집에 있으면 나가고 싶고 나가면 또 불안하고 그런 게 반복이었어요. 마음이 계속 불안해. 이 불안감을 어떻게 할 수가 없어.

전옥(남지현 엄마)

유령처럼 밤에만 다녔어요. 안산에서 오래 살다보니까 알아보는 사람도 있어서 애써 피해 다녔어요. 혹시라도 길에서 아는 사람이라도 보면 안 마주치려고 무단횡단해서 돌아왔어요. 고개를 들 수가 없고 당당할 수가 없는 거예요. 아휴, 왜 그랬는지 딱히 모르겠어요. 억울하기도 하고 무섭기도 하고…

박유신(정예진 엄마)

나도 트라우마가 많은가보다, 집사람한테 그랬어요. 이거는 평생을 안고 가야지 뭐, 고칠 수가 없잖아? 애가 살아온다면 고쳐지겠지만. 나는 평소대로 말을 하는데 언성이 높다고 하고 그 말을 듣는 상대방에게 오해를 사고, 그럼 또 언성이 높아질 거고. 내가 조심을 하고 피해야 하는구나 많이 느끼죠. 말을 될 수 있으면 안 하게 되고. 그런 생각을 하면 많이 서글퍼. 내가 피해를 입었다는 생각을 하게 돼. 대인 관계도 맺고 지내면 좋겠는데 자꾸만 피하게 되고, 만나지 않게 되니까. 이러다가 나중에 내 곁에 아무도 없을 것 같아 슬퍼지지.

세월호 가족끼리는 잘 만나요. 서로 똑같은 상황이니까 어떤 얘기를 해도 이해를 해주지. 유가족 외의 사람들은 안 그래. "어, 저 새끼는 왜 저래?" "자기가 뭔데?" 이런 말이 대뜸 나오는 거지. 나 같아도 그럴 것 같아. 그 사람은 내 아픔을 알 수가 없잖아. 아픔을 겪어본 사람만이 이해할 수 있는 거지, 아픔을 겪어보지 않은 사람은 이해를 못해. 나라면 분명히 그렇게 생각할 거야. '자기만 그렇게 됐어? 다른 사람도 그렇게 됐는데.' 그런 소리를 들을까봐서 피하게 되는 것 같아. 옛날 직장을 다시 못 가는 게 이런 것 때문이지 않나 하는 생각을 해요.

당해보지 않으면 누구도 몰라, 이 아픔을. 정말로 우리 가족도 몰라요, 이 아픔은. 남들이 흔히 하는 얘기가 그거잖아. 이제 그만 잊고 살아라. 그런데 잊을 수가 없잖아. 그 말 들을 때마다 속에서 화가 치미는데 남들은 쉽게 말을 하지. 애는 갔으니까 다른 삶을 살아야 하지 않냐고. 물론 그 말이 우리를 위한 말인 줄은 알아요. 하지만 그런 위로의 말을 받아들일 수가 없어요. 그 말을 이해하는 사람도 있겠죠. 인간은 똑같지 않으니까. 언젠가 이해가 될 날이 올지도 모르지만 지금 이날 이 시간까지는 그런 말이 나한테 전혀 위로가 되지 않아. 그런데 어디 주변 사람들은 그래? 그 사람들 입장에서는 그게 위로지. 당사자인 나는 힘들고 짜증이 나.

유해종(유미지 아빠)

조각난 믿음

"세월호 유가족들 보상금 많이 받았다며?"

"그런 것 같더라고. 그게 다 우리 세금이잖아."

"네 애는 살아왔으니까 상관없는 얘기지?"

"…"

친구들 모임에 갔는데 세월호가 세금을 얼마를 빼먹느니 어쩌느니 그런 소리를 하는 거예요. 저는 생존자 가족이니까 상처 안 받을 줄 알고 이야기를 하는 거지. 제가 태어난 고향에 초등학교 친구들이 한 120~130명 되는데 모이면 아직도 자기네들 입장에서만 이야기하는 사람들이 있어요. 기분이 엄청 나쁘니까 솔직히 대놓고 얘기를 하고 싶지. '니들이 성금을 내봤어, 뭘 했어?' 남을 위해서 돈을 내는 사람은 절대 그렇게 생각을 안 하거든.

사람 마음이 다쳤는데 거기다 대고 빈정대는 사람들이 있어요. 내 마음 같지 않은 거죠. 그렇다고 거기에 격해서 사람을 때릴 수는 없잖아요. 내가 어휴, 어떻게 하다가 술병으로 자해를 했어요. 술을 한 잔 먹다가 너무 기분이 안 좋으니까 화를 못 이겨서. 울컥해가지고 때릴 수도 없고. 때리면 또 이슈가 되잖아요. 그렇지 않아도 무슨 일만 나면 이슈가 되고 있는 상황인데. 내가 나를 병으로 때리는 바람에 병원 가서 꿰매고.

당사자도 아니면서 그렇게 쉽게 이야기들 안 했으면 좋겠어요. 그게 가장 참기 힘들어. 나는 생존자 가족이지만 나중에 밖에서 그런 얘기를 들으면 희생자 가족들은 얼마나 상처가 크겠어요. 나가서 사람들을 만나면 그런 상처를 받아요. 저도 웬만하면 안 가려고 하는데, 그래도 애는 써야 하잖아요. 다 안 만나고 살 수는 없으니까 가야 되잖아요. 지금도 이건 힘들어요.

김성한(생존학생 김소진 아빠)

참사 나기 전에는 회사 사람들을 가족이라고 생각했어요. 정말 형동생처럼 챙겨주고 했던 분들이어서. 남편이 회사 갔다가 풀이 푹 죽어가지고 퇴근할 때가 있었어요. 무슨 일인지 물어보면, "보상금 얼마 받았냐?" 물어보는 사람도 있고, "우리 회사가 이렇게 힘든데" "내가 지금 1억원이 필요한데" 하면서 빌려달라는 식으로 얘기하는 사람도 있다고. 그런 말 들은 날이면 돌아와 너무 힘들다고 하더라고요. 그동안 친했던 게 있고 내가 알던 이미지가 있으니까 "가족 같으니까 그런 농담도 하고 그랬겠지" 하고 말았는데… 그런 것까지도 괜찮았는데…

1박 도보행진을 한 다음 날 남편이 회사를 안 가는 거예요. "왜 안 가?" 그랬더니 그동안 못했던 얘기를 하더라고요. 회사에서 교통사고다 생각하고 묻으라고 했대요. 마음의 상처를 많이 받았더라고요. 내가 봐도 지금 그 회사에서 일을 하기는 너무 힘들 것 같아. 우리 마음도 가라앉혀야 되고, 세월호 진상규명 일도 많으니까 편한 대로 그냥 우리가 하고 싶은 대로 하자 그랬죠.

전인숙(임경빈 엄마)

"우리 집 2층에도 유가족이 사는데 새벽에 고양이 울음소리 같은 소리가 들려. 소름끼쳐 죽겠어. 너처럼 밝아야 되는데 맨날 울어, 맨날 울어."

참사 나고 1년도 채 안 됐을 때였거든요. 같은 회사 다녔던 언니가 동네에서 마트를 하는데 저한테 남 얘기하듯이 그러는 거예요. "예진 엄마는 씩씩해서 좋아." 그 말도 너무 슬펐어요. 분위기 다운시킨다고 할까봐 아픈 내색 못하는 건데. 씩씩한 척하려고 버둥버둥 안간힘을 쓰는 건데. 컨디션이 좋을 때 들으면 그나마 괜찮은데 예진이가 유난히 더 보고 싶을 때는 칭찬이랍시고 하는 그런 말조차 듣기 싫고 상처가 돼요. 사람들 눈에는 내가 아무 일도 없었던 듯 사는 것처럼 보이나 싶어서 예진이한테 미안한 마음도 들고.

우리 예진이 업고 다닐 때부터 본 언니가 늘 예진 엄마라고 부르더니 참사 나고 얼마 안 돼서 "예진 엄마, 아니 아니" 하면서 둘째아이 이름으로 부르는 거예요. 아휴, 없는 사람 취급을 하네. 하기야 저 사람들 입장에서는 없는 사람이지… 예전에 알던 사람들은 예진이 얘기를 안 하려고 해요. 상처를 건드린다고 생각하는 것 같아요. 우리는 애들 얘기하는 거 좋거든요. 제가 어쩌다 "우리 예진이도 좋아했는데" 하면 순간 정적. 저도 불편한 거예요. 그러다보니까 만나기도 싫고.

박유신(정예진 엄마)

참사 전에는 교회가 삶의 중심이었어요. 모든 활동들이 교회가 시작점이었는데 이제 완전히 단절이 된 거죠. 애들은 좋은 곳에 갔으니까 이제 마음에 묻어라, 이런 말을 직접 하는 건 아니지만 은연중에 비치는 게 있어요. 제가 마음이 상했던 건 교회 안에서 세월호 얘기를 안 한다는 거예요. 가끔 말을 할 때가 있는데, 예를 들어 부흥회를 한다면, "세월호 같은 사건이 다시는 일어나지 않기 위해 기도 많이 해야 됩니다"라고 부흥회를 부각시키기 위해서 세월호가 언급돼요. 세월호가 주가 되는 게 아니라 하나의 목적을 위한 수단으로 활용되는 걸 보니까 이건 아니다 싶더라고요. 생각의 차이가 너무 컸던 거죠. 그들이 세월호를 바라보는 시각이 너무 다르다는 걸 느끼게 되고, 우리는 그렇게 생각하고 싶지 않은데 자기들이 의도한 생각 속에 우리를 집어넣으려고 하니까 그게 싫은 거죠.

그렇다고 신앙을 저버린 건 아니에요. 교회만 안 나가는 것뿐이죠. 활동하는 교회에서 세월호 얘기를 해달라고 요청받은 적이 몇번 있었어요. 가서 그런 이야기를 했어요. 오히려 나는 길에서 예수님을 봤고 길바닥에서 진짜 신앙생활을 하는 사람들을 만났다. 교회 다닌다고 해서 다 신앙인이고 기독교인이라는 생각, 이제 나는 안 한다.

박요섭(박시찬 아빠)

타자의 얼굴

"왜 그래? 무슨 일 있어?"

"아냐, 그냥 피곤해서 자려고."

"무슨 일 있으면 엄마한테 꼭 말하고."

"아니야, 별일 없어."

　어느 날 봤더니 딸아이가 이불을 뒤집어쓰고 불도 안 켜고 있더라고요. 왜 그러냐고 물어도 말을 안 해요. 너무 이상해서 며칠을 지켜봤더니 애가 집 밖으로 나가지를 않아요. 아침에 학교는 가는데 학교에서 돌아오면 집 밖을 안 나가는 거예요. 친구를 만나지도 않고. 나중에 얘기를 들어봤더니 동네 사람들이 자꾸 쳐다보고 수군거리고 애가 학교 끝나고 집에 올 때 쫓아오는 사람도 있다고. 애가 너무 무서워하더라고요. 이대로 있으면 남은 애마저 잃을 것 같았어요. 안 되겠다 싶어서 이사를 했죠. 이사를 하고 한 6개월 지나니까 애가 친구 만나러 시내도 나가고. 1년 가까이 되니까 친구를 집에 데리고 오기도 하더라고요. 딸아이 걱정에 이사를 했지만 마음이 복잡했어요. 지금도 가끔 그 부근에 가면 한참 서서 그냥 보다 와요. 큰길가에서 전에 살던 집이 보이거든요. 이사 오기 전에 수인이한테 우리 이사한다고 열심히 말했는데, 우리 애가 그 집에 갔을까요?

김명임(곽수인 엄마)

실장이 사장 부인인데 자꾸 시비를 거는 거예요. 그전에는 이런 트러블이 전혀 없었는데 이상했어요. 알고 보니 아들 장례를 치르는 사이에 경찰관이 회사에 다녀갔다고 하더라고요. 경찰이 유가족 동향을 파악하려고 왔던 거죠. 별것도 아닌 일로 시비를 거니까 나중에 직원들이 내 편을 들었거든요. 그랬더니 자기 남편한테 얘기를 했나 봐요. 나랑 같이 일 못하겠다고. 일이 있어 창고에 갔는데, 사장이 따라와서 얘기를 하더라고요. 실장이 같이 일 못하겠다 한다고, 그만뒀으면 좋겠다고. 알았다고 했죠. 나올 때도 실장하고 대판 싸우고 나왔어요.

김정윤(김건우 아빠)

미수습자 은화 사진 들고 '세월호 인양하라' 피켓 들고 있었거든요. 지나가던 사람이 자기는 의료사고로 아이를 잃었는데, 시끄러운 거 싫어서 참고 산다고 하는 거예요. 그 당시에 아무 말도 못하고, 울지 않으려고 턱이 아플 정도로 참고 있었어요. 그다음 날 가족증명서를 떼다 벽에다 딱 붙였어요. 준영이 사망신고를 안 했거든요. 진실을 알기 전에는 안 보낸다, 아직 내 가슴에 묻을 수 없다. 그때는 그런 걸로 버텼어요. 집 이곳저곳에 노란리본 다 붙이고, "난 세월호 엄마야, 세월호 엄마야" 나 스스로를 그렇게 부르면서 풀고 살았어요.

임영애(오준영 엄마)

"우리가 거의 두달을 슬퍼해줬는데 이제 좀 그만해도 되는 거 아냐?"

"준우 잃은 건 안됐지만, 그래도 그만큼 보상받았잖아."

사람들이 뒤에서 그런 얘기를 하더라고요. 그때는 언론에서도 보상에 대한 이야기를 먼저 했던 때예요. 진상규명 때문에 어디 가야 된다고 하면 회사에서는 그러라고 하는 거야. 회사에서 나를 배려해주니까 그걸 보는 사람들은 자기들이 상대적으로 손해를 입고 있다고 생각을 하는 거죠. 나에 대한 질투가 많아지는 거지. 자기들도 일이 힘드니까 이 상황을 이해 못해주더라고요.

회장님과 사장님이 부자지간인데 알고 봤더니 회장님이 젊었을 때 자식을 잃었대요. 나중에 제가 너무 힘들어하니까 사장님이 따로 불러서 나도 그런 적이 있다고, 내 동생 스무살 아가씨 때 세상 떠나서 그 아픔을 지금까지 가지고 있다고, 내 심정을 충분히 이해한다고 하시는 거예요. 그런데 좋은 일 있거나 회사에서 회의를 하다보면 꼭 내 이야기를 하는 거야. '힘든데도 우리 회사를 이렇게 지켜주고 너무 감사하다' 그런 멘트가 오히려 더 힘들었어요. 고개를 푹 숙여야 되고 울어야 되고. 사장님은 좋은 뜻에서 하는 건데 나는 너무 슬픈 거야. 그렇게 안 했으면 좋겠는데. 자신감도 안 생기고 일단 마음이 안 편했어요. 진상규명도 지지부진해서 마음 편하게 다닐 수도 없었고요. 그래서 회사에 복귀했다가 6개월 만에 그만뒀죠.

장순복(이준우 엄마)

시선의 무게

"분향소? 거기는 안 가요."

"왜요?"

"아 글쎄, 안 간다니까요. 잠깐만요. (전화 걸면서) 아니, 왜 손님 목적지가 분향소라고 얘길 안 해줬어요?"

저는 분명히 분향소 간다고 말했거든요. 우리 반 당직이라서, 분향소 가자고 대리를 불렀는데 기사가 안 간다는 거예요. 분해서 분해서 살 수가 없었어요. 어휴, 술을 한잔 마셔서 따지면 술 먹고 주정한다고 그럴까봐. 누구 한명이라도 있었으면 같이 따졌을 텐데 혼자 있으니까 무섭기도 하고. 그냥 박유신이라는 사람 자체가 술 먹고 그랬다 이러면 상관없는데, 우리는 죽을 때까지 세월호 유가족이잖아요. 혹시 가족들한테 피해가 될까봐.

얼마 전에 공군 헬기 추락했잖아요. TV에서 '유가족들' 하는데, 순간 그 유가족이라는 단어가 너무 많이 듣던 말이라 잠깐 헷갈렸다니까요. 헬기 추락 사고의 유가족을 말하는 건데 그 유가족이 우리 유가족인 줄 알고. 유가족은 다 우리 유가족 같은 거예요. 유가족이라는 단어가 참 웃기면서 슬프죠. 그게 평생 꼬리표죠.

박유신(정예진 엄마)

어디 가서 말을 못하겠어요. 왜 우리가 뭘 사면 이슈가 되는 거예요? 집은 살 때가 되면 사는 거고, 차도 바꿀 때가 되면 바꾸는 거잖아요. 유가족들이 돈을 얼마를 받았다더라. 애들 팔아가지고 한 재산 챙겼다더라. 오죽하면 제가 대한민국을 떠나는 것만으로도 힐링이 된다고 그러겠어요? 그래서 해외여행이라도 가면 또 "보상금 받아서 해외여행 다닌대"라고 하죠. 나한테는 잠시 떠나는 게 살아남는 방법이거든요. 그게 다른 사람 눈에는 '잘 먹고 잘 사는구나' 이렇게 비치는 거예요. 왜 뭐든지 돈에다 갖다 대는 거예요? 우리가 돈 받으려고 했으면 진작 받고 그만뒀지. 그렇게 돈 돈 하는 사람들이면 4년 동안 이렇게 몸으로 싸웠겠어요?

박혜영(최윤민 엄마)

참사 후에 어떤 모임에 나가서 새로운 사람들을 사귀게 됐어요. 그 친구들은 내가 세월호 유가족인 걸 몰랐어요. 일부러 밝히지 않았죠. 거기서만큼은 '세월호 유가족'이기 싫었어요. 그중에 한명이 내 페이스북을 보고 유가족인 걸 알게 됐고 한두명은 알고 있는 것 같은데, 나머지는 몰라요. 친구신청이 왔는데 내가 안 받았어요. 너무 두려워서. 제 페이스북을 보고 유가족인 걸 알고 있는 사람도 나한테 '너 세월호 유가족이지?' 하고 절대 안 물어봐요. 너무 고마워요. 다른 사람도 내가 세월호 유가족인지 알고 있을 수도 있는데 안 물어봐요. 그 사람들 만날 때는 내가 수다쟁이가 되고 세월호 사건 이전으로 돌아간 것 같아요. 그 사람들은 나한테 준우 엄마라고 안 해요. 장순복으로 만나줘요. 나한테 "순복아, 순복아" 그래요.

그런데 한 1년 정도 되니까 좀 두려워졌어요. 어느 날 제가 테이블에 엎드려 있었어요. 그런데 사람들이 자기들끼리 이야기하는 소리가 들렸어요. 그때가 한창 선거철이었는데 어떤 사람이 생명안전공원 문제를 유가족들이 너무 오래 끈다고, 죽은 사람들을 왜 거기 데려오려고 하느냐고, 뭘 바라고 저러는지 모르겠다고 했어요. 그게 아니라고 말하고 싶었는데 그럴 수가 없었어요. 그 공원에 내 아이가 있을 거라고, 내 아이가 죽었다고 말하는 게 너무 힘들었어요. 겨우겨우 참았다가 집에 와서야 울었어요. 제가 그 사람 사고방식을 바꿀 수는 없잖아요. 그 사람 때문에 다른 사람까지 안 만나는 건 아닌 것 같아서 그 자리만 참았어요. 언젠가는 제가 유가족이라고 얘기하고 싶은데 아직은 아무에게도 말하지 않았어요.

장순복(이준우 엄마)

제훈이 가고 나서 주민등록 정리를 했어요. 사망신고를 안 한 가족도 있을 거예요. 마음은 아팠지만 저는 그 당시에 다 그렇게 해야 되는 줄 알았어요. 사망신고 하러 가면서 애 아빠랑 생각한 게, 제훈이가 하늘로 갔지만 아이 키우는 비용을 다른 사람을 위해서 쓰자. 그래서 혼자 있는 아이, 할머니가 돌보고 있는 아이 몇명에게 지원하는 걸 신청했어요. 그러던 게 계속 늘어나서 이제는 얼마가 나가는지도 모르게 됐어요. 참사를 겪으면서 힘든 사람들과 더불어 살아야겠다, 내 위주의 삶이 아니라 다른 사람들을 돌아보자, 소중한 사람을 잃은 것에서 끝나는 게 아니라 인생의 방향 전환을 한 것 같아요.

그런데 이런 이야기가 조금… 조심스러워서요. 너희는 보상받으니까 그 정도는 할 수 있는 것 아니냐고 말하는 사람도 있겠지요. 하지만 저희는 보상받기 전부터 기부를 했거든요. 사실 돈 얘기는 사람들마다 다르게 생각할 수 있는 부분이라 말하기를 주저하게 돼요. 우리 진심이 왜곡되는 상황이 발생할 수도 있고. 우리 부부에게는 자연스러운 결정이었고 마음이 통해서 하는 일이지만 바깥에서는 색안경 끼고 보는 사람들도 있으니까요. 우리한테는 '416 세월호 가족'이라는 인장이 있잖아요. 그래서 어려워요.

이지연(김제훈 엄마)

나비효과라고 할까요. 내가 가서 울면 그 사람이 슬플까봐. 피해망상이라고 사람들은 표현할 텐데, '나로 인해 누가 또 피해를 보는구나' 싶어요. 광화문 가서 엄마들이 뭐라고 했냐면 우리가 너무 무겁게 가라앉아 있고 울고 있으면, 시민들이 우리한테 와서 말도 안 건다고. "시민들이 집에 가서 너무 아프대." "우리를 보고 간 날은 마음이 무겁대." "일도 손에 안 잡힌대." 그래서 우리가 시민들 오면 억지로라도 웃자고, 음식도 제대로 먹자고 얘기했어요. 엄마들 중에 성격이 강하거나 표현을 하는 사람들은 2014년에도 그렇게 말했어요. 그런데 제가 광화문에서 웃으니까 페이스북에 '애 잃고 웃네' 그런 게 올라온 거예요. "광화문에서 웃지 마. 사람이 왔을 때 웃어."

목포신항에 세월호 인양됐을 때 얼마나 힘들어요. 사진으로만 보던 배의 실체를 보니까 그것도 세워진 게 아니고 눕힌 걸 보니까 슬프잖아요. 계속 울고 있었죠. "목포신항 온 사람들이 트라우마가 생긴대. 좀 웃어라." 저희가 텐트 안에서 웃었더니, '아니 무슨 소풍 왔나, 텐트 안에서 웃고 난리?' 이렇게 또 올라온 거예요. 그러니까 엄마들끼리 "놀러 간 것도 아닌데 텐트 안에서 왜 웃었어? 텐트 안에서 웃지 말고 사람들 다 가고 나서 웃어. 그리고 시민이 찾아올 때 웃어"라고 얘기했단 말이에요. 우리 피해자들은 그런 게 있는 거예요. 나 때문에 저 사람이 슬프대.

2014년에 슬프고 미치겠는데 내가 안 무너지려고 안 우는 거지, 저 사람 때문에 안 울지는 않았거든요. 그런데 지금은 이런 생각을 해요. '내가 울고만 있으면 나한테 와서 말을 걸겠어?' '노란리본 달고 있으면 고맙다고 해, 왜 말을 못하니?' '세월호 엄마들은 강해서 싸우는 게 아니야. 약해도 엄마라서 싸우는 걸 보여줘야지, 왜 우는 것만 보여줘.' 울기만 한다고 뭐라고 그래서 웃었더니 웃었다고 다시 뭐라고 하니까, 결국 이런 말이 나왔다니까요. "간간이 울어." 이게 참 웃기잖아요. 우리는 그렇게 4년을 살았어요.

임영애(오준영 엄마)

다가온 손길

"죽이에요. 그렇게 안 먹으면 쓰러져요."

"아… 못 먹겠어요. 넘어가지도 않고 입맛도 없고…"

"그러다 큰일 나요. 가져온 마음을 봐서라도 조금이라도 먹어봐요."

"아니요. 나중에… 나중에 먹을게요."

밥을 먹으러 안 나가니까 죽이라도 먹으라며 가져온 사람, 칫솔, 선크림, 속옷을 갖다주고 티셔츠를 건넸던 사람들, 그 얼굴들이 기억이 안 나요. TV만 쳐다보고 앉아 있던 기억밖에 없거든요. 누구누구인지는 기억이 하나도 안 나는데 묵묵히 와서 제 할 일을 했던 이름도 모르는 사람들의 행동은 기억이 나요. 직장에서 바로 팽목항으로 내려갔으니까 아무것도 안 가지고 핸드폰 하나 들고 갔거든요. 그러고 갔는데 뭐가 있겠어요? 아무것도 없었어요. 그런데 첫날부터 텐트들이 딱 쳐지더니 필요한 건 다 주는 거예요. 잠을 못 자니까 머리가 아플 거 아니에요. 아프면 약 주고 우황청심환 먹으라고 갖다주고. 진도에서 팽목까지 왔다 갔다 할 때 개인택시 기사들이 봉사를 해줬어요. 진도체육관 그 넓은 곳을 청소기로 청소한 게 아니에요. 청소기 소리에 가족들이 스트레스 받는다고 사람들이 쭈그리고 앉아서 다 걸레로 닦았어요.

윤민이 장례식 때 누가 왔다 갔다고 적은 걸 나중에 정리를 했는데 이름이 없는 사람들이 있어요. 그냥 '지나가는 시민' 이렇게 써가지고 문상을 하고 봉투를 두고 간 거예요. 대단하지 않아요? 나는 그런 행동을 해본 적이 없어요.

남한테 피해 안 주고 받지도 말자. 나는 개인주의적인 성향이 강한 사람이에요. 내 일은 똑 부러지게 하지만 남의 일에 관여하는 성격이 아니에요. 남을 도와가면서 살지는 않았던 거지. 이 일 겪으면서 느꼈어요. '어떻게 저럴 수 있지? 나 같으면 저렇게 못해.' 이럴 정도로 주위에 좋은 사람들이 참 많아요. 물론 나쁜 사람도 있죠. 그래도 좋은 사람들이 더 기억에 남아요. 국가는 우리한테 해준 게 하나도 없는데 자원봉사자들이 우리를 살렸어요.

박혜영(최윤민 엄마)

2015년 1월에 세월호 가족들이 도보행진을 할 때였어요. 세월호 엄마가 목도리를 안 하고 온 거예요. 그런데 어떤 엄마가 아기 목도리를 풀어가지고 줬어요. 그 엄마한테 되게 소중한 아기잖아요. 준영이에게 이런 일이 없었으면 저는 우리 애 목도리 풀어서 줄 그런 연대의식도 없고 함께 가야 된다는 감정도 없었을 거예요. 노란리본은 달고 서명은 해줄지언정 유모차에 애 태우고 안 나왔어요. 나를 되돌아보게 되는 거예요. 그래서 내가 이 일을 당했나. 나 혼자 살자고 아등바등해서. 내가 잘못해서 내 죄를 내 새끼가 받고 갔나. 거기서 무너져서 울었어요.

다른 지역을 갈 때마다 애기를 꽁꽁 싸가지고 유모차에 태워 온 엄마들이 있었어요. 자기네들이 돈 걷어서, 추우니까 따끈한 국물 먹어야 된다고 길에서 끓여주고 그랬단 말이에요. 그 엄마들이 돈이 어디 있겠어요? 시민들의 그런 마음… 그분들이 없었으면 우리는 못 싸웠을 거예요.

임영애(오준영 엄마)

캐나다 간담회 가서 기운을 많이 받고 왔어요. 힘들 때마다 그때 생각을 많이 해요. 마음이 좀 많이 힘들 때 갔거든요. 19박 20일 도보 끝나고 바로 갔어요. 고관절이 나가서 몸은 너무 아픈데 그런 생각이 드는 거예요. 도보하길 잘한 걸까? 내 새끼 생각하면서 싸우고 있는데, 앞이 안 보이니 막막하고 몸도 힘들고, 마음도 힘들고. 활동하는 부모들은 마음을 다스릴 시간이 없었거든요. 아… 내가 도언이 엄마로서 어떻게 해야 되지? 이럴 때 캐나다를 갔던 거죠.

일정이 진짜 빡빡해서 고생 많이 했어요. 그런데 캐나다 교민들이 열정적으로 진심을 다해서 움직이셨어요. 그 마음이 제 가슴속에 콕 박혔어요.

'그래, 나는 애 엄만데 지금 그거 힘들다고 이러고 있는 거야? 더 열심히 움직여야지.'

'우리 애들을 모르는 이 사람들도 이렇게 열심히 움직이는데, 애 엄마가 되어서 주저앉아 있으면 안 되지.'

마음을 더 다지는 시간이었어요. 위로의 시간이 됐어요.

저는 옳다고 생각하면 끝까지 하는 사람인데 그때 마음이 조금 주춤했었어요. 인양 발표도 안 하고 있고, 세월호 진상규명은 여전히 안개 속에 가려져 있고, 박근혜 정권이 무너질 기미는 보이지 않으니까. 힘들 때마다 '그래, 캐나다에서 그렇게 웃으면서 했지. 나이아가라 폭포 가서 피케팅도 했지' 이 생각해요. 그때 엄청 추웠거든요. 추위에 떨면서 피케팅을 하고 있는데 해외에 계신 분들이 세월호를 기억하고 있는 거예요. 저희를 안아주고 갔던 그 마음들. 힘들 때 그 생각하면 좋아요. 절로 미소가 지어져요.

이지성(김도언 엄마)

　이화여대병설미디어고등학교 갔을 때 너무 감동적이었어요. 교장선생님, 교감선생님이 학생들 다 시험공부하느라 안 올 거라고 했거든요. "날짜도 이상하게 잡았다"라고 하시면서. 중간고사 바로 전 주 금요일이었어요. 앞쪽에 앉아 있었는데 뒤를 돌아볼 용기가 안 나는 거예요. 제 차례가 돼서 단상에 올라가서 보니 학생들이 맨 앞에서부터 끝까지 강당을 가득 채우고 있었어요. 하… 진짜 어른들이 바보 같구나. 청소년들의 신경은 살아 있구나. 아이들이 이 일로 바르르 떠는 게 보이더라고요. 고맙고 미안해서 "너희들은 울지 말고 우리 아이들 몫까지 밝고 건강하게 자라라"라고 했어요.

　제 발언 끝나고 편지글 낭독이 있었어요. 낭독하는 학생이 한 첫말이 "지금은 울어야 할 때입니다"였어요. 그때가 1주기 막 지났을 때였어요. '꽃 한송이 놓을 수 없는 이런 나라에서 우리가 살고 있다' '너는 그곳에서 나는 이곳에서 제대로 된 나라를 만들기 위해서 같이 노력하자' 그렇게 얘기를 하는데 내가 바보 같은 거야. 학생들은 아직도 머리끝까지 울음이 차 있는데 내가 울지 말라고 얘기했구나. 너희들이 어른이다.

　끝나고 나왔는데 체육관하고 본관 사이에 아이들이 일렬로 서 있는 거예요. 선생님이 시키지 않았는데. "다음 주 월요일이 시험인데, 너희들 왜 안 가고 여기 있어" 선생님이 그러니까, "어머님 한번만 안

아드리고 가고 싶어서 기다렸다"라고. 하아… 선생님들은 아무도 저
희 안아주시지 않았거든요. 애들 한명 한명이 다 저를 안아주는 거예
요. 더더욱 세월호 세대가 이 나라를 바꿔놓겠구나 생각이 들었어요.
그날을 잊을 수가 없어요.

박은희(유예은 엄마)

유럽에 간담회를 갔는데 로마에는 아는 사람이 한명도 없었어요.
예은 아빠가 페이스북에 로마 가는데 아는 사람이 없다고 썼나봐요.
학교에서는 한번도 본 적이 없는 예은 아빠 선배가 "로마 오면 연락
해라" 그런 거예요. 로마에 도착했는데 공항에 나오셨더라고요. 그분
이 다니는 한인교회에서 간담회 자리를 만드셨어요. 우리는 교황청
만 갈 생각으로 일정을 짰는데 갑작스러운 자리였던 거죠. 한 10명,
15명 정도 올 거라고 생각을 했어요. 교회에 갔더니 70명이 넘게 오
셨더라고요. 그분들이 하는 질문도 상세하고 깊었어요. 한국에서는
세월호 사건을 뉴스에서 보고 쉽게 알 수 있는데 거기는 그렇지 못하
니까 기사나 자료를 일일이 찾아보고 오신 거예요. 생각보다 많은 분
들이 온 것도 감격스러운 일인데 그런 관심이 너무 고마웠어요.
바티칸 교황청을 가는 일정이 있었어요. 교황청 앞에 수십만명이
있더라고요. 교황님은 멀리 있는 창문에서 한번 내다보고 손 흔들어
주시는데 그걸 보려고 전 세계 사람들이 온 거예요. 자리를 잡아야
하는데 말은 안 통하고 자리는 없고 너무 서러웠어요. 앞에는 아이
사진이 있고 뒤에는 영어로 '진실은 침몰하지 않는다'라고 쓰인 옷
을 입고 갔는데 옆에 있던 외국인이 딸이냐고 물어보더라고요. 그렇
다고 했죠. 자기는 크로아티아에서 왔고 세월호 참사도 알고 있다면

서 같이 현수막을 들어줬어요. 그분도 멀리서 교황님 얼굴 한번 보러 온 건데 현수막을 들면 얼굴을 볼 수가 없단 말이에요. 팔을 높이 들고 있어야 하니까. 너무 고맙더라고요. 이번 월드컵 때 크로아티아가 4강에 올라갔잖아요. 그때 그 고마웠던 분이 너무 생각나더라고요.

윤경희(김시연 엄마)

예진 아빠가 회사를 그만두면 산속에 들어가 산다고 약초 공부를 하는 거예요. 진짜로 사람들이 싫으니까 다 내려놓고 살려고. 그렇게 1년 약초 공부를 하더니 자격증을 땄어요. "내가 산에 가서 약초 캐다줄 테니까, 너는 그 밑에서 약초로 차 만들어서 팔아" 하면서 같이 가자고. 나는 외로운 거 싫어서 모르는 사람이어도 사람 많은 데가 좋다, 나는 안 간다 그랬죠. 예진 아빠는 그 꿈을 아직 안 버렸어요. 집회 없을 때는 그때 사귄 사람들하고 약초 캐러 다녀오고 그래요. 거기서는 예진 아빠가 유가족인 줄 몰랐던 거죠. 그래서 더 편했나봐요. 그 심정이 뭔지 알거든요. 조심스럽거든요.

그런데 이번 4주기 때 예진 아빠 존재가 드러난 거예요. MBC 라디오에 저희 집 얘기가 10분 나갔어요. 아침 7시 반쯤부터 40분까지 10분. 얼굴도 안 나온 거잖아요. 그런데 그 모임 카톡방에 아이들이 가엾게 간 지 4년 된 날이 오늘이라고 누가 글을 올린 거예요. 그랬더니 멤버 중에 한 사람이 "우리 방에도 그런 분이 계세요"라고 한 거예요. 방송을 들은 사람이 있었던 거죠. 그래서 제가 "세상에, 목소리만 10분 나갔는데 그걸 알아듣는 게 신기하지 않아?"라고 했어요. 예진 아빠가 "아이고, 이제 모임도 못 가게 생겼다"고 하더라고요. 불편해서 어떻게 가겠냐고. 나중에 예진 아빠가 그분한테 어떻게 알았냐고 물어봤대요. 그랬더니 예진 아빠 정종만이라고 나오고 목소리가 나오는데 왜 모르냐고.

예진 아빠가 한번은 나보고 모임에 같이 가자는 거예요. 그래서 싫다고 안 간다고 했는데, "좋은 사람들이야. 한번 가자"라고 해서 제가 따라갔어요. 사람들이 좋더라고요. 그래서 예진 아빠가 이 모임에 계속 나갔나보다, 그나마 좀 안심이 됐어요. 왜냐하면 그전에 알았던 사람들하고 거의 안 만나고 살거든요. 416하고 관련된 사람들하고만 만나지 그외의 사람들하고는 거의 안 만나는데, 좋은 사람들인 것 같아 마음이 놓이더라고요. 갔다 오기를 잘했다 싶었어요. 그때 이후로 쭉 가요. 내가 갔다 와서 "아휴, 사람들 좋대?" 이러니까 예진 아빠가 좋아하면서 그러더라고요. "사람이 말이야. 너처럼 그렇게 삐딱하면 안 돼. 좋은 사람들이 얼마나 많은데."

박유신(정예진 엄마)

저랑 맨날 붙어 지냈던 언니가 있어요. 우리 집 바로 밑에 8층에 살던 언니예요. 점심도 같이 먹고 저녁에 애들 데리고 외식도 같이 하고 둘 다 신랑이 늦게 들어와서 항상 같이 다니면서 진짜 친했거든요. 그 언니를 참사 이후에 세번 만났나? 물론 궁금해서 전화는 가끔 하는데… 서로 어려워진 거죠. 세번 만난 중에 한번은 언니가 처음으로 내 앞에서 막 울면서 얘기했어요.

"경희야, 내가 너무 미안해서 너한테 못 왔어. 시연이 보내고 내가 아무것도 할 수가 없어서… 애들이랑 먹고살기 바빠서 너 혼자 그렇게 다니는데 내가 아무 도움이 못 됐어."

작은애 낳고 산후조리원에 같이 있던 언니가 있어요. 아이 생일이 같아서 매년 만났어요. 큰애들도 동갑이고 둘째도 생일이 같고. 장례식 때 보고 4년 만에 처음 만났어요.

"경희야, 너 시연이 시신 사진 가지고 있지?"

"응."

"나 그것 좀 보여줘. 내가 우리 시연이 마지막에 입관할 때 못 가서, 그게 너무 마음이 아파서 너한테 못 왔어. 나 그 모습이 너무 보고 싶어."

"언니 볼 수 있겠어?"

"괜찮아. 우리 딸인데 왜 못 보겠어? 우리, 엄마잖아."

윤경희(김시연 엄마)

고군분투

"아유, 놀러 갔다 뒤진 걸 갖고 왜 그런 거 들고 나와서 서 있는 거야?"

"아유, 그러게요. 이렇게 늙은이도 살아 있는데 왜 애들을 잡아갔는지 모르겠네요."

"뭐야? 다시 말해봐. 버르장머리 없이."

"어르신 얘기는 아니에요. 그냥 놀러 갔다 죽었다기에. 왜 어린애들을 잡아갔을까요?"

피켓을 들고 있는데 할아버지가 와서 한 소리 하더라고요. '왜 우리 애 욕하는 소리를 가만히 듣고 있어야 하지?' 생각이 드는 거예요. 이것도 즉석에서 탁 나온 게 아니에요. 주눅이 들어 있어서 말이 잘 나오지 않았어요. 연습을 많이 했죠. 처음에는 이런 얘기 들으면 "그냥 가세요. 저 지금 어르신이 아니어도 죽겠거든요. 가세요, 가세요" 그랬어요. 그다음은 "놀러 가다 죽은 거 아니라고요" 이랬다가. 세번째 되니까 능글능글하게 그 말이 나오더라고요. 그렇게 하고 났더니 창피하거나 '내가 어르신한테 왜 그랬지?' 그런 생각보다는 준영이한테 떳떳해지는 거예요. 집에 와서 뿌듯했어요.

"준영아, 엄마가 딱 받아쳤어. 엄마 멋있지?"

피하고 싶다는 생각은 안 했던 것 같아요. 어떻게 현명하게 대처를 할까? 어떻게 싸워야 잘 싸웠다고 우리 아들이 인정해줄까? 우리 아이들 명예회복은 해야 하지 않나? 피해자가 왜 그렇게 앞장서서 싸우냐는 말을 되게 많이 들었어요. 그러지 않으면 연대라는 게 있을까요? 내 새끼에 대한 죄책감이 면제될 수는 없겠지만 피해자인 내가 앞장서서 싸워야지 아이한테 가까이 갈 수 있잖아요.

간담회 가도 처음에는 울고 그랬단 말이에요. 그런데 TV에서도 듣고 페이스북에서도 그런 얘기를 봤어요. 간담회에 피해자 엄마가 와서 너무 딱딱하게 "내 아이가 죽어서 슬퍼요. 안전한 나라 만들어요" 이렇게 얘기하는 것보다, 막 웃기게 할 얘기는 아니지만, 그래도 약간의 재미를 주면서 얘기를 해야 될 때라는 거예요. 그게 현명한 싸움이라고. 그래서 간담회 가서 유머 같은 걸 하나씩, 너무 과하지 않은 유머로 조절해가면서 얘기를 하죠. 대학생들 간담회 할 때는 "어머, 티셔츠 너무 예뻐요" "요즘 그 안경테 유행이에요? 너무 예쁘다" "파마 어디서 했어요?" 하면서 시작 전에 긴장을 푸는 노하우도 생겼어요.

피해자 엄마가 왜 그렇게까지 하냐고요? 뭐가 좋아서 자식 죽은 얘기 하면서, 그 억울한 얘기를 하면서 그런 것까지 생각을 해야 해요? 그런데 오늘만 하고 말 거 아니니까. 진실이 밝혀지는 게 언제가 될지 모르니까. 끝까지 싸워야 되니까. 엄마들이 "왜 단식을 해? 솥 걸고 해. 솥 걸고 밥 먹으면서 싸워야지. 어떤 놈 좋으라고 단식을 해" 농담으로 그렇게 말해요. 그런 농담을 우리가 어떻게 할 수 있었겠어요. 힘들게 싸우면서 엄마들이 변한 건데, 세상 사람들은 '아이들을 잊어서, 그리움이 덜해서 저렇게 웃고 농담하고 우스갯소리를 하는구나' 그러죠. 저희는 끝까지 가기 위해서 그러는 거예요.

임영애(오준영 엄마)

호성 아빠가 "너는 집밖에 모르고 밖에서는 별로 말도 안 하는 사람인 줄 알았는데" 하면서 저를 다시 보더라고요. 청운동에서 부모들이 발언할 때 말 시킬까봐 겁났어요. 바느질만 하고 머리 숙이고 있었어요. 쓰레기 분리수거나 도시락 나눠주는 역할만 했어요. 그런데 부모 중에 아픈 사람들이 생기고 아무도 안 하려고 하니까 누군가는 해야 될 것 같았어요. 언제까지 말 시키는 게 겁나서 피할 수는 없다. 그 이후로 앞으로 나가기 시작했죠.

『금요일엔 돌아오렴』 책 나오고 북콘서트 때 제일 많이 다녔던 것 같아요. 다친 다리로 목발을 짚고 전국을 돌아다녔어요. 억울하고 우리 힘으로는 안 될 것 같으니까 사람들에게 많이 알려야 된다는 생각을 하면서도 마음 한쪽에서는 '저 사람이 나를 얼마나 불쌍하게 생각할까' 동정받는 게 싫었어요. 그런데 어느 순간부터 그 마음이 없어졌어요. 나만 피해자고 그냥 다 때려부수고 싶은 마음이었는데 어느 정도 가라앉는 계기가 됐어요.

호성이가 오지랖이 넓었어요. 친구가 실밥 뽑고 축구하러 왔는데 선생님이 혼내니까 자기 운동화 벗어줘서 같이 혼나고, 노점상 할머니가 짐 들고 지나가면 쫓아가서 들어주고. 가만히 있지를 않았어요. 활동적인 아이였는데 애한테 "너만 잘하면 돼. 다른 사람 신경쓰지 마. 다른 아이 일에 앞장서서 얘기하지 마. 미움받게 왜 그래" "선생님이 무슨 얘기하면 무조건 '네, 네' 해"라고 했어요. 나부터가 다른 아이하고 다르면 이상한 애 취급했어요. 저는 소극적이고 남 앞에서 나서기 싫어하는 성격이거든요. 그런데 우리 아이가 나서기 좋아했으니 아이 인생으로 살아봐야겠다는 생각이 들었어요. 애 일이니까 모르는 것도 배워서 하고 싶었어요. 새로운 데 가면 새로운 말을 들으니까 빨리 이해를 못하면 나 혼자 이방인이 되잖아요. 집에 돌아가면 회의 녹음한 걸 세번, 네번, 어떤 때는 다섯번까지 들어요. 이해를 하려고요. 계속 듣다보면 '어유, 그 말이었구나' 알게 되죠. 우리 아들이 옆에서 자꾸 공부를 가르치는 것 같아요.

정부자(신호성 엄마)

내가 유가족이란 걸 모르면 사람들 속마음이 나와요. 어느 단체를 가든 어떤 프로그램에 참여하든, 그 울타리에 들어가서 이런저런 얘기를 하다보면 세월호 얘기도 할 거 아니에요. 세월호에 대해서 이런 점은 기분 나쁘다, 이해가 잘 안 간다 그러면 한참 듣고 있어. 다 듣고 나서 "아까 하신 말씀에 대해서 제가 한 말씀 드릴게요" 하면서 얘기를 시작해요. 다 듣고 나서 사람들이 "어떻게 그렇게 잘 아세요?" 그러면 내가 그러지. "아, 제가 유가족입니다, 죄송합니다." 그럼 그분들이 당황하는 거지. "우리 조사하러 오신 거예요?" 그런 게 아니고 내가 처음부터 유가족이라고 밝혔으면 여러분이 마음을 터놓지도 않았을 것이고, 음식도 다 내 앞으로 왔을 것이고, 먹는 것도 눈치 보일 것 아니냐고 말하죠.

편하게 얘기하고 싶은데 처음부터 누구 아버지라고 하면 그때부터 끝이에요. 저는 그게 싫어요. "유가족입니다" 하는 순간에 모든 사람들이 나한테는 아무것도 안 시켜. 커피 한잔 타려고 해도 "앉아 계세요, 제가 타드릴게요." 물 한잔 먹으려고 해도 "앉아 계세요, 제가 떠드릴게요." 어디를 가도 자리 다 만들어주고. 식당에 가도 우리 자리는 따로 있어요. 시민들하고 같이 밥 먹으면서 얘기하는 게 좋은데 유가족들만 따로 앉혀놔요. 그게 유가족들을 위하는 게 아닌데. 우리는 눈치가 보여요. '빨리 먹고 나가야 되나, 천천히 먹어도 되나. 술 왜 안 주나. 달라고 하기는 뭐하고. 술 더 시켜도 되나.' 그래서 일부러 몰래 가요.

구미에서 두분이 역에서 세월호 1인 시위를 하시더라고요. 페이스북에서 봤어요. 리본하고 팔찌 바리바리 싸가지고 스윽 갔지. 갖다주니까 놀라시더라고요. 여기까지 올 줄 상상도 못했다고. 우재 아빠 이름은 아는데 어떻게 생겼는지는 모르니까. 그렇게 가서 같이 밥 먹고 오고. 그분도 아기들 데리고 진도에 두번 왔다 갔어요. 오라고 하는 것도 좋은데 찾아가는 것도 좋은 거야. 한번 찾아가면 그 사람들이 여기에 또 오게 되니까.

고영환(고우재 아빠)

살아 있는 애한테는 미안한 감정 없게, 나중에 또 후회하고 싶지 않아서 이사를 했어요. 이사 오기 전 집에서 제훈이가 1년 반 정도를 지냈거든요. 그 집은 다른 집을 구하기 전에 살던 집을 팔고 임시로 잠깐 살았던 집이었어요. 크기를 좀 줄여서 갔기 때문에 집이 좁고, 추웠고, 햇빛도 안 들었어요. 저희 집이 아닌 곳에서 아이를 너무 고생시킨 터라 제훈이한테 미안했어요. 이제 제훈이는 가고 없는 걸 어떡해요? 작은아이를 위해서 햇빛 잘 들고 넓은 집으로 옮기자, 그래서 이사를 했어요.

위층에 저희 집 애 또래가 있어서, 서로 언니 동생 하면서 지냈거든요. 그 사람 앞에서 제훈이 얘기를 몇번 했어요. 큰아이를 빼놓고 얘기하는 건 정말 있을 수가 없거든요. 그랬더니 "언니, 내 마음은 그렇지 않은데, 내가 표현을 못해. 그런데 좀 힘들다" 하면서 울면서 나가더라고요. '아 그렇구나, 앞으로 나는 어떤 사람과도 이웃으로 살기가 힘들겠구나.' 물론 동네 사람이라서 "안녕하세요?" 인사는 하죠. 기본적인 얘기는 하더라도 깊이는 못 사귀겠다는 느낌이 들었어요. 어느 정도 거리를 두어야 할 것 같아요. 사실 친해진다는 건 감정을 공유하는 일이잖아요. 내 아픔이 공유가 되려면 상대방도 아픔이 따르기 때문에 벅찬 거죠. 그렇다고 "내 상황이 이래, 내 이야기 들어주면 좋겠어"라고 밀어붙일 수는 없잖아요. 우리 같은 입장이면 이웃을 깊이 사귀는 것도 힘들구나 생각을 했어요.

이지연(김제훈 엄마)

세월호 참사 이후로 사람을 사귄 적이 없어요. 원래 나는 사업을 하는 사람이라 마당발인데다가, 처음 본 사람하고도 낯가리는 것 없이 만나면 잘 사귀어요. 내가 만든 모임이 한두개가 아닌데, 초·중·고등학교, 대학교 동창회를 내가 다 만들었어요. 내가 주도해서 사업하는 사람들 모임도 만들고, 다 했다니까? 인간관계가 잘 풀려야 사업이든 뭐든 다 같이 갈 수 있는 거다, 핵심은 인맥에 있다, 형식적인 인맥이 아니라 다양한 인맥을 깊이 인간적으로 맺는 것이 성공하는 길이다, 이런 생각을 갖고 있었죠.

참사 이후로 개인적으로 연락 온 사람이 얼마나 많았겠어요. 술 한잔, 밥 한끼 대접하고 싶다는 시민분들도 많았는데 한번도 응한 적이 없어요. 차 한잔, 커피 한잔도. 기자들도 친하게 지내면 좋잖아요. 그런데 진상규명에 방해가 될 것 같더라고. 개인적인 약속은 단 한차례도 없어요. 싫은 소리도 많이 들었어요. 그래도 거리를 두니까 사람들로부터 상처받거나 영향받는 게 없지. 그게 내가 버티는 방법 중에 하나예요.

　나보다 나이도 많고 활동도 굉장히 열심히 하시는 좋은 분인데, 나한테 형 동생을 하자는 거야. 그럼 저는 이렇게 말하죠. "그냥 지금은 예은 아빠라고 부르세요." "집행위원장이라고 부르십죠." "다 끝나면 우리 형 동생 합시다." 인권재단 사람 박래군 소장이 개인적으로 학교 선배인데, 단 한번도 선배라고 부른 적 없어. 지금은 오래 알고 지내서 장난도 치지만 호칭을 그렇게 사적으로 하지는 않아요. 조금 인정 없어 보이고 딱딱해 보이더라도 나중에 알아주겠지. 뭐, 나도 이게 잘하는 거라고 확신하는 건 아니에요. 친해졌을 때 부작용도 있지만, 거리를 두면 그것대로 안 좋은 걸 많이 겪으니까. 가족들도 말 걸기 힘들다고 하거든. 나는 거리를 유지한다고 생각하는데 어떤 사람들은 쳐내는 걸로 받아들일 수도 있지. 유지하고 싶은데 점점 멀어지는 경우도 있고.

유경근(유예은 아빠)

　호연이 네살 때 이사 와서 선부동에서 14년을 살았는데 2018년 5월에 이사를 했어요. 호연이 방에 커튼이라든지 곳곳에 호연이가 만지고 지나갔던 흔적을 뒤로하고 간다는 게 참 슬프고 힘들었는데 그냥 안산을 떠나고 싶었어요. 선부동에는 유난히 납골당 반대한다는 현수막이 많아요. 반대 피켓을 들고 시위하는 걸 보면 담력이 없어서 그런지 다리에 힘이 빠지고 주저앉게 돼요. 지탱을 못해, 힘들어. 며칠 잠을 못 자요. 그 현수막 볼까봐 외출하고 싶어도 못할 때도 있었어요. '내가 떠나야겠다.' 호연이를 잃고부터 이곳을 떠나야겠다는 생각은 가지고 있었어요. 참사가 나고 일단은 안산이 원망스럽고 모든 게 원망스러웠죠. 이 원망스러운 곳을 벗어나야겠다는 생각이 컸어요. 그리고 사람도 싫고. 초반에는 다른 도시가 아니라 어디 깊숙한 산골에 가서 살려고 했어요. 사람도 꼴 보기 싫고 모든 사람이 가해자 같고 나만 피해자 같았어요. 아무도 없는 조용한 데서 살고 싶어서 강원도 원주도 가보고 그랬어요. 구석진 산골에 가서 집을 얻어서 살려고. 그런데 주위에서 많이 말렸죠.

이사 가서 제일 좋은 게 뭔지를 누가 묻더라고요. 새로 지은 아파트로 가니까 좋겠지 그러더라고요. 나는 말해요. 좋은 건 딱 한가지다. 안산은 곳곳에 호연이에 대한 기억이 남아 있고 호연이 친구들, 부모들을 왔다 갔다 하면서 보니까 그것도 힘들었어요. 아는 사람 안 만나고 반대 피켓 드는 거 보지 않고, 그것만으로도 좋아요. 이사 가서 세월호와 관련 없는 사람인 것처럼 살아요. 세월호 얘기를 하면 불편해지니까 얘기하지 않고 아닌 척하고 있는데 이게 호연이한테 미안한 건 아닌지 생각을 하죠. 또 이런 생각도 들어요. 이사를 한 게 너를 버린 것이 아니라 너와 함께 새로운 출발을 하는 거야. 여기 이사 와서 울기보다는 호연이 얘기하면서 웃었으면 좋겠어. 정말 그러고 싶거든요.

유희순(김호연 엄마)

가슴이 아파요. 우리랑 반대로 행동한 큰 교회들, 유가족한테 가슴 아픈 소리를 하는 교회 다니는 사람들 보면. 한국 교회가 문제가 있다는 게 드러난 거죠. 하지만 같은 신앙인으로서 내가 어떻게 그들을 욕하나요. 다만 가슴이 쓰라릴 뿐이지요. 그들을 변화시켜달라고 기도해요. 요한 아빠는 목사고 나는 돈을 벌어 그 뒷바라지를 했어요. 개척교회의 목사, 사모로 산다는 건 너무 힘든 일이에요. 나도 앞만 보고 살았기 때문에 세월호에 무관심한 기독교인들 마음 이해해요. 돈을 벌어야 하니까 TV 볼 시간도 없고 잠잘 시간도 없었어요. 천안함 사건이 뉴스에 나왔을 때 시어머니가 그걸 보고 있었는데 나는 그냥 쓱 지나갔어요. "하나님, 나 바빠요, 저런 거 볼 시간 없어요." 기도라도 한마디 했어야 했는데 그럴 시간도 없이 살았어요. 남의 일인 줄 알았죠. 요한이는 안전한 줄 알았어요. 잘못 생각한 거죠. 하나님이 네 이웃을 사랑하라, 같이 웃고 같이 울어라, 했는데… 왜 유가족이 저렇게 부르짖고 있을까, 귀 기울여야 했는데.

세월호 참사를 해결해야 하는 이유 중 하나가 우리와 같은 아픔을 더이상 다른 사람이 겪지 않았으면 하는 거예요. 웃을 때도 있겠지만 평생을 울어야 돼요. 그 쓰리고 가슴 아픈 일을 또다른 누군가도 겪어야 하나요? 그러지 말자 이거죠. 우리가 "같이 해주세요" 하는 데는 다 이유가 있어요. 같이 해야 하는데 덕을 드러내지 못한 교회들, 보듬어주지 않는 사람들을 변화시켜달라고 기도해요. 우리와 같은 아픔을 더이상 다른 사람은 겪지 않게 해달라고. 사람들에게 골고루 제대로 된 희망이 있는 나라가 되어야 하잖아요?

김금자(임요한 엄마)

안산 고잔동 주민들하고 4·3평화재단에 견학을 갔었어요. 시민들하고 가족협의회 추모사업지원분과 네명하고. 그분들이 그러더라고요. 자기들이 웃고 즐겁다가도 우리만 보면 어두워진다는 거야. 웃을 수도 없고 그렇다고 가라고 할 수도 없고 너무 힘들다는 거야. 우리가 웃는 모습을 이날 처음 본 거예요. 서로 터놓고 얘기를 하는데 그런 말을 하더라고요. 우리를 보면 말을 하다가도 움츠러든다는 거지. 어울리기 불편하니까 안 왔으면 좋겠다는 생각을 했대요. 우리를 같은 시민으로 보지 않고 세월호 참사를 당한 힘든 사람들이다, 이렇게만 보는 거죠. 우리도 같은 동네 사람이니까 같이 어울리고 싶어서 온 건데.

"이제는 아이들 이름으로 살지 말고 엄마들 이름으로 살아라" 이러더라고. 그래서 "우리 아이들 때문에, 은정이 때문에 지금 이 자리까지 온 거다. 내 이름이라면 여기 오지도 않고, 지금까지 올 수도 없었다. 4월 16일에 내 딸을 가슴에 묻었기 때문에 나는 항상 딸이랑 같이 다니는 거고 뭘 해도 같이 하기 때문에 딸 없이 내 이름으로 한다는 건 상상도 못한다"라고 했어요. 그런데 시민들은 그걸 원하지 않더라고요. 애들은 이제 갔으니까 잊어라, 이런 식인 거야.

그들하고 같이 섞여서 어울리고 싶어서 간 건데, 밥을 먹어도 우리끼리 먹고 잠을 자도 우리끼리 자고 이렇게 되더라고요. 그 사람들이 색안경을 끼고 보니까 우리는 어울릴 수가 없어요. 그 사람들도 먹고 웃고 즐겨야 하는데 우리가 있으면 불편한 거야. 우리는 자꾸 비집고 들어가려고 하는데 그 사람들은 자꾸 거부를 해. 어두운 사람들, 슬픈 사람들 이렇게 배제를 하더라고요. 제가 그랬어요. 어차피 진실규명 길게 가기 때문에 지금부터는 웃으면서 싸우겠다. 세월호 이름을 달고 가지만 우리를 시민으로 봐달라. 동네 주민으로 봐달라.

박정화(조은정 엄마)

집에 운동화가 없었거든요. 저는 항상 힐을 신고 다녀서 이 운동화도 참사 나고 언니가 사준 거예요. 힐을 신고 생활해서 그런지 오히려 운동화가 불편하더라고요. 가게에 나가거나 강의하거나 모임 갈 때 항상 깔끔하게 차려입고 나가는데 도언이가 그걸 좋아했어요. 어딜 가도 엄마가 예쁘게 하고 다녀서 좋다고. 도언이가 "대학생 되면 엄마 옷 내가 다 입을 거야" 그랬거든요.

그런데 어느 날 제가 유가족이 됐어요. 우리가 투쟁복 노란색 티셔츠 아니면 반별 티셔츠에 편한 바지 입고 운동화 신고 다니잖아요. 지인들은 내 옛날 모습을 기억하고 있고, 유가족은 내 옛날 모습을 모르잖아요. 그동안 지인들은 분향소에 있는 나, 언론에 나오는 나를 많이 본 거죠. 투쟁복 입고, 화장도 안 하고, 항상 싸우는 모습. 가끔 지인들 보러 갈 때 옛날에 입던 옷을 입고 가면 "아, 좋아졌다" 이러는 거예요. 너무 속상한 거야. 왜냐하면 TV에 나오는 모습으로만 보니까 제 옛날 모습이 잊히는 거죠. 좋다는 의미가 제 얼굴 다시 보여줘서 좋다는 마음도 있겠지만 저한테는 '투쟁복 안 입고 차려입어서 좋다'는 것처럼 느껴져요. 저도 우스갯소리를 해요. "옛날에는 더 예뻤잖아. 지금은 삭은 거지. 4년 동안 투쟁만 해서." 사람들은 지금 모습만 보니까 내가 옛날에도 이 모습이라고 생각하는 거죠.

유가족들은 저의 옛날 모습을 모르잖아요. 3년차 되면서 내가 맨날 "이건 아닌 것 같아요" 그랬어요. 싸울 때는 싸우는 거고, 힐도 신고 다니고 옛날에 입던 원피스도 입고 다니고. "옛날부터 입던 옷이에요. 옛날부터 신던 신발이에요. 옛날부터 올림머리 하고 다녔어요." 박근혜 때문에 이제 올림머리는 안 하지만. 처음에는 말 많았어요, 꾸미고 다닌다고. 지금은 좀 덜하지. "그래, 쟤는 몇년 전부터 저러고 다니니까" 하고 넘어가죠.

유가족이라는 프레임 안에 갇혀서 바라보는 시선들. 유가족은 항상 화장도 안 하고, 머리도 올리지 말고 그렇다고 풀지도 말고, 뭐도 하지 말고, 뭐도 하지 말고, 머리 산발하고 다녀야 되고, 옷도 다 떨어진 거 입고 다녀야 되고… 이래야지 유가족이라는 생각을 기본적으로 하나봐요. 옛날에 입던 옷이고 옛날에 신던 신발이고 다 똑같아. 그런데 사람들 시선이 달라진 거예요. 사람들에게 이런저런 말을 듣죠. 하지만 저는 더 강해졌어요. 더 당당했으면 좋겠어요. 뭐 어때요? 더 하고 싶어도 못하는데.

이지성(김도언 엄마)

응답의 몸짓

"우아, 그거 예쁘네요, 자수로 리본을 만든 거예요?"

"네."

"그렇게 하려면 어렵죠? 저는 손재주가 없어서…"

"저도 한 지 얼마 안 됐어요. 하다보니까 늘더라고요."

"그래요? 이 동네 사세요?"

"네. 요 앞에… 한번 해보실래요?"

416 노란나비 자수를 한개씩 놓다보니까 카페 사장님이 관심을 보이더라고요. 자수에 대해서 얘기해주고 사장님도 하나 해보시라고 권유도 하고. 바로 집 앞인데 전에는 이 카페가 있는지도 몰랐어요. 처음에 갈 데가 없으니까 여기에 온 거지. 참사 전에는 저도 자수를 한번도 해본 적이 없어요. 세월호 엄마들 공방 있잖아요. 엄마들이 하고 있으면 난 옆에서 꿰매주기만 했어요. 나도 자수 하나 놓고 싶다는 생각이 들어서 조금씩 배웠죠. 브로치 하나를 만드는데 밤새서 하게 되더라고. 아무 생각 안 하고 무아지경에 빠지는 거지. 둘째 딸이 전철을 타고 오다가 엄마가 만든 브로치를 단 가방을 봤나봐요. 브로치가 다 너덜너덜해졌더래. 엄마가 만든 걸 하나 더 주고 싶다는 거예요. 그때부터 나도 "자수를 좀 놓아볼까?" 한 거죠.

자수 모임 모집 광고를 냈어요. 카페에 자주 갔더니 사장님이 동네에서 자수 놓으실 분들 모아보라고 권하더라고요. 동네 사람들 대여

섯이 모이게 됐어요. 제가 만든 자수에는 416하고 노란나비를 항상 놓거든요. 같이 하는 동네 사람들이 거기에 관심을 보여서 우리 아이들 얘기도 하고 노란리본 자수도 놓고 하니까 공방처럼 모이게 됐어요. 그러다가 카페가 놀이터 앞이니까 마켓을 열어보자는 얘기가 나온 거예요. 세월호 리본도 나눠주고 큰 배를 만들어서 붙이는 작업도 하고. 여기가 우리 아이들과 직접 관계있는 동네잖아요. 우리 애 초등학교 때 이 집으로 왔거든요. 통장 아줌마, 떡볶이 아줌마 얼굴 정도만 알지 관계가 별로 없었어요. 마을 사람들과 소통이 전혀 없었어. 그랬는데 지현이 보내고 마을 사람들을 알게 되고 같이 할 수 있는 뭔가를 찾게 된 거죠.

전옥(남지현 엄마)

다른 부모들은 국회로 청운동으로 다니느라 바쁘고 정작 안산은 누가 살피고 있나? 초창기에는 안산 시민들도 아이들 장례를 같이 다 치렀다고 생각하셨어요. 내 동네고 우리도 아프지만 안산 시민도 아프다, 안산 시민을 만나야겠다 생각했죠. 어느 교회에 갔는데 단상에 올라가서 보니까 한 300여명 앉아 있어요. 앞에서 보니까 다 우리 동네 사람이야. 나도 모르게 눈물범벅이 되어버린 거예요. 그 사람들이 뭐라고 하지 않아도 내 신세가… 돈 없어도 내 자식하고 행복하게 살았던 내가 왜 여기 이렇게 있는 거지? 이게 뭐야. 세월호 피해자가 되어 있네. 그날 하도 우는 바람에 내가 했던 말 중에 기억나는 건 이 말뿐이에요.

"나 진짜 여기서 살고 싶어요. 우리 아들 추억이 있는 곳에서 살고 싶어요."

'너희들은 아파서 다 떠나는데 일은 마을 사람들이 다 해야 된다, 우리도 피해를 봤다, 우리한테는 뭐 없지 않느냐, 너네들은 보상금 받아서 형편이 좀 나아지지 않았느냐' 이런 얘기도 들었어요. 초창기에 안산에 세월호를 알릴 때는 사실 오기로 시작했어요. 상처받고 미련 없이 떠나려고 오히려 상처받기를 원했어요. 정나미 뚝 떨어져서 뒤도 돌아보지 않고 떠나고 싶었어요. 자식 키운 고향에서 그냥 떠날 수는 없고 죽기 살기로 뭐라도 해보자. 이사 가면 안 해본 것, 최선을 다하지 못한 것 후회할까봐. 안산 시민들하고 간담회도 계속하고, 매주 수요일에 우리 엄마들하고 자수나 퀼트 수업도 하고, 마을에서 '엄마랑 함께하장' 행사도 하고요. 지금은 고잔동 지방자치단체 분들, 마을 활동하시는 분들하고 친구가 됐어요.

아이가 나를 가만 놔두지를 않는구나. 엄마가 외롭게 처져 있게 두지 않고 자꾸 뭔가를 하게 하는구나. 마을로 들어가서 우리가 받은 만큼 봉사도 하고 어려운 분들을 만나는 일을 하고 싶어요. 안산이 우리 아이들로 인해서 바뀌었다는 얘기를 듣고 싶어요. 안전한 도시, 생명을 하찮게 생각하지 않는 도시로 만들고 싶어요. 그게 내 인생의 목표예요.

정부자(신호성 엄마)

일해서 집에 돈만 갖다주면 다 되는 줄 알았어요. 아이는 엄마가 키우고 나는 회사 다니고. 나는 엔지니어였어요. 기계 고치는 사람들은 기계가 안 돌아가는 휴일에 일을 해야 돼요. 명절도 없어. 그러니까 우리 어머니 얼굴도 거의 못 뵙지. 1년에 한두번 부모님댁에 가면 어머니가 나한테 대단한 분 오셨다고 할 정도로. 애들하고 보낸 시간이 거의 없어요. 애들 네댓살 때 한두번 개울가 놀러 간 게 마지막인 거야. 휴가도 없이 일을 했으니까. 그러다가 2013년에 회사 동료 가족들이랑 가평으로 놀러 갔어요. 우리 집 애들이 크고 나서 간 첫 휴가인 거지. 족구하고, 축구도 같이 하고. 바나나 보트 타다 물에 빠지고 살려달라고 컥컥거리고 건져주고. 그렇게 재밌게 놀았어요. 내년에 다시 한번 가자, 회사 동료들하고 다 얘기가 됐는데 사고가 나서 못 가게 되어버렸지.

참사 나고 진도에 내려왔어요. 여기 왔더니 농사짓는 사람들이 다 아줌마들이야. 탈곡, 모심는 건 기계가 하니까 여자들은 비료 주고 농사일 그런 거 다 하고. 남자들도 다른 일로 바빠서 애들하고 잘 못 놀고 있는 것 같더라고요. 매년 동네 행사가 있는데 나도 좀 끼자 했죠. '아빠와 1박 2일'이라는 행사를 했는데 100만원 들여서 재료를 사서 갔지. 애들이 120명 정도 왔어요. 함께 솟대도 만들고 리본도 만들고 졸라맨도 만들면서 세월호 얘기를 했죠. 혼자 하려니까 너무 힘에 부쳐서 광주에 가서 선생님 몇분 모시고 갔어요. 사람들이 너무 좋아해. 아빠들도 맨날 운동장에서 축구만 했는데 뭘 만드니까 좋아하대. 애들하고 아빠들, 자원봉사자 다 합치면 200명 돼요. 교실 하나에 책상을 뒤로 다 밀어놓고 둥그렇게 앉아서 리본과 졸라맨을 만들면서 세월호 얘기를 하는 거지.

올해는 작년보다 더 많을 것 같아요. 내 예상으로는 150명은 올 것 같아. 운동장에 텐트 쳐놓고 밥도 해 먹고 해야죠. 아, 내년에는 아빠들과 함께하는 요리 프로그램 해야겠다. 재료비가 문제네. 닭볶음탕 하나를 하려고 해도 닭 한마리가 얼마인데… 100마리는 사야 될 거 아니야. 5마리 1만원인데. 그것도 힘들구나. 하… 그래봤자 절반밖에 못 사네. 예산을 좀 많이 받아야 할 텐데…

고영환(고우재 아빠)

2015년에 잠수사 모임에 갔는데 애들 다 못 찾아줘서 미안하다는 얘기를 들었어요. 하지만 그들이 정말 열심히 했고 우리 아이들을 데려와줬잖아요. 잠수병을 얻어서 이제 잠수도 못한다고 해서 제가 그런 말을 했어요. 물속 40미터에서, 깜깜한 칠흑 속 미로 같은 곳에서 우리 애들 안아다준 사람이 당신들인데, 당신들이 잘못되는 걸 내가 어떻게 보나. 당신들은 나한테 영웅이다. 같이 싸우자. 그 말에 관홍이*가 조금 괜찮아졌어요. 그 당시에 관홍이가 자살을 생각했다고 하더라고요. 그때 저를 만난 거죠. 관홍이, 그놈하고는 서슴없이 서로 욕할 정도로 친한 사이예요. 나한테 형, 형, 그리고 내가 술도 많이 사주고. 이 형은 맨날 술만 먹고 다닌다고 잔소리해대고… 그런데 2016년에 그렇게 떠났어요.

박종필** 감독은 움직이면 안 되는 몸이었는데… 자기도 몰랐지. 간경화가 있는 건 알고 있었는데… 4·16연대 미디어위원회에서 계속

---

* 고 김관홍 잠수사는 세월호 참사 당시 민간 잠수사로 구조 활동에 참여했다. 2015년 국회 안전행정위원회 국정감사, 4·16세월호 참사 특별조사위원회 청문회 등 진상규명 활동에 증인으로 함께했다. 2016년 6월, 자택 인근의 화원 비닐하우스 안에서 쓰러진 채 발견, 병원으로 이송되었으나 숨을 거두었다.

** 고 박종필 감독은 빈민과 장애인, 노숙인과 세월호 유가족을 현장에서 만나며 이들의 삶과 투쟁에 대한 다큐멘터리를 만들었다. 1998년 독립다큐멘터리 제작 집단 '다큐인'을 결성해 독립미디어 운동을 시작했으며 4·16연대 미디어위원회 위원장으로 활동했다. 작품으로는 「끝없는 싸움: 에바다」「장애인 이동권 투쟁 보고서: 버스를 타자!」「시설 장애인의 역습」「416 프로젝트 "망각과 기억"」 등이 있다. 2017년 7월 간암으로 사망했다.

활동을 했었죠. 목포신항에 세월호가 인양돼서 들어와 있을 때였어요. 하루는 나한테 그런 얘기를 하더라고요. 가만히 앉아서 촬영하는 거 의미 없다, 돌아다니면서 좀 찍게 해달라. 알았다고. 그래서 해수부 직원 한명 붙여주든지, 선조위를 붙여서 배 밑에 다 찍겠다 했더니 오케이가 났어. 박종필 감독한테 "찍으러 갑시다!" 했더니 그날부터 되게 좋아하는 거야. 남들이 안 보는 데를 먼저 가서 찍고, 그 모습이 참… 되게 힘든데도 좋아하니까. 그랬는데 우리한테 아프다는 얘기를 안 했어요.

4·16연대에 있는 배서영 활동가가 전화를 했어요. 박종필 감독이 강릉에 있는 요양원에 있다고. 지금 많이 안 좋다고. "뭔 소리야?" 간암 말기라고 하는 거예요. 만나러 갔죠. 박종필 감독이 저한테 "준형 아버지, 먼저 가서 미안해요. 나쁜 새끼들 다 잡아 죽이고 천천히 와요" 그러는데 저는 "먼저 가서 애들하고 있어"라고 했죠. 나중에 갈 테니까. 그리고 그다음 날 갔어요. 그게 마지막 유언이 됐어요.

아, 미쳐버리겠어. 이 사람들하고 다 친했으니까. 관홍이 그렇게 갔지. 박종필 감독도 그랬고 진도에 있던 짭새형도 떠났고. 짭새형은 경찰인데 우리가 '짭새형, 짭새형' 그렇게 놀리던 형이에요. 세월호 수색 기간 중에 우리를 많이 도와줬어요. 그 형이 진도대교에서 뛰어내렸어요. 고민이 많았어요. 내 주위에 있으면 불행해지나? 친한 친구들을 먼저 떠나보내고 그걸 지켜보면서 '내가 불행덩어리인가?' 이런 생각이 들 때가 있어요.

4월에는 416 있죠. 5월에는 5·18 있죠. '광주시민상주'에서 우릴 많이 도와줬어요. 6월에는 관홍이… 7월에는 박종필 감독, 8월에는 준형이 생일. 1년 중에 5개월이… 그 와중에도 저는 일을 해야 하잖아요. 하나하나 다 미쳐버리겠는데 그게 계속 쌓여가는 거죠. 아… 많이 힘들어요.

장훈(장준형 아빠)

지금까지 정말 많은 시민들에게 힘을 받았어요. 집회에 한번이라도 참여해서 박수쳐주고, 단 1만원이라도 보태주고, 숨어서 목소리조차 내지 않지만 우리 곁에 함께 있어주고 싶어했던 분들이 많았어요. 그렇게 도와줬던 분들의 마음이나 정성을 잊어버리면 안 되죠. 이제는 세월호 활동은 활동대로 하면서 사회 구성원으로서 살면서 우리가 받았던 만큼 베풀어야 한다. 사회적 약자들, 아픔을 겪고 도움을 필요로 하는 사람들과 만나야 한다. 우리가 힘들 때 연대해준 마음을 기억하면서 더불어 살아야 한다. 물질적이든 정신적이든 우리가 할수 있는 걸 하면서 살아야 한다. 그런 바람이 있죠.

전명선(전찬호 아빠)

당사자가 해야 되는 몫이 있잖아요? 내가 똑바로 서 있는 모습, 포기하지 않는 모습, 크게 활동은 안 하더라도 늘 빚을 갚아야 한다는 마음. 당사자로서 내 몫의 최선을 다하는 게 우리에게 마음을 내준 시민들에게 빚을 갚는 길이라고 생각했죠. 그래서 내가 절대 쓰러지면 안 된다. 갚아야 할 빚이 백이라면 아직 시작도 못했어요. 백을 채우기란 불가능하죠. 그건 내가 죽어야 채워지지 않겠어요? 그러면서 가짜가 아닌 진짜로 살고 싶다고 생각했어요. 왜? 아이에 대한 상실감은 둘째 치고 이 현실을 용서할 수가 없으니까. 이 현실을 살고 있는 내 모습도 용서가 안 되고. 내가 살고 있던 세상을 정확히 바라보지 못했고 우물 안에서 나만을 위해 일하고, 수양하고 있었다는 것에 자괴감이 든 거죠.

그동안 우리 사회는 너무 많이 마이너스로 갔잖아요? 세월호도 그렇지만 위안부 문제라든지, 성소수자 차별이라든지 여러 문제들이 있잖아요. 그나마 촛불집회를 통해 박근혜 탄핵이 이뤄지고, 대통령도 다시 세워놓고, 삼성 반도체 노동자 문제도 해결되고, 다시 모든 것들이 0으로 점차 회복되는 느낌인데, 아직은 마이너스예요. 0을 회복한다는 건 국가에 대한 신뢰가 생기는 거라고 생각해요. 해수부라면 적폐들을 다 청산하고 조직이 어느 정도 제대로 서는 거죠. 우리 일뿐만 아니라 위안부 문제도 그렇고, 미투 운동도 그렇고 지금 문제가 되고 있는 것들이 하나씩 하나씩 해결되어가고, 국민들이 편하게 살 수 있게 되는 거죠. 저는 0을 넘어 플러스로 가는 모습이 보일 때 그게 희망이라고 생각하거든요. 희망을 기대한다고 말은 하면서 내가 제대로 안 하면 안 되잖아요? 내가 안 하면 할 사람이 없거든. 그래서 책임져야 한다. 책임지는 어른의 모습을 나한테 계속 강요하고 있는 거예요. 용기를 내는 내 모습을 만들고 싶은 거예요.

홍영미(이재욱 엄마)

깨달음

"오늘 세월호 회의 있는데 왜 안 오세요? 간담회 일정도 잡고 내용
도 논의해야 하는데."

"아, 죄송해요. 다른 사안이 터져서."

"얼마나 중요한 일인데 그러세요? 당장 정해야 할 것들이 얼마나
많은데, 지금 세월호가 부업이에요?"

제가 대외협력분과 담당이라 회의를 해야 하는데 사람들이 갑자
기 어디 가야 한다고 안 오고. 나는 오로지 세월호인데 이 사람들은
이 회의가 우습나? 이렇게밖에 안 받아들여지는 거예요. 전화해서
막 화를 냈어요.

저는 이 사람들이 우리만 도와주는 사람들인 줄 알았어요. 나중에
알고 보니까 다 무슨 시민단체에서 열렬히 활동하는 사람들이었어
요. 자기네 하던 일을 전부 멈추고 와서 우리를 도와줬던 거예요. 몰
랐어요. 함부로 얘기를 했던 거죠. 그걸 나중에 알고 나서 너무 미안
하더라고요.

'우리 딸이, 우리 애들이 제일 불쌍해. 이것보다 더 아픈 건 없어.'
사실 제가 그런 생각에 빠져 있었거든요. '아, 세상에 저런 사람들이
있어서 그나마 세상이 이 정도였구나. 다른 많은 아픔이 있구나.' 밀
양도 갔다 오고, 강정도 가고, 용산 참사 어머님들도 만나고, 5·18 어
머님들도 만나면서 깨달은 거죠. 그 아픔 속에서도 우리를 도와주기

위해서 와주신 분들이 있구나.

윤경희(김시연 엄마)

그분들 없었다면 못했을 거예요. 혼자 힘으로는 절대 못했죠. 가칭인데 순직대책위원회라고 만들어졌어요. 변호사, 종교인들, 4·16연대 김혜진 위원까지 열분 정도 모여서 위원회를 만들어서 같이 활동을 했어요. 정규직 선생님들은 2014년 7월에 바로 순직으로 인정됐거든요. 그분들은 공무원이잖아요. 그런데 우리 딸은 비정규직이라고 순직으로 인정해주지 않았어요. 기간제 선생님은 산업 근로자거든요. 처음에는 의사자(義死者)로 하려고 했어요. 증인과 증거자료를 찾고 모으는 데 1년 넘게 시간을 보냈어요. 국가인권위원회하고 대한변호사협회에서 기간제 교사도 교육 공무원이라는 정의가 나오면서 차별 문제로 보기 시작했죠.

기간제 교사는 학교에 잠시 있다 가버리는 사람 정도로 생각하는 사람들이 있더라고요. 절대 그게 아닌데… 사실 애들은 우리 딸이 기간제 교사인지도 몰랐거든요. 담임도 맡고 수업도 들어가고 정규직 선생님하고 똑같이 해요. 그런데 죽으니까 너는 정규직이 아니다, 이러는 거죠. 우리 딸이 이렇게 비정규직 대우를 받을지 꿈에도 몰랐지. 일할 때는 똑같이 시키고 사람이 죽으니까 차별을 하는 거야.

고위층을 만나면 원론적인 얘기만 하더라고요. 앞에서는 안타까워하면서 당장 해결해줄 것처럼 얘기를 하다가 돌아서면 딴말하고, 서로 책임 떠넘기기 바빠요. 인사혁신처에서는 교육부에서 인정해주면 우리가 해주겠다, 교육부에서는 인사혁신처가 해주면 우리가 해주겠다 핑퐁 게임을 하니까. 억울했어요. 포기하고 싶지 않았어. 순직대책위원회 활동하면서 기자회견도 하고 33만명 서명도 받고 전국을 돌아다니면서 발언도 했어요. 오체투지도 해봤어요. 9월에 시작해서 11월까지 조계사에서 광화문까지 한달에 두번씩 했어요. 처음 할 때는 창피했어요. 사람들이 다 쳐다보니까. 하고 나면 3~4일 동안 몸이 아파서 못 일어나요. 그런데 우리 딸이 순직 인정만 되면 이 까짓것 고생도 아니다 싶어서 나중에는 열심히 했죠. 3년 3개월 싸운 시간이 나를 거리의 투사로 만들어버렸지. 2017년 5월 15일 스승의 날 순직 인정이 됐어요. 우리 딸은 납골당에 있다가 지금은 대전 현충원에 있어요. 2018년 1월 26일에 안장식을 하느라고 겨울에 땅 파서 묻는데 아휴…

처음에는 가족들도 나서지 말라고 했어요. 안 되는 거 뭐 하러 하냐고. 주저앉고 싶을 때도 많았어요. 앞이 안 보이는 거 있잖아요. 뭔가 희망이 보여야 되는데 깜깜한 터널을 지나는 것 같더라고. 어떨 때는 집에서 이불 뒤집어쓰고 울었어요. 산에 가서 소리 내면서 울었어요. 그러다보니까 성대가 나가버린 거지. 비정규직과 정규직이 나뉜 세상이 원망스러웠어요. 비정규직이 이렇게 차별받는다는 걸 예전에는 잘 몰랐죠. 최근에 떠나보낸 김용균씨 부모님도 만나보고 싶어요. 그분들 심정 십분 이해해요. 비정규직 노동자들이 시위하는 걸 보면 남 일 같지 않아요. 다 생존권 싸움이야. 직장 잃으면 뭐 먹고살아요? 살아야 되니까 하는 거지. 굴뚝에 올라가서 몇백일, 몇천일 있는 것, 그걸 안 하면 죽으니까 살려고 하는 거지. 배부른 사람들은 그 고충을 몰라.

김성욱(희생교사 김초원 아빠)

나만 피해자가 아니라 당신들도 피해자다. 대학생 간담회에 가면 그렇게 얘기해요. 안전하지 못한 나라에 사는 당신들도 국가 폭력의 피해자다. 같이 슬퍼해야 된다. 그리고 주저앉아서 슬퍼하지 말라고. 발전하는 슬픔이 되어야 한다고. 방 안에서 울면서 '아, 세월호 불쌍해, 이 나라 너무 싫어' 이게 아니라 왜 나라가 싫은지, 왜 바꾸어야 하는지, 왜 정치인을 똑바로 뽑아야 하는지 나와서 얘기하라고. 내 자식과 내 가족과 내 후세의 아이들을 위해 싸우라고. 내 권리를 스스로 찾으라고. 세월호뿐만이 아니라, '미투'도 있고, 군대 내 사고도 있잖아요. 소외된 사람들 외면하지 말라고. 다 연결되어 있다고. 다 나한테 일어날 수 있는 일들이다. 그런 일에 관심을 가지고 아닌 건 아니라고 말을 해달라고 얘기를 해요.

임영애(오준영 엄마)

초기에 세월호가 정치적이라고 엄청 비난을 받았어요. 아니다, 우리는 아이들의 생명, 인권에 대해서 이야기하는 거다, 우리 정치적이지 않다, 그렇게 말했는데 지나고 보니까 아니에요. 세월호가 정치와 상관이 없는 게 아니더라고. 특조위 만들 때, 관련 법 만들 때도 조항 하나하나 싸우면서 만들었어요. 내가 움직이는 모든 것이 정치예요. 앞에 나가서 잘난 척하는 정치인들? 못 믿어요. 정치인은 그냥 자신 편이고 정당 편이에요. 자기 이익에 위배되는 일은 안 해요. 지금 서로의 목표나 상황이 맞아떨어져서 같은 길을 가는 거지 언제든지 우리 뒤통수를 칠 수 있는 사람들이에요. 그런 사람들한테 맡겨놓으면 나라가 엉망진창이 되는 거지. 우리가 항상 정치인들을 감시해야 하는 이유예요. 정치, 우리가 관여해야 되는 부분이에요. 정치라는 게 우리 생활 곳곳에 다 있는 거잖아요. 사람이 사는 게 정치잖아요. 하다못해 술값 오르는 것도 정치예요. 정치가 아닌 게 어디 있어요?

옛날에는 정치 이야기하고 뉴스 보는 거 싫어했거든요. 이제는 뉴스 보고 모르는 건 계속 찾아봐요. 똑똑한 사람이 아니라서 그런지 이해가 안 가는 게 많아요. 뉴스만 듣고는 맥락이 연결이 잘 안 돼요. 그럴 때는 관계자나 평론가들이 나와서 정치적 사안을 쉽게 풀어 설명해주는 프로그램을 봐요. 이야기 듣다보면 어느 정도 개념이 잡히더라고요. 그렇게 공부하는 게 큰일이 됐어요. 해고됐던 KTX 승무원들 복직하고, 반올림에 좋은 소식 있으면, '어머 잘됐네' 내 일같이 기뻐요. 우리가 한번씩 다 만난 사람들이에요. 동지가 된 거죠.

참사 전에는 초등학교 친구들하고 한달에 한번씩 꼬박꼬박 산에 다녔어요. 제가 등산복 매장을 운영했거든요. 참사 나고 2년, 3년 지나고 탄핵 끝나고 나서 그 친구들이 "어느 정도 마무리됐으니까 이제 네 일상으로 돌아와야지" "옛날처럼 같이 산에도 다니고 만나서 술도 한잔하고 그러자" 그 말에 내가 욱하더라고. '내가 일상이 어디 있어? 나는 옛날로 돌아갈 수가 없어. 예전의 나와 지금의 나는 다른 사람이야.' 나는 이미 이만큼 가 있는데 친구들은 아직도 저기 있는 것 같은 거예요. 지금은 내 관심사가 여기에 있고 얘네 관심사가 아닌 거죠. 만나면 재미가 없어요.

박혜영(최윤민 엄마)

세상 물정 아는 어른

"네 동생이 그렇게 되지 않고 대학교 4학년 졸업할 때까지 엄마 아빠가 보살폈다면 6년은 더 필요했어."

"그렇죠."

"너 멘토링하는 아이 있잖아. 사실은 그 아이 내가 데려와서 키우고 싶은데 그렇게 할 수 없으니까 돈을 줄게. 그 아이 좀 돌봐줘."

"엄마, 세상에 어려운 사람이 얼마나 많은 줄 알아? 이런 일일수록 신중해야 해요."

큰애가 멘토링을 하는 아이가 있더라고요. 그 아이가 되게 가난하대요. 다문화가정인데 엄마가 있는지 없는지 모르겠다고 하더라고요. 얘기를 듣는데 너무 마음이 아픈 거예요. 계속 그런 생각을 했거든요. 호연이가 고등학교 2학년이었잖아요. 앞으로 호연이한테 더 많이 투자를 했어야 하는데 호연이가 없잖아요. '그걸 누구한테 나눠주고 싶다, 그러면서 행복을 느끼고 싶다.' 다른 건 몰라도 그런 마음이 너무 많이 들어요. 오늘도 멘토링 가는 날인데 아까 큰애랑 낮에 통화를 했거든요. "맛있는 것 좀 사서 가." 팬티랑 티셔츠 사서 보낸다고 했어요.

그런데 내가 너무 적극적으로 이러면 큰애는 화를 내. 엄마는 도와주고 싶어하지만 아이 아빠는 기분이 나쁠 수 있다는 거예요. 얘기를 들어보니 그 말이 틀린 건 아니야. 그 얘기를 한 3~4시간을 했나봐요. 큰애가 하는 말을 들으면 나보다 더 큰 세계를 보고 있어요. 나는 단순하게 보이는 것에 대해서만 판단을 하는데 얘는 그게 아니더라고요. 저는 당장 그 아이한테 뭐라도 해주면 좋겠다고 생각을 하는데 얘는 차근차근 여러 생각을 하고 마음을 쓰고 있더라고요.

유희순(김호연 엄마)

회사 입사했을 때 향우회가 있었어요. 향우회에서 매달 회비를 걷는데 주말마다 공 차고, 술 먹는 게 끝이에요. 그건 아닌 것 같은 거야. 뜻깊은 데 쓰자 싶어서 뭘 했냐면, 안산시에 연락을 했어요. 청소년 가장, 큰 애가 중학생이었고 동생이 초등학생이었는데 걔들이 대학교 졸업할 때까지 후원하자. 되게 떳떳하고 좋았어요. 뿌듯한 거야. 그런데 먼 친척이 데려갔는지 아이가 없어져서 후원을 못하게 됐어요. 그 이후로 장애인 단체를 15년 넘게 후원했어요. 애들 어릴 때였는데 놀러 갔다가 장애인들을 본 거예요. 물가 놀이터에 갔는데 장애인 단체에서 운영하는 곳이었어요. 일단 행동이 부자연스러우니까 알잖아요. 찬호야 꼬맹이니까 막무가내지. 깨끗하고 물놀이하기 좋으니까 거기 가서 놀겠다고 우기고 그쪽에서도 당연히 애기니까 놀게 놔두는데 되게 미안한 거예요. 그게 계기가 돼서 15년 동안 1년에 두번 후원을 했어요. 그런데 솔직하게 얘기하면 그때는 아이들 교육 차원이었어요. 어떻게 보면 보여주기식이었는지도 몰라. 참사 나고 힘들고 고통받는 사람들을 많이 만나면서 이제야 세상 물정을 알게 된 거죠.

전명선(전찬호 아빠)

"나는 저렇게 못 살았는데 저분들은 어떻게 저렇게 할 수 있지?" 유가족이 아닌데 416 합창단에서 함께하는 사람들이 있어요. 보통 차로 1시간, 1시간 반 운전해서 안산 와서 저녁 7시부터 밤 10시까지 연습하고 다시 또 1시간, 1시간 반 운전하고 집에 가요. 그다음 날 아침에 출근해야 하는 분들이란 말이에요. 그런데도 매주 빼놓지 않고 지금까지 하시거든요. 우리가 어디 공연을 간다 하면 월차, 연차 다 써서 같이 가세요. 이전에도 그렇게 살아오셨던 분들이더라고요. 사회의 그늘진 곳, 힘없는 사람들과 연대하는 모습. 그 헌신을 보면서 제 삶을 돌아보고 반성하는 시간이 됐어요.

우리 아이들이 내준 숙제를 하고 나면 장기적으로 미래에 우리가 가야 할 길은 저 길이 아닌가 생각을 했어요. 빚을 갚는다는 일차원적인 생각일 수도 있지만 깊게 생각하면 우리 아이들이 마지막으로 엄마 아빠한테 부탁한 일이 이게 아닐까? 조금이라도 힘이 된다면 힘없고, 약하고, 그늘진 곳에 가서 그들의 옆자리에 앉아 있는 삶요. 그 모습을 합창단의 다른 단원들이 몸소 보여주는 거죠. 그분들 볼 때마다 존경스럽고 나중에 저 삶을 내가 어떻게 따라갈 수 있을까 싶어요. 오셔서 '이렇게 해라, 저렇게 해라' 절대 안 하거든요. 이분들의 삶을 옆에서 지켜보면서 내 생각을 정리하게 되고 그다음에 어떻게 해야 할지를 계획하게 되는 것 같아요.

완전히 전환이 됐죠. 그게 또 맞는 일 같고요. 거의 50년 동안 잘 살아 왔다고 생각했어요. 우리 가족이 평안하고 잘되면 '다 괜찮구나' 생각하고 살았던 거죠. 참사 나고 '아, 내가 너무 잘못 살고 있었구나' 깨달았어요. 전에는 불쌍한 사람 보면 '불쌍해서 어떡해' '밥이라도 사드세요' 밥값을 주는 정도로 생각했다면 지금은 그분들이 왜 그렇게 불쌍하게 됐는지를 고민하게 돼요. 전에는 보여주기식으로 할 수 있는 만큼 조금씩 했다면, 지금은 더 구체적으로 이들의 삶을 들여다보고 싶은 거죠. 세상을 바라보는 생각, 시선이 많이 바뀌었어요.

박요섭(박시찬 아빠)

참사를 통해서 저 스스로가 많이 깨달은 것 같아요. 옛날에는 사회구조에 대해 심각하게 생각해본 적이 없었어요. 사는 게 팍팍했고 당연히 그렇게 살아야 되는 줄 알았죠. 서민들의 삶이 이렇게 되기까지 내가 문제가 아니라 기본적인 사회, 국가 시스템 자체에 문제가 있었다는 것을 이제야 깨달은 거죠 우리 아이를 보내고 나서. 이게 생각해보니까 너무 슬픈 거야. '우리같이 평범한 사람들이야 주부는 주부 역할만 잘하면 되는 거 아니야? 아빠는 아빠 역할 잘하고 회사원은 회사 열심히 다니면 되는 거 아니야? 아이, 뭐 정치야 국회의원들이 하는 거니까 맡겨놓으면 잘하겠지' 생각하고 관심을 갖지 않았던 거예요.

내가 아무리 소속감을 가지고 열심히 한들 모순이 있고, 잘못된 것들이 바뀌지 않는다는 걸 지금에야 깨닫고 나니까 내가 너무 한심하다는 생각이 들어요. 나이 오십이 되도록 어리석었구나. 우리를 비난하는 사람들을 보면 예전 제 모습을 보는 것 같아요. 그 사람들처럼 나도 그렇게 살았으니까. 지금이라도 내가 알게 된 세상을 사람들에게 알려주고 싶은 거예요. 구성원 한 사람 한 사람이 깨우칠 때 세상이 변하지 않을까 하는 생각이 들어요. 제대로 된 진실이 무엇인지 사람들이 몰라서 그러는 거지 알면 그러지 않을 것 같은 거예요. 세월호 참사에 관심 없는 사람들을 나쁘다고만 할 수도 없다는 생각을 가끔 해요. 그러니까 더 열심히 우리 얘기를 알려야죠.

　이제야 어른이 된 것 같아요. 다른 사람들의 아픔에 깊이 공감할 수 있는 능력이 생겼다는 것. 원래 마음이 좀 여려서 힘들고 고통받는 사람들을 보면 마음 짠하고 그랬지만 그 사람들을 돕는 일에 적극적으로 동참하지는 못했거든요. 이제 주변 사람들의 아픔도 돌아보게 되고 세상이 돌아가는 일에 관심도 갖게 되고 뭐가 잘못된 건지, 뭐가 제대로 되는 건지 판단할 정도의 기준을 갖게 되었어요. 그냥 모양만 어른이 아니라 조금 성장한 것 같아요. 이제 조금씩 어른으로 변하고 있어요.

이미경(이영만 엄마)

이끌린 질문

"엄마, 그건 '틀리다'가 아니고 '다르다'야."

"어? 다르다는 말이 맞다고?"

"응. 그건 맞고 틀리고, 옳고 그른 게 아니라 그냥 다른 것일 뿐이니까."

"아! 그러게."

예전에는 정답과 오답으로 나누던 삶을 살았어요. 참사 나고 4년 넘는 시간 동안 끊임없이 질문을 했어요. 교회가 사회에서 어떤 위치에 있는가? 나의 신앙생활은 과연 올바른 것이었나? 나는 왜 신앙생활을 하지? 신은 뭐지? 나는 왜 태어났지? 나는 왜 살지? 죽음 이후는? 죽은 자들이 아주 멀리 있다고 생각했는데 이 일을 겪으니까 멀지 않더라고요. 죽음과 삶이 늘 이 공간 안에 다 같이 현존한다는 생각이 들어요. 이런 문제로 항상 씨름을 하고 있어요. 작은 방에 있던 저를 끄집어내서 넓은 세상으로, 우주 한가운데로 끌고 온 거죠. 너무 비싼 대가를 치르고… 더 넓은 곳으로 나왔지만 저라는 사람에 대해 집중해서 볼 수 있었던 시간이었던 것 같아요.

정말 잘 사는 게 뭔가에 대한 고민을 더 깊고 넓게 하지 못한 게 후회가 됐어요. 저 나름대로는 잘 살아왔다고 생각했거든요. 어찌됐든 부천에 살 때는 교회에 찾아오는 어려운 아이들을 도왔고 미혼모, 가출 청소년도 돌보면서 '난 참 보람 있게 살고 있구나' 그렇게 생각을 했어요. 안산에 와서도 작은 도서관 운동도 하고 마을 만들기 사업도 4년 이상 했고 나는 잘 살고 있다고 자부했는데, 너무 주변만 보고 살아온 것 같아요. 정치에 혐오 같은 게 좀 있었는데 그런 무관심과 혐오가 결국은 이 사달을 만들었으니까. 이제는 그렇게 살고 싶지 않은 강렬한 마음이 있어요.

아직은 어느 지점부터 어떻게 실천해야 할지를 구체적으로 정하지는 못하고 있어요. 일단은 저의 문제를 제대로 푸는 게 사회에 이바지하는 거라고 생각해요. 수많은 간담회를 가고 사람들을 만나서 이야기했던 건 '나처럼 살지 말라'는 말을 전하고 싶어서. 이렇게 하다보면 이전과 다른 우리나라, 이전과 다른 세상이 되지 않을까? 그런 마음으로 다녔어요.

박은희(유예은 엄마)

청소년도 참정권이 있어야 하지 않나? 어렸을 때부터 어떤 권리를 가지고 있고 사회에서 어떤 역할을 하면서 살아야 하는지 제대로 교육을 받았다면 팽목항에서, 진도체육관에서 그렇게 가만히 있었을까? 내가 누려야 할 권리가 무엇인지를 모르니까 부당한데도 저항을 못했어요. 물론 자식만 생각하는 상황이기도 했지만 부당하다는 걸 알았으면 그때라도 따질 수 있는 용기가 있었을 텐데 너무 몰랐던 거죠.

전에는 정치에 관련된 건 서명도 안 했어요. 노조 집회는 빨갱이들이 하는 거라는 시선을 배우고 컸거든요. 잘못된 걸 배우면서 큰 거죠. 세월호는 정치를 배제하고는 해결이 안 되는 일이잖아요. 정치에 관심을 갖고 사람을 제대로 뽑아야 세상을 바꿀 수 있다는 걸 실감한 거죠. 스펀지에 물이 스미듯이 자연스럽게 어렸을 때부터 교육을 받았다면 수현이를 잃기 전에 정치와 사회에 눈을 떴겠죠. 내 권리를 제대로 행사했겠죠. 지금은 일상생활에서도 뭔가 당했다는 억울한 느낌이 들면 조근조근 따지게 되더라고요. 이제 그냥 넘어가는 게 없어요.

언제쯤 좋은 세상으로 변할까? 나는 어느 정도 살고 갈 사람이지만 이 사회에서 계속 살아가야 할 우리 아이들은 어떡하지? 제천 스포츠센터 화재 참사도 있었고 그 이후에도 계속 참사가 발생하잖아요. 이 세상을 사는 게 너무 두렵잖아요. 저희가 우리 아이들의 희생이 헛되지 않게 살기 좋은 세상으로 바뀌었으면 좋겠다고 늘 외쳤는데 2년이 지나도, 3년이 지나도, 4년이 지난 지금까지도 바뀐 게 별로 없어요. 김용균씨 어머니도 저희하고 똑같은 말을 하시잖아요. 그게 너무 마음이 아파요. 저희같이 마음 아픈 사람들이 계속 생겨날 거고 세상이 안 변하면 그분들도 저같이 생각하겠죠. '아, 지금까지 이렇게 왔는데도 또 변한 게 없구나.' 제발 좋은 세상으로 바뀌었으면 좋겠어요.

이영옥(박수현 엄마)

미래를 생각하면 걱정이 돼요. 요즘 제가 너무 큰 범위에서 생각을 하는데… 지구온난화, 환경오염, 지진 이런 것들을 보면 지구가 숨을 쉬고 싶어서 저러는구나 싶어요. 언젠가는 끝이 나겠구나, 이놈의 지구가. 우리야 살 만큼 살았다 생각이 들거든요. 그런데 앞으로 더 살아갈 애들에게 좋은 세상이 아니잖아요. 기온은 계속 올라가지, 겨울은 엄청 춥죠. 지구가 이렇게 되어버렸으니 애들이 앞으로 얼마나

살기 힘들어질까. 이런 생각을 많이 해요, 요새는. 저 좀 정상이 아니죠?(웃음)

여름에 엄청 더웠잖아요. 에어컨 없이 살았어요. 죽을 뻔했어요. 성당에 갔는데 신부님이 이런 얘기를 하시는 거예요. "나 하나 아껴 쓴다고 뭐가 달라지나 이렇게 생각하지 말고 나 하나라도 동참하면 그게 큰 것이 된다." 그 말씀이 무척 와닿아서 에어컨을 참아보자 했던 거죠. 이사 와서 우리 큰애 친구들이 놀러왔단 말이에요. 그런데 너네 집에서 못 살겠다고, 다시는 여름에 너네 집에 안 온다고, 애들이 자고 간다고 왔다가 그냥 갔어요. 저도 정말 괴로웠어요. 자다가 너무 더워서 새벽 5시에 찬물을 뒤집어쓰고 가서 다시 누우면 금방 더워지고. 그런데다가 윗집 아랫집에서 계속 에어컨을 틀어대니까 창문을 열어놔도 더운 바람이 들어오고. "엄마, 올해는 에어컨 좀 사자." 애들이 자꾸 얘기하는데도 계속 참으면서 에어컨 사는 걸 미뤘어요. 환경오염의 주범이라는데 나라도 참아보자 했는데, 작은 거라도 실천해보려는 게 되게 힘드네요. 아우, 질 것 같아요.

어느 날은 남편 동창회를 같이 갔어요. 거기서 나를 위해서가 아니라 애들한테 좋은 환경을 물려주려고 그러는 거지, 나야 뭐 편한 거 누릴 만큼 누리고 산 사람이 뭐 그런 거에 연연하겠냐, 이렇게 얘기했더니 거기 있는 사람이 이런 말을 하더라고요. "제수씨, 그런다고 세상 안 바뀌어요. 그냥 쓰면서 편하게 살아요." 나 하나 바뀐다고 세상 안 바뀐다고요? 그럼 나쁜 걸 알면서도 해야 하나요? 그건 아니잖아요.

우리 지민이가 나를 많이 바꾼 것 같아요. "오늘 하루 그냥 즐겁게 열심히 부지런히 살아. 그럼 그게 미래가 되는 거야. 그게 쌓이면서 뭔가가 이루어지는 거야. 걱정한다고 뭐가 되지는 않으니까." 큰애한테 항상 이렇게 얘기해요. 큰애는 대학교 4학년이니까 취업 걱정을 해요. 나는 그런 걱정은 안 해. 이 시간들이 내 정신세계를, 그러니까 중요한 게 뭔지를 판단하는 기준, 세상을 바라보는 시선, 그리고 생각하는 능력을 좀더 성숙하게 만들어놨다고 해야 하나?

유점림(이지민 엄마)

길에 서다

뚜렷해지는 것 같아. 내가 가는 길이. 어느 정도 가지치기를 하니까 길이 좀 보이는 것 같기도 해요. 돈 버는 일에 신경 안 쓸 거라고 다짐을 했어요. 단호하게 돈을 쫓아가지 않겠다는 마음의 선언인 거죠. 그러면 내 생활태도가 변해야 하는 거잖아요. 쓸데없는 것 안 사고, 쓸데없는 데 마음 뺏기지 않고. 다른 사람한테 말하지는 않았지. 나 혼자 생각. 창현 아빠는 꼭 일자리보다 뭔가를 하고 있다는 것, 그게 좋아서 하는 일이라는 거에 만족하는 거지. 본인은 12시간, 14시간 하루도 안 빠지고 일을 하는데 그 결과가 100만원도 안 되는 걸 보면, 돈으로 따지면 너무 형편없는 거잖아요.

돈을 이리 굴리고 저리 굴리고 불리고 싶은 마음이 없어요. 돈 쓰는 데도 시간이 많이 필요하잖아요. 요즘에는 뭐 하나 사려고 해도 이것저것 찾아보고 비교하느라 시간이 엄청 많이 드는데, 그 시간도 뺏기지 않으려고. 예전과 비교해 제일 많이 변한 부분이에요. 완전히 내려놨다고 볼 수는 없는데 돈에 대한 집착을 내려놓으려고 계속 노력하고 있어요.

416이 없었다면 그것까지는 생각 안 했을 텐데. 사람이 그렇게 만들어진 존재가 아니잖아요. 그냥 돈만 쫓다가 그렇게… 옆에 사람이 죽어가도 무시하고 나만 이익이면 돼, 내 가족만 살면 돼, 그건 아니잖아요. 부동산 투기도 너무 많이들 하는데. 나는 그게 참 이상해. 왜 지식인들이 부동산 투기가 나쁘다고 말을 안 하는 거지? 그냥 현상에 대해서만 이야기하고 그거를 안 짚어주더라고. 미래 세대의 주거권을 뺏는 거라고 왜 말을 안 하는지 모르겠어. 그래도 이번에는 투기를 억제하는 정책이 조금 나온 것 같아. 정말 답답한데 너무나 많은 사람들이 연관되어 있으니까 그동안 그 말을 못 한 것 같아요. 그게 아니잖아요. 사람은 누구나 다 소중하고, 제대로 살 권리가 있고, 기본적인 삶은 누려야 하는 게 맞는 거잖아요. 국가가 그걸 책임져야 되고. 사람은 더불어 살아야 한다는 걸 이제 절실하게 알았으니까 그렇게 살아내야죠. 좁은 길이어도 그게 옳은 길인 것 같아요. 그게 내가 살아가야 할 삶인 것 같아.

최순화(이창현 엄마)

글 : 이호연

6
장

시간의 숨결

진상규명을 외치면서도 이게 실현 가능하다고 생각한 적은 없어요.
전 정권 때는 더했고, 문재인 대통령으로 바뀌면서 기대는 했지만
쉽지 않다는 것도 알지. 정권이 바뀌었다고
이미 진행된 것들을 뒤집어엎을 수는 없는 거잖아?
또 내가 바보는 아니잖아? 내 나이가 몇인데.
다만 이제 조금 더 빨리 진상규명을 할 수 있겠다.
조금 더 제대로 할 수 있겠다. 가족들이 노숙 농성이든,
서명이든 죽기 살기로 안 해도 괜찮아지겠구나…
그러니 아직 우리 일이 끝난 게 아니죠.
진상규명을 위해 끊임없이 해야 할 일들이 있고,
우리가 하고자 했던 일들도 있으니, 잘 버텨야죠.

전명선(전찬호 아빠)

기억의 수명

아이들이 수요일에 수학여행을 갔잖아요. 가기 전 일요일에 준영이가 야구복을 입었는데 제가 직장일이 바빠 그때 못 빨았어요. 그 옷을 4년 동안 안 빨았어요. 아이가 마지막으로 입은 옷이고, 마지막 인사도 못해서 뭐든지 엄마 마음에 남겨두고 싶었거든요. 저는 흙 묻은 것까지 평생 간직하고 싶었어요. 그런데 4년이 넘으니까 때 묻은 곳이 부패되더라고요. 결국 그 옷을 제가 이번에 빨아서 부직포에 싸 놨어요. 아들을 기억하고 싶은 간절함에 아이의 체취가 남은 마지막 옷이라도 남겨두고 싶었지만 그게 안 되는 걸 보면서 엄마인 저도 어쩔 수 없는 자연의 힘이란 게 있구나… 지금 국민들이 잊지 않겠다, 행동하겠다, 함께해주시지만 그분들도 언젠가는… 영원한 건 없다는 생각이 들더라고요.

임영애(오준영 엄마)

참사 초기에 옆에 있던 사람들이 어떤 얘기를 했냐면, 시간은 정부 편이다. 초기에는 가족들이 목소리를 낼 수 있고 언론에서도 다뤄주지만 시간이 지나면 정부가 원하는 대로 갈 수밖에 없다. 그래서 잘해야 한다. 전 그게 머릿속에 각인되어 있거든요.

우리가 아무리 피해자라고 해도 버틸 수 있는 한계가 있고, 우리가 아무리 안타까워해도 옆에서 온 국민이 같은 마음으로 안타까워하지 않는 한 흔적은 지워질 수밖에 없어요.

우리 가족들이야 다 똑같은 마음이죠. 당연히 세월호를 기억해야 하고, 없어지면 안 되는 장소들도 있고, 그곳을 통해 우리 아이들의 삶이 헛되지 않게 만들고 싶고. 그 장소들이 우리 사회의 변화와 다 연관되어 있기 때문에 그대로 유지되었으면 좋겠다는 바람이죠.

하지만 옆에서 보는 시각들은 다 달라요. 생각도 다르고. 그래서 기억교실이나 팽목항, 분향소 같은 장소들이 하나둘 사라질 때마다 마음에 구멍이 계속 뚫리는 느낌이에요. 그렇지 않아도 되는 게 아무것도 없고 돌파구도 없는데, 답답한 틀 안에 갇혀 있는 것 같은데, 이러다 결국 아무것도 남지 않겠구나 하는 두려움. 아… 이렇게 잊히겠구나…

박요섭(박시찬 아빠)

장소의 온도

머릿속에 있는 것은 언젠가는 사라져요. 상징물이 있어야 사람들이 찾아오고 계속 기억할 수 있어요. 그런 것 없이 팽목항에서 분향소를 철거하는 것에 화가 났어요. 내내 진도군과 논쟁을 벌이다 지난해 9월에 진도군으로부터 아이들 올라온 자리에 표지석, 희생자 기림비, 공원을 조성해주겠다는 약속을 받았어요. 물론 그것도 완전히 믿을 수 있는 건 아니지만요.

기억관은, 아직도 결론이 안 났어요. 416 참사와 그 이후 팽목에서 있었던 일 등에 대한 기록물과 사진을 전시하는 작은 기억관을 구상 중인데 진도군에서는 자꾸 안 된다고 해서 대치 중이에요. 결국… 안 된다고 하면 팽목항만에 조성 중인 터미널 안에라도 작게 만들어달라고 이야기해보려고요. 또 항만 조성 공사 들어가면 우리가 사용하던 기억관(전 분향소) 컨테이너를 철거해야 하는데, 그럼 여기가 썰렁해지잖아요. 세월호 가족들이 다 철수했다고 생각하고 아무도 안 올 것 같아서 공사할 때만이라도 기억관을 한쪽으로 옮겨놓고 사용할 수 있도록 해달라고도 요청하고 있어요.

사실 진도군과 얘기가 잘돼서 공간이 만들어진다 해도 보존하는 게 더 걱정이에요. 어떻게 하는지 지켜봐야 할 것 같아요. 또 약속은 믿을 게 못 되더라고요. 앞으로 5년은 이곳을 더 지켜야 하지 않을까 싶어요. 누군가는 끝까지 해야죠. 아이들하고 했던 약속 지켜야죠.

고영환(고우재 아빠)

"정부가 안산에 생명안전공원을 만들기로 발표했으니까 당연히 되는 거 아냐? 호성 엄마는 너무 걱정이 많아."

시민들은 물론이고 일부 가족들도 제가 너무 불안해하고 초조해한대요. 하지만 새 안산 시장이 당선되고 생명안전공원 추진위원회가 만들어졌는데 반대파들은 명칭부터 문제래요. 추진위원회라면 생명안전공원을 반드시 추진해야 한다는 건데 그건 말도 안 된다는 거죠. "화랑유원지가 생명안전공원 부지로 합당한지 다시 논의를 해야 한다. 어떻게 세월호 따위가 저 비싼 땅을 달라고 하냐. 그건 봉안당이 아닌 납골당이다…"

우리는 화랑유원지에 어떻게 생명안전공원을 만들지 논의하는 줄 알고 갔는데 날벼락 맞은 기분이었죠. 위원회 명칭을 놓고 회의를 세 번이나 했다니까요. 반대파에서 '세계 정원 경기 가든' 예정지를 생명안전공원 부지로 추천해서 타당성까지 검토했어요. 알아보니 거기는 어떤 건물도 지을 수 없는 쓰레기 매립지였어요. 건물을 지으려면 그 어마어마한 양의 쓰레기를 다 옮겨야 하는 거예요. 또 그 일대 주민들이 쓰레기 매립 때문에 수년간 고생을 하다가 세계 정원을 만들기로 한 게 최근이에요. 그런데 다시 용도 변경을 하자고 하면 분란만 생기는 거죠. 최종적으로 타당성이 없다고 결론이 났지만, 아이들을 쓰레기 매립지에 잠들게 하자는 발상 자체가…

다시 결정은 안산 시장 몫이고, 안산 시장은 정부랑 상의해 최종 결정을 내겠다는데 이런 지가 벌써 3년째예요.* 사실 그분들은 급한

* 정부는 2019년 2월 28일 '4·16세월호 참사 피해자 지원 및 희생자 추모위원회' 의결을 통해 안산시 화랑유원지에 4·16생명안전공원을 건립하기로 확정했다. 이에 따라 화랑유원지 2만 3000제곱미터의 부지에 추모공원, 추모기념관, 추모비 등이 건립될

게 없어요. 우리만 바쁘고 불안하지. 내년에 국회의원 선거잖아요? 반대하는 분들은 또 생명안전공원 가지고 얘기할 텐데, 그럼 더 늦어질까봐 불안해요. 정부가 이 아픈 도시를 어떻게 할 건가 고민하고, 적극적으로 조정을 해줬으면 좋겠는데 안산에만 맡겨놓고 방치하는 것 같아 화도 나고요.

그렇다고 우리가 초창기처럼 분노에 차서 너희들이 해줘야지, 할 수만은 없잖아요? 소리 지르는 것도 한두번이고, 소리 지른다고 될 일도 아니고. 내가 고개 숙이고 제발 해달라고 요청해야 하는 이상한 상황이 계속되고 있는 거죠. 우리 자식들이 절대 혐오스럽지 않다는 걸, 별이 되어 우리를 지켜줄 거라는 걸 끊임없이 웃는 얼굴로 설명하고, 설득하며 안산 시민들이 우리를 끌어안아주기를 간절히 바라는 거예요.

정부자(신호성 엄마)

우리한테 유교사상이 박혀 있다보니까 생명안전공원을 납골당으로만 이해하고 자꾸 반대하는 것 같아요. 또 집값이 떨어진다고 걱정을 하는데 그분들을 어떻게 이해시키고 우리 쪽으로 끌어들일지가 관건이죠.

저는 생명안전공원을 잘 만들면 시민들이 함께 어울릴 수 있는 충분한 공간도 생기고, 오히려 안산을 더 발전시킬 수 있다고 믿어요. 미국의 9·11 테러 현장에 가보면 참사 현장에 거대한 지하 폭포를 만들고 난간에 희생자들의 이름을 새겨놨어요. 9·11 기념박물관을 만

예정이다. 4·16생명안전공원은 2021년 1월 착공에 들어갈 계획이다.

들고 당시 잔해들을 전시해놨는데 전 세계에서 매해 몇백만명의 사람들이 와서 다 보고 가더라고요.

우리도 그렇게 만들려고요. 전 세계 사람들이 와서 한국에 이런 참사가 있었구나, 희생된 아이들이 여기 있구나 기억하면서 생활 속 안전에 대해 느끼고 고민하는 공간으로 만들고 싶어요. 전 세계적인 추모공원으로 만들려고요.

김정윤(김건우 아빠)

짧지만, 모두, 영원한

부모들은 자기 아이들이 잊히는 것에 굉장히 큰 두려움이 있어요. 그래서 초기에 어떤 부모님들은 자기 아이에 관한 글을 계속 쓰고 사진을 올리면서 활동을 했고, 그래서 몇몇 아이의 이름이 굉장히 많이 알려지기도 했죠. 소수의 아이들이 많이 알려진 건데 저는 그게 마음이 너무 아팠어요. 나머지 아이들은?

제가 어디 가서 얘기할 때 시찬이에 대해서 물어보면 첫번째 대답이 그거예요. 내 아이만 기억되고 회자되는 걸 원하지 않는다. 250명의 아이들을 하나하나 기억해달라… 시찬이 입장에서 생각했을 때도 모든 친구들의 이야기가 기억되는 걸 원할 거라는 생각이 들어요. 진짜 멋진 녀석이거든요. 제가 쭉 보니까 다른 아이들도 다들 멋진 녀석들이더라고요. 우리 합창 연습하다 쉬는 시간에 그 주간에 생일인 아이들, 몇 반의 누구 누구 누구 이렇게 기억을 하거든요. 이 아이는 이런 생각을 했고 이런 꿈을 갖고 있었구나. 이야기를 듣다보면, 정말 예쁜 아이였구나, 정말 멋진 아이였구나, 이런 것들이 보여요. 정말 다들 보석 같은 아이들이었구나.

박요섭(박시찬 아빠)

내가 죽을 때까지 하고 싶은 것 중 하나가 우리 아이들 약전*을 전

---

* 정식 명칭은 『416 단원고 약전: 짧은, 그리고 영원한』으로, 세월호 참사로 별이 된 단원고 학생들(250명 중 231명)과 교사들(11명) 그리고 아르바이트 청년들(3명)의 약

국에 있는 모든 학교 도서관에 비치하는 거야. 안전을 책임지는 정부 기관에는 꼭 한질씩 둔다는 게 내 목표지. 그래서 사람들 만날 때마다 얘기하고 있어. 서울시는 조희연 교육감이 협조해줘서 다 들어갔어. 전국에 있는 해경 파출소에도 다 깔았어. 이제 각 지역 교육청이랑 경찰서가 남았는데, 최근에 남부경찰청장 만났을 때도 약전 얘기를 했어. 약전을 읽으라는 게 아니라, 그걸 비치해두는 것 자체가 국민 안전에 대한 경각심, 교육자료가 된다고 생각해.

나는 세월호에 대한 기록이나 책이 많이 나왔으면 좋겠어. 나는 죽으면 없어지지만 책이나 기록은 안 없어지니까.

전명선(전찬호 아빠)

전(略傳, 간략한 전기)을 엮은 책이다. 2014년 경기도 교육감 인수위원회에서 세월호 참사로 희생된 학생, 교사, 청년들의 삶과 꿈을 영원히 기리기 위한 취지로 이 사업을 추진하기로 결정했다. 이후 139명의 약전 작가단이 유가족과 친구, 동료들을 인터뷰해 2016년 1월 12권 세트 한질의 단행본으로 발간했다. 약전의 저작권은 경기도 교육청이 갖고 있다가 2017년 9월 세월호 가족에게 양도함에 따라 현재는 가족협의회가 갖고 있다.

원하는 진실과 진실을 원하는 것의 차이

분향소가 철거되니까 사람들이 '아, 이제 세월호가 다 해결됐구나' 이렇게 생각을 하는 거예요. 많은 시민들이 찾아줬고 대외적으로 알려진 장소였잖아요. 그런데 거기가 없어지니까 시민들한테 우리가 지워져요. 오래간만에 우리 동네에서 하는 문화 행사에 갔더니 "아직도 세월호가 해결이 안 됐어요?" 물어보는 사람이 많은 거예요. 다 된 줄 아는 거야. 장소들이 하나둘 없어지니까. 문재인 정권이 해준다고 했으니까. "아직 해결된 게 하나도 없어요." "그래요?" 놀라는 거야.

어떤 사람들은 특조위에서 해주겠지 해요. 그런데 저는 2기 특조위도 안 믿어요. 특조위 사람들이 의욕은 있어요. 하지만 옆에서 방해하고 수사권, 기소권이 없으면 그것도 꽝이에요. 관련자들이 와서 기억 안 난다, 모른다 이렇게 말해버리면 끝이죠. 1기 특조위 때도 처음에 얘기했던 거랑 두번째 진술한 거랑 말이 다르거든요. 또 무조건 기억이 안 난다 이러는데, 고문해서 진실을 말하라고 할 수도 없는 거잖아요? 기억이 안 난다고 하면 그런가보다 하고 지나가잖아요? 그 사람들이 하는 말을 믿어야 하는 거잖아요? 그런 거 보면 정말 진실이 밝혀질까?

저는 이 정권에서도 진실을 밝히기는 힘들 것 같아요. 정치인들도 다 이걸 무마하려고 하잖아요? 이게 얼마나 큰 사건인지 다 알면서도 방해만 하잖아요? 5·18의 진실이 몇십년이 지난 지금까지 계속 밝혀지는 것처럼 세월호 참사도 오랜 시간이 걸릴 것 같고. 진실은 형제자매들이 커서 밝히지 않는 이상 힘들겠다 싶고. 내가 항상 우리 아들한테 그래요. 엄마가 살아 있는 동안 진실이 밝혀져서 이 한을 풀고 은정이한테 가면 다행이지만, 안 그러면 엄마 눈 못 감는다, 네가 눈 감겨줘야 된다. 생각하면 두렵고 무섭고 아휴… 어떨 때는 살고 싶지도 않아요.

박정화(조은정 엄마)

방송국과 인터뷰하는데 가장 하고 싶은 게 뭐냐고 물어서 진상규명이라고 했더니 그 마음이 어느 정도나 간절하냐고 묻더라고요. 제가 천주교 신자인데 정말 하면 안 되는 일이지만 진상규명을 위해서라면 악마한테 영혼도 팔 수 있다고 했어요.

우리가 진상규명이라고 하면 사람들은 유가족이 원하는 진상규명이 따로 있는 줄 알아요. 하지만 우리가 원하는 진상규명은 없어요. 그냥 진실을 알고 싶은 것뿐이죠. 하물며 이런 말도 들었어요. "유가족이 원하는 침몰 원인이 있냐?" 그 얘기가 선조위 회의 때도 나와서 제가 한바탕 난리를 쳤는데 우리가 원하는 진실은 없어요. 오로지 진실 그 자체를 원할 뿐이지. 원하는 진실과 진실을 원하는 거는 완전히 다르잖아요? 우리가 원하는 진실이 뭐가 있겠냐고, 우리 입맛에 맞는 진실이 뭐가 있겠어. 그냥 진실이면 돼요. 그러면 아픈 진실이라도 다 받아들일 수 있어요. 진실이면 유가족들이 인정한다니까. 그런데 진실을 가려버리니까 진실이 뭔지, 아픈지 안 아픈지도 모르겠어요.

우리가 박근혜의 사생활을 알고 싶은 게 아니거든요. 참사 당시에 뭘 했는지 알려주면 돼. 어떤 행동들을 했고 어떤 명령체계가 있었고 어떤 지시가 내려왔고 어떤 지시를 이행하지 않았는지. 그 당시에 구할 수 있는 충분한 시간이 있었는데도 왜 구하지 않았고, 왜 해경들 중에는 배에 들어간 놈이 한명도 없는지. 그런데 마치 우리가 대통령의 사생활에 관심 있는 것처럼 호도해버리니까 많이 당황스러웠죠. 설명 없이 막기만 하니까 폭발하는 거죠. 진실을 가리니까 여태까지 싸워온 거죠.

장훈(장준형 아빠)

진상규명에서 사람들이 선호하는 게 전문가를 통한 객관적이고 중립적이고 전문적인 조사예요. 하지만 내가 자꾸 전문가들을 비판하게 되는 게 뭐냐면, 전문가들은 자신의 지식과 경험의 테두리 안에 세월호 참사를 끌어와서 그 테두리 안에서만 이야기를 해요. 그리고 자신의 테두리를 벗어나서 자기가 설명을 못하잖아요? 그러면 그걸 부정하는 거야. 그 사람들 머릿속에는 세월호 참사의 모습은 이런 것이라는 상이 이미 정해진 거죠. '내가 생각하는 세월호 참사의 원인, 침몰 이유, 구조를 하지 않은 이유는 이건데 왜 유가족들은 이렇게 얘기 안 하지?'

그걸 어떻게 표현하냐면, 아무리 피해자고 유가족이라고 해도 못보는 게 있다, 밖에서 봐야 보이는 게 있다, 심지어 어떤 사람들은 유가족의 관심이 딴 데 가 있다고 얘기하기도 해요. 그러면서 진상규명은 더이상 유가족들만의 일이 아니다. 진상규명에서 빠져라.

하지만 나는 전문가들이 자기 테두리 안에 있으니까 못 보는 거라고 생각해요. 유가족들의 시선이 뭔지를 알아야 되고, 또 유가족, 피해자, 생존자가 바라보는 관점이나 방향을 의도적으로 동일시해가면서 보려는 노력이 우선되어야 한다는 거죠.

난 박근혜는 감옥에 갇혀 있지만 여전히 박근혜가 이기고 있다, 박근혜 정권이 만든 프레임들이 너무 광범위하게 작동하고 있다고 생각해요. 나는 세월호 참사가 '범죄'라고 생각하는데 시민들은 자신도 모르는 사이에 '안전사고'라는 생각을 머릿속에 넣은 거죠.

물론 안전사고도 여러가지로 구분되겠지만 어쨌든 공통점은 있어요. 누가 누구를 고의로 다치게 하거나 죽게 할 의도는 없었고, 모두가 다 잘해보자고 했는데 그 가운데 누가 소홀했거나 사소한 수칙 몇 개를 지키지 않아서 또는 예방 활동을 적극적으로 하지 않아서 발생한 사고들인 거죠. 세월호는 그런 수많은 안전사고 가운데 유독 재수가 없어서 크게 일어난 사고라는 인식이 광범위하게 퍼져 있고 사람들은 그걸 받아들인 거죠. 하지만 세월호 희생자의 절대 다수가 배가 침몰했더라도 살 수 있는 조건이었다는 게 중요해요. 침몰 자체가 범죄 자체이거나 범죄의 유력한 증거일 가능성도 있지만 보다 중요한 건 살 수 있었던 사람들이 죽었다는 거고, 그래서 우리는 의도적으로 구조조차 시도하지 않았다는 점을 계속 부각시켜왔어요.

실제로 세월호 참사를 범죄로 가정하고 접근하는 사람들이 거의 없어요. 내가 볼 때는 특히 진상규명에 어떤 의무나 책임을 지고 있는 사람들 중에도 거의 없어요. 그게 왜 중요한 차이냐면 아주 불행하고 안타깝고 다시는 반복하지 말아야 할 안전사고, 교통사고로 접근하면 이건 진상규명이 필요 없거든요. 왜냐하면 이미 우리는 세월호 참사뿐 아니라 굉장히 많은 유사한 사고들을 알고 있어요. 수백, 수천건의 유사한 사고들이 있었고, 우리나라뿐 아니라 외국도 이런 사고를 예방하기 위한 수많은 매뉴얼, 지침, 경험들을 갖고 있어요. 그러니 그 가운데 좋은 것만 뽑으면 돼요. 지금 우리가 갖고 있는 매뉴얼이나 법규와 비교해서 '아, 우리는 이런 게 미흡하구나' 해서 집어넣으면 되거든. 실제로 1기 특조위, 선조위 때 위원들, 조사관들하고 계속 부딪힌 게 재발 방지를 위한 안전대책을 수립하는데 이 사람들은 진상규명과 별개로 안전대책을 수립할 수 있다고 생각하는 거예요. 침몰 원인도 명확하게 안 나오고, 내인설이니 외력설이니 별얘기 다 나오며 싸우는 와중에도 안전대책은 만들어지고 있는 거죠. 그렇게 안전대책이 나오면 국민들은 모르잖아요. 세월호 참사 재발 방지 대책이 나왔네, 이렇게만 생각하지. 정작 우리는 당연히 살았어야 했던 사람들이 왜 죽었는지도 모르는데.

또 박근혜 프레임이 오히려 지금 더 잘 작동하는 이유가 있어요. 많은 사람들이 박근혜를 탄핵시켜 감옥까지 보냈으면 다 된 거다, 세월호 참사 해결된 거다, 그렇게 생각해요. 박근혜는 세월호 참사로 재판을 받은 적이 없어요. 당시 장관이나 정부 관계자들이 세월호 참사와 관련한 재판을 받고 있지만, 진상 조사를 방해한 일들로 기소된 거지 세월호 참사 당시 책임을 묻기 위해 기소되고 법정에 선 건 하나도 없어. 경찰, 정부는 선원들과 해경 정장 재판이 끝났기 때문에 그건 다 끝났다는 입장이고.

물론 나쁜 놈들이 참사 이후에 얼마나 나쁜 짓들을 많이 했는지도 중요해요. 하지만 더 중요한 건 세월호 참사 당시 발생한 일의 실체예요. 이건 밝혀지지 않고, 논란만 계속되는 거죠. 거기다 아무리 강제해산을 당했다고 해도 1기 특조위가 활동했고, 선조위도 가동됐는데 어디서도 결론을 못 내렸잖아. 그 상태에서 시간이 5년쯤 지나니까 이 정도까지 했는데도 안 나오면 아무것도 없는 거 아냐? 실제로 밝힐 게 더 뭐가 있나? 그리고 밝히는 게 무슨 의미가 있나? 이렇게까지 생각하는 거죠.

그래서 조바심이 나요. 옛날 같으면 굉장히 힘들어도 힘든 순간순간마다 다 의미가 있다고 생각하고 버텼어요. 견뎌내야 할 의미가 있고, 쌓여야 할 의미가 있고, 이 순간에 지면 안 되는 의미가 있다. 그런데 지금은 흘러가는 시간들이 기다린다는 의미인가? 아니면 싸워야 하는데 싸우지 못하고 흘려보내는 시간인가? 굉장히 헷갈려요. 그러면서도 매일 '내가 이렇게 시간 보내면 안 되는데' 싶고, 이런 상태로 10년, 20년, 30년을 살아가야 하면 어떡하지? 10년이 걸리든 100년이 걸리든 나는 끝까지 포기하지 않겠지만 그렇다고 진상규명에 100년이 걸려도 된다는 얘기는 아니잖아요. 또 문재인 대통령 임기가 5년인데 이제 3년밖에 안 남았어요. 다음 대통령이 누가 될지 모르잖아요. 문재인보다 더 강력한 대통령이 될 가능성도 있지만, 그렇지 않으면… 그래서 현재 대통령 임기 내에서 제대로 할 수 있도록 해야 하는데 그게 생각보다 잘 안 되니 조바심이 나요.

유경근(유예은 아빠)

돌아보면 지난 5년은 진상규명을 위해 싸워왔던 것 같아요. 싸우던 그 순간은 그래도 지금 내가 뭔가를 하고 있다, 살아 있다는 생각이 든 순간이었고, 싸워야지만 내가 살 수 있다는 걸 느꼈던 것 같아요. 상식적으로 납득할 수 없는 행동들이 계속되고, 합법적인 것들이 깡그리 제재되는 상황들의 연속이었으니 매일이 굉장히 힘들었죠. 그런데 사실상 그게 힘든가? 국민들의 관심도 높았고, 연대해서 같이 싸워주는 사람들 덕분에 힘든지 몰랐거든요. 오히려 지금이 더 힘들어요. 굉장히 서운하고. 정권이 바뀌니 국민들의 관심도 줄어들고 마치 자연스럽게 해결될 것처럼 수수방관하는 분위기로 바뀐 것 같아서.

우리가 정권이나 정부하고 싸우자는 게 아니잖아요. 지금 장관들, 차관들 이런 사람들하고 싸우자는 게 아니잖아. 사건의 실마리를 쥔 공무원들은 지금도 바뀌지 않았거든요. 우리가 증거자료를 요구했을 때 깡그리 무시하고 주지 않았던 사람들이 그 자리에 그대로 있어요. 장관이라고 해도 내부 비리나 부조리에 대한 자료는 밑에 있는 공무원들이 똘똘 뭉쳐서 안 주면 받을 수가 없어요. 결정권자는 장관, 차관이지만 일하는 사람은 그 밑에 공무원이에요. 해보니까 그래요.

그 공무원들을 움직이게 하는 힘은 국민이거든요. 국민들이 함께 '내놔라' 하고 압박을 해야 하는데, 싸워서 뭔가 찾을 수 있는 힘이 필요한데 못하는 거죠. 우리가 국민들한테 호소하고 시민사회단체에 이야기를 해도, 정권이 바뀌고 문재인 대통령이 세월호에 대해 잘 알고 있고 유가족과 같이 싸우겠다는 의지가 있기 때문에 해결해줄 거라는 이야기만 해요. 하지만 대통령도 우리한테 보내는 메시지가 뭐냐면 자기는 대통령이지 무소불위의 권력을 휘두를 수 있는 권력자가 아니다. 자기가 힘이 있으려면 국민들이 뒷받침되어야 한다. 국민들이 자기를 지지하고 세월호 유가족한테 힘을 실어줬을 때 진상규명이 될 수 있다. 제대로 된 대통령의 마인드잖아요?

지금의 특조위도, 특조위 자체가 진상규명을 할 수 있는 당사자가 아니잖아요. 위원장도 그 아래 공무원도 한정된 시간 안에서 할 수 있는 역할을 하는 건데, 그 역할이라는 게 국민들의 지지 없이는 어려워요. 국민들과 우리 유가족이 같이 싸우지 않으면 그냥 마무리되는 거잖아요. 예전에 연대했던 그 많은 국민들을 어떻게 다시 끌어올까? 어떻게 함께할까? 이게 숙제죠.

임종호(임세희 아빠)

죽음의 가치, 고통의 등급

제가 고등학생 때 5·18을 겪었어요. 전남대학교 정문 앞에 살았는데 총탄이 막 날아다녔어요. 집 벽에 총알이 날아와 박히기도 하고, 같은 동네, 골목에 살던 사람들이 죽어나가는 모습을 생생히 봤죠. 그때는 우리가 어떻게 할 수 있는 상황이 아니었고 그런 의식도 없었어요. 또 다른 지역에 나와서 얘기하면 "어떻게 그런 일이 있을 수 있어?" "쟤는 허풍이 심해" 하면서 완전히 말을 지어낸 사람 취급을 받았으니까 당시에는 아무것도 못했어요. 나중에 하나하나 밝혀지면서 '왜 사람들은 처음에 말하면 그걸 안 믿을까? 겪어본 사람이 얘기하면 일단 믿어줘야 하는데 우리나라는 그게 아니구나' 싶었어요. 내가 겪어봐야 알아요. 세월호를 겪으면서 그걸 다시 느꼈어요. 5·18은 정말 지옥이었는데 내가 또다시 이 살아 있는 지옥 속에 들어와 있구나. 하나도 다르지 않구나…

5·18 엄마들은 이 시간이 지나면 뭔가가 조금씩은 바뀐다고 하는데, 그분들께는 솔직히 위안이 안 될 거예요. 너무 많은 시간이 흘렀고, 지쳤고, 돌아가신 분들도 많고. 우리도 그렇게 되지 말란 법이 없어요. 우리는 좀 빨리 움직였고, 계속 이어가기 때문에 5·18 엄마들보다는 좀 나아요. 5·18은 철저하게 은폐되었지만 세월호는 전국으로 생중계도 됐잖아요. 그런 부분에서 차이가 있지만, 조금 나아지기는 하겠지만, 변화된 건 잘 모르겠어요. 오히려 지금 시스템으로는 세월호가 끊임없이 반복될 것 같은 느낌이 들어요. 데자뷰같이 똑같

은 제2의 세월호 참사가 일어날 것만 같은. 세상이 그렇더라고요. 사회가 변하지 않으면, 사람들의 인식이 바뀌지 않으면, 똑같은 사고가 거짓말처럼 복사되듯이 되풀이되거든요. 잃어본 사람이 남 걱정할 처지가 아니지만, 또 똑같은 일이 일어났을 때, '아니 아니야, 이런 생각 하면 안 돼.'(혼잣말) 똑같은 사건이 안 일어났으면 좋겠어. 그 상황 속에 있는 사람이 누구든 될 수 있으니까. 나까지 포함해서.(침묵) 다시는 안 겪고 싶어요. 누가 됐든지 간에.

김명임(곽수인 엄마)

정말 바라는 건 더이상 나 같은 유가족이 생기지 않았으면 좋겠다. 이런 일이 생기지 않으면 좋겠다. 그게 목표지만 과연 이룰 수 있을까? 그리고 세월호 참사처럼 범죄의 희생자나 사회적 참사라는 명명이 붙는 사건이 아니더라도, 예를 들면 정말 어쩔 수 없는 죽음, 그리고 그 죽음을 받아들여야 하는 유가족도 있을 거란 말이죠. 그럼 그 희생자들은, 그 유가족들은, 세월호와 비교해서 어떤 위치에 있어야 하나? 그 사람들도 나하고 똑같은 삶을 살고 있을 텐데. 우리가 천안함 유가족들과 비교를 당해보니까 그런 생각이 드는 거예요.

'그래, 죽음의 종류와 등급을 나누지 말자.'

저 사고나 참사의 종류가 뭐지? 그 종류를 나누니까 희생의 종류를 나누고 등급을 매기는 거예요. 내 자식이 어떤 이유로 죽었건, 비행기가 격추됐건, 태풍에 날아갔건, 물에 빠졌건, 결국 부모에게 남는 건 내 자식이 죽었다는 거야. 그런데 우리 사회가 그것을 있는 그대로 받아들이지 않는 거죠. 그러니까 자꾸 죽음의 의미와 가치를 얘기하잖아요.

우리가 제일 많이 들었던 말이 '나라 지키다 죽은 것도 아닌데'였어요. 그럼 나라 지키다 죽은 건 1등급 죽음이고, 수학여행 가다가 죽은 건 7등급 죽음인가? 천안함에서 죽었건, 세월호에서 죽었건, 제천 스포츠센터에서 죽었건 상관없이 남겨진 유가족에게는 내 가족이 죽었다는 사실만 남는데. 천안함 얘기할 때도 북한의 소행이냐, 사고냐, 아니면 미군이 개입됐냐 여부만 따지지 정작 생존 장병들의 트라우마, 스무살 초반의 아이들을 떠나보낸 엄마 아빠들의 고통과 억울함을 언제 우리가 있는 그대로 봐준 적이 있나? 우리 사회는 사람들의 죽음, 유가족의 고통을 바라볼 때 자꾸 사회적인 의미를 따져요. 희생자와 유가족 입장에서 그 아픔을 생각하는 게 아니라. 심지어는 유가족이 어떻게 하느냐에 따라서 희생의 가치가 높아지기도 하고, 낮아지기도 해요.

돈이 많든 적든, 나이가 많든 적든 생명의 가치는 같다고 얘기하잖아요? 그런데 죽고 나면 갑자기 등급을 나눠요. 인권은 등급도 없고, 경중도 없고, 가치의 높고 낮음도 없는데. 진보니 보수니 다 떠나서 우리 사회가 죽음의 종류와 등급을 나누지 말고, 유가족의 상을 강요하지 않았으면 좋겠다. 모든 죽음의 의미와 유가족이 겪는 고통은 죽음의 종류와 관계없이 똑같다는 걸 받아들였으면 좋겠다. 그렇지 않다면 같은 문제들이 반복된다는 거죠.

유경근(유예은 아빠)

시간을 견디는 법

솔직히 말해서 사고로 끝날 수도 있는 거였잖아. 그런데 다 나 같은 마음, '아, 이게 나만 잘한다고 되는 게 아니구나'라는 걸 느꼈기 때문에 우리가 안전사회 건설이라는 목표까지 간 거잖아. 그래, 우리가 끝끝내 버텼잖아. 버텨서 나라가 달라졌잖아. 안전에 대한 시민들의 의식이 높아졌고, 정치에 대한 관심이 높아졌고, 박근혜 탄핵까지 정말 많은 부분을 바꿨다고 나는 생각해.

하지만 우리 세월호 가족들이 개인적으로 잘된 건 하나도 없어. 기억교실에서도 쫓겨나고 생명안전공원도 지지부진하고. 그렇다고 진상규명이 됐나? 뭐 하려고 하면 맨날 막아서 사실 우리는 이룬 게 없어. 그래도 나는 조급하게 생각 안 해. 너무 지치고 힘들고 실망스럽지만 나 처음 이거 시작할 때 10년 봤어. 10년 봤는데 4년 안에 우리가 이 정도 이뤘으면 성공한 거야. 그렇지 않아? 어차피 1, 2년에 끝날 거 아니잖아. 난, 사람 자체가 세월호야. 긴 세월이니 오늘 또 살아내야지.

박혜영(최윤민 엄마)

우리가 싸워왔던 그 시간들이 헛되지 않았다고 생각해요. 바뀌지 않는 세상에 답답함도 느끼고 때로는 분노가 솟구치지만, 지금 현재는 우리가 싸웠기 때문에 가능한 시간이기도 하잖아요. 지난 5년 동안 아이를 위해서 할 수 있는 건 싸움밖에 없었고, 우는 게 전부였지만 이제는 순간순간에 일희일비하지 않고 개인들을 다지는 그런 시간들이 중요하다는 생각이 들어요. 그런 생각들이 모이고 시간들이 모이면 우리 가족들이 큰일을 해내지 않을까 싶어요.

김정해(안주현 엄마)

보통의 행복

"엄마는 꿈이 뭐야?"

"꿈이 뭐였어?"가 아니라 "꿈이 뭐야?"였어요. 그때 제가 서른 후반쯤이고, 수현이가 초등학교 6학년인가 중학교 1학년 때였는데, 망치로 머리를 맞은 것 같았어요. '아, 나도 꿈이 있을 수 있구나.'

저는 엄마로, 아내로, 며느리로 살았지 이영옥이라는 사람으로 살지 않았거든요. 수현이의 질문 덕분에 제 꿈에 대해 생각하게 됐어요. 그동안 목말랐던 게 뭐였는지 수현이가 가르쳐준 거죠. 그때부터 영어공부를 시작했어요. 잘하지는 못했지만 꾸준히 조금씩 지금 이 나이까지도 하고 있거든요. 그 기회로 사교육이기는 하지만 아이들도 가르치게 됐어요.

참사 나고는 꿈은 생각할 수조차 없었죠. "인생 뭐 있어?" 이렇게 되어버렸어요. 전에는 미래를 생각하고 계획하고 만들어가는 삶이었다면 지금은 그냥 닥치는 대로 살게 돼요. 최근에 지인이 제게 꿈이 있냐고 묻더라고요. 내가 지금 무슨 꿈이 있겠냐고, 없다고 그랬더니 잘 생각해보래요. 아무거나 괜찮다고 이야기해보래요. 그때 다시 생각이 났어요. 나이 들어도 영어권 나라로 유학을 가보고 싶다. 영어를 공부하는 사람들은 회화를 잘하고 싶은 마음이 있거든요. 그런데 수현이가 없는데 내가 뭔가를 해도 될까? 남편은 진상규명 얘기만 하는데 내가 꿈을 꿔도 될까? 너무 미안하더라고요.

이영옥(박수현 엄마)

귀촌해서 카페 여는 게 꿈이었어요. 우리 신랑한테도 얘기했어요. "내 나이 오십살 때까지만 부려먹으세요. 그때까지만 직장생활하며 돈 벌고 그 이후로는 안 할 거예요." 신랑도 시골에서 사는 거 좋아했기 때문에 그렇게 하자, 애들한테도 말했어요. "엄마 아빠가 터 닦아놓을 테니 도시에서 살다 마음에 안 들고 지치면 와. 작은애가 쿠키 굽고. 승묵아, 너는 음악해. 거기서 공연해. 엄마가 음악할 수 있는 작은 무대를 만들어줄 테니까."

승묵이 동생은 전공이 요리고, 승묵이는 초등학교 6학년 때 육십살 때까지 계획을 적은 노트에 꿈을 기타리스트라고 써놨더라고요. 그 꿈이 중학교 가서도, 고등학교 가서도 변함이 없었어요. 그런데 연습할 곳이 없는 거예요. 평일에는 학교에 갔다 밤 10시 반에 오고 일요일에는 늦게까지 자고. 오후에 땡똥 땡똥 피아노나 기타를 치면 남들에게는 소음일 수도 있잖아요. 그래서 못하게 했더니 자기는 마음껏 연주를 하고 싶대요. 시골로 이사 가는 걸 조금 앞당겨보자 했죠. 2013년에 승묵이가 되게 마음에 들어하는 집을 구했어요. 환경이 너무 좋더라고요. 공기도 좋고. 그래서 지금 사는 집을 내놓고 내려가려고 준비하던 차에 사고가 났어요.

승묵이 보내고 나니 꿈이 완전히 사라졌어요. 많이 아플 때는 생각조차 못했는데 제가 치유를 좀 하고 진상규명 활동을 하면서 '아, 작은애가 요리하고, 승묵이 대신 음악을 좋아하고 사랑하는 친구들이 와서 마음껏 연주도 하고 공연도 하는 그런 카페를 열어야겠다' 다시 생각하게 됐어요. 왜냐면 저희는 많이 받았잖아요. 제가 예전처럼 돌아갈 수는 없지만, 국민들에게 사랑을 많이 받았으니까 그 보답으로 안전사회 건설 활동을 하면서, 내 꿈을 그런 식으로 실현하는 삶을 살고 싶어요. 마음을 다잡고 2017년 봄에 바리스타 2급 자격증을 땄어요. 1급을 따려면 공부를 더 해야 하는데, 머릿속에 입력이 잘 안 돼서 조금 미뤄두고 있어요. 정신적으로나 마음적으로 여유가 없어요. 아직은 이룬 게 없으니까.

은인숙(강승묵 엄마)

제가 만나고 싶은 시간이라, 글쎄요.(침묵) 뭐라고 표현을 해야 될지 모르겠어요. 어떤 말을 해야 되지? 저는 좋은 세상이 왔으면 좋겠다, 그런 생각은 안 해봤거든요. 다만 4년 전에는 우리 가족이 끝없이 비참하다는 생각이 들었는데 호연이가 돌아올 수 없다는 걸 인정하고 난 뒤로는 행복하게 살고 싶어요. 웃으면서 살고 싶어요. 웃는 것조차도 호연이에게 죄책감이 컸는데 시간이 지나면서 이런 생각이 들더라고요.

'내가 힘들고 아프면, 우리 호연이를 생각할 때마다 늘 미안하고 슬프면, 혹시라도 호연이가 하늘에서 이런 엄마, 아빠, 형을 보고 있다면, 걔 마음이 얼마나 불편할까…'

큰 행복을 바라지 않아요. 다만 호연이가 늘 우리 곁에 있는 것처럼 정말 편하게 웃고, 호연이는 없지만 호연이가 항상 우리를 내려다보는 것처럼 느끼고 살고 싶어요.(눈물 고인 작은 웃음) 새롭게 행복하고 싶어요.

유희순(김호연 엄마)
글: 유해정

우린, 아직 동시대인이 아니다

엄기호(사회학자)

1970년 11월 13일, 전태일 열사가 평화시장에서 본 것은 무엇이었을까? 열악한 환경에서 일하다 폐렴에 걸렸지만 치료를 받기는커녕 강제로 해고당한 여공을 봤을 때, 그 여공을 도우려다 해고당한 다음 바보회를 조직했을 때, 막노동으로 생계를 이어갔을 때, 다시 삼동회를 조직했을 때, 그리고 11월 13일 근로기준법 화형식을 하려고 했을 때, 그 시도가 경찰에 막혔을 때, 전태일이 본 것은 무엇이었을까?

다른 이라면 그 여공의 해고를 개인의 불운으로 여겼을 것이다. 재수 없어서 폐렴에 걸렸고, 재수 없어서 발각되었고, 그래서 해고가 되었을 것이라고 생각했을 것이다. 그렇기에 그 일은 해고당한 여공의 개인적 불운으로 치부했을 것이다. 당대 많은 여공들의 운명이 그러했듯이 말이다. 이렇듯 다른 사람들은 개인의 '불운'만을 보거나 '비참함'만 강조했지, 그 불운 뒤에 불온하게 보이는 암흑, '사회'는 외면했다.

그러나 전태일은 그 여공의 해고를 '사회적' 참사로 받아들였다. 참사란 비참한 일이다. 당시 한 사람이 폐렴에 걸리고 해고를 당한다는 것은 길거리에서 죽으라는 말이나 다름없는, 참사(慘死)로 귀결되는 참사(慘事)였다. 전태일은 이 사건에서 '비참함'만 본 것이 아니었다. 그는 거기서 반복되는 노동자의 운명을 보았다. 이 참사는 그저 개인적 불운이 아니라 모든 노동자들에게 일어날 수 있는 노동자의 운명이었기에 '사회적' 참사였다.

이 일은 막을 수 있는 일이었다. 근로기준법만 제대로 지켜진다면 말이다. 전태일은 1968년 근로기준법을 알게 되었고, 그 법을 평화시장의 동료들에게 알리고자 움직였다. 법이 있음에도, 그 법이 준수되지 않는 현실에 분노했고, 그 법이 제대로 이행되기를 바라며 동료들을 조직했다. 사회적으로 막을 수 있었다는 의미에서 '사회적' 참사였다.

그러나 열사가 자신의 몸에 불을 댕긴 그날, 그날의 시위 주제는 아이러니하게도 근로기준법이 노동자를 보호하는 법이 아니라는 것을 폭로하는 화형식의 날이었다. 노동자를 사회로 봉합-보호하는 법이 아니기에 전태일은 그 법의 화형식을 준비했다. 그렇게 근로기준법의 실체가 폭로되는 것, 그것이 당시 국가는 가장 두려웠을 것이다.

전태일, 그리고 동시대인들

그러므로 전태일 열사의 "근로기준법을 지켜라"라는 마지막 외침은, 당시 한국사회의 심연-암흑을 폭로하는 가장 불가능한 요구였다. 전태일의 죽음으로 1970년대의 한국사회는 그 법을 지키지 않는 것을 넘어, 지키지 않는 것으로만 유지되는 '사회'였다는 것이 폭로되었다. 노동자는 사회에 봉합된 존재가 아니라 이미 추방된 존재였다. 법에 의해 가려져 있던 사회의 부재를 폭로한 전태일 열사는 1970년대의 첫번째 '동시대인'이었다.

동시대인이란 누구인가? 이는 그저 같은 시대를 살아가는 사람을 가리키는 말이 아니다. 조르조 아감벤(Giorgio Agamben)이 정의하는 것처럼 동시대인이란 "자신의 시대에 시선을 고정함으로써 어둠을 지각하는 자"*이다. 자기가 살아가는 시대의 밝은 부분, 혹은 그 밝은 부분에 의해 드러나는 그림자 정도의 어둠을 보는 자가 아니라 그 사회가 감추고 있는 심연을 들여다보는 자가 동시대인이다.

이런 의미에서 전태일은 70년대의 첫번째 동시대인이었다. 무엇보다 여공의 해고를 개인의 불운이 아니라 모든 노동자들이 처한 공동의 운명이라는 것을 깨달았다는 점에서 그는 그 시대의 암흑을 응시했다. 또한 그가 법이 제대로 작동하기를 요구했을 때 노동자들을 보호해줄 것으로 기대했던 법이 오히려 노동자들을 죽인다는 것을 깨달았을 때 그는 또 그 시대의 어둠을 꿰뚫어 보았다. 법을 통해 국가가 약속한 것, 나라 안에서의 삶의 보장이 다 거짓이었다는 것을 말이다. 노동자는 애초부터 법 밖의 존재였다. 노동자를 위한 나라는 없었다.

법 밖의 존재, 이들에게는 삶 자체가 가능하지 않다. 아무리 군사정권이라고 하더라도 그것이 근대권력이라면 정치적·사회적인 삶

---

* 조르조 아감벤 『장치란 무엇인가? 장치학을 위한 서론』, 양창렬 옮김, 난장 2010, 75~76면.

(bios)을 박탈한다고 하더라도 삶(zoe) 그 자체는 보장해야 한다. 그러나 전태일은 정치권력에 의해 정치적·사회적 삶뿐 아니라 삶 그 자체가 박탈당했다는 것을 폭로했다.

그러나 시대의 어둠은 이보다 더욱 짙었다. 전태일이 노동자들과 함께 근로기준법을 공부하고, 그 실태를 조사하며 국가에 제대로 된 법의 시행을 요구했을 때 그가 기대했던 것은 '사회'의 작동이었다. 노동자의 문제가 노동자만의 문제가 아니라 사회의 문제로 여겨지고, 이 문제를 같이 해결하려고 노력하는 '사회' 말이다. 전태일이 대학생 친구 한명만 있었으면 좋겠다고 한 말은 바로 이 '사회'가 부재했다는 것을 의미한다.

사회의 부재. 전태일이 본 시대의 가장 짙은 심연은 이것이었을 것이다. 동시대인이란 바로 이 심연을 보는 자이다. 비참함은 개인의 불운이며, 법 바깥의 존재이며, 의지/함께할 수 있는 다른 존재는 없다. 사회는 부재하며, 이 운명을 거부하려는 자는 국가권력에 의해 죽임을 당한다. 이 심연을 보고 그것을 거스르며 죽음에 이르는 자, 그가 바로 동시대인이다.

아감벤의 말처럼 동시대인은 어둠을 '보는' 사람이다. 다른 사람들이 이 시대가 약속한 '빛'에 눈이 멀어 그 어둠을 직시하지 못할 때 자신의 모든 시각세포를 활성화하여 사회의 부재, 즉 삶을 약속하는 정치가 사실은 죽음을 가리는 치안에 불과하다는 것을 직시하는 사람들이 바로 동시대인이다.

이 어둠을 응시한다는 것을 오해해서는 안 된다. 어둠이기에 아무것도 볼 수 없고 빛이 있기에 사물을 분별할 수 있다는 착각에서 벗어나야 한다. 아감벤은 오히려 빛 아래에 있는 사람들이 그 시대의 빛에 눈이 멀어 있다고 말한다. 반대로 그 빛에 눈멀지 않은 사람들만이 어둠을 인식하고 식별해낼 수 있다고 말한다. 빛에 눈이 먼 자는 어둠을 제외한 나머지를 세세하게 식별할 뿐 그 빛이 만들어내는 내밀한 어둠은 보지 못한다.

따라서 빛에 익숙한 자들에게 어둠은 "우리를 향하지 않은 것" "우리와 관계없는 어떤 것"이다. 따라서 그들은 사회적 참사가 초래한 죽음에서도 이 시대의 어둠으로서의 '공통의 운명'을 보지 못한다. 그저 개인적 불운으로 취급하며 외면한다. 다시 한번, 공동의 행동은 이들에게 가능하지 않은 것이다. 이런 점에서 아감벤이 한 이야기를 돌려 말한다면 빛에 속한 이들은 용기 없는 자들, 가장 비겁한 인간들이다.

전태일로 인해 당대의 사람들은 비로소 알게 되었다. 자신들이 아직 동시대성에 닿은 동시대인이 아니라는 것을 말이다. 조영래 변호사가 그것을 깨달았다. 그리고 노동자들과 학생들이 깨달았다. 개인의 불운을 사회적 참사로 여기며 시대와 맞서던 첫번째 동시대인의 정치적 죽음을 통해서 당대의 사람들은 비로소 동시대인이 될 수 있었다.

유가족, 두번째 동시대인

전태일에 이어 한국사회는 많은 열사들을 만났다. 1987년 7월 9일 연세대 민주광장에서 문익환 목사가 호명한 그 수많은 열사들 말이다. 이들의 죽음은 당대가 삶을 요구하는 어떤 목소리든, 그것이 목소리가 되어 정치의 장에 진입하는 순간, 박탈당한다는 것을 적나라하게 보여주었다. 삶(zoe)을 요구하는 것, 그 자체가 정치적 삶(bios)이다. 그 정치를 요구할 때, 삶은 제거된다. 이 열사들은 당대의 어둠에 닿은 첫번째 동시대인들이었다.

그리고 그 뒤를 따른 것이 유가족이었다. 우선 전태일 열사의 어머니인 이소선 '○○'가 있다. 이 ○○에 어떤 호칭을 넣어야 할까? '여사'에서부터 '노동자들의 어머니'를 거쳐, 스스로가 이미 독립적인 운동을 펼쳤다는 뜻에서 '활동가'라는 말까지, 다양한 호칭이 경합한다. 이소선 ○○의 소천 이후, 이 이름을 두고 많은 논쟁까지 있었다.

그러나 이 수많은 말에도 불구하고 이소선의 삶에서 아들인 전태일의 이름을 떼어낼 수는 없다. 떼어도 떼어도, 떨어지지 않고 제거되지 않으며 끝까지 붙어 있다. 박종철 열사의 '아버지'가 그랬고, 이한열 열사의 '어머니'가 그랬다. 그들은 첫번째 동시대인이었던 사랑하는 이의 죽음 뒤로 보이는 시대를 응시하는 두번째 동시대인이 되었다. 그들은 법으로 봉합되어 있던 사회의 균열을 폭로하던 사랑하는 이의 죽음에서 이 사회의 깊은 심연, 봉합 불가능한 균열을 보았다. 국가는 이들의 죽음까지 사회에서 삭제하려고 했다. 유가족은 죽음마저 삭제하여 마치 아무 일도 없었다는 듯이 봉합되는 것에 저항했다. 이들은 싸움의 맨 앞에서 절규하는 존재로 이 사회에서 질서의 불가능함을 폭로하는 괴물 같은 존재였다.

남겨진 유가족은 사랑하는 이의 죽음 앞에서 그 죽음이 배제되고 삭제되었다는 것을 깨달으며 권력에 저항한다. 사회라는 것이, 사회를 유지하기 위한 정치라는 게, 사실은 그 죽음들을 삭제하려는 치안(police)에 불과하다는 것을 깨닫고 바로 그 치안에 저항하는 행위,

즉 정치를 감행하게 된다. 치안은 그들이 사랑하는 이를 죽음에 닿게 했지만 그 죽음으로 인해 유가족이라는 정치적 주체로 거듭나고, 정치는 제거되지 않고 귀환된다. 이렇게 유가족들은 두번째 동시대인이 되었다.

첫번째 동시대인으로서의 유가족의 귀환

그런데 1980년대까지의 운동의 정체, 혹은 사라짐(사실은 사라지지 않았고 어떤 지식인들의 담론에서 사라진 것이겠지만) 이후 함께 사라진 것 같은 이들이 한국사회에 귀환하고 있다. 그리고 이들에 의해 불가능한 것처럼 보이던 정치가 재가동하고 있다. 이들의 정치에 의해 '사회'를 만들려는 운동이 다시 시작되고 있다. 이 기적 같은 일이 '유가족'에 의해 한국에서 벌어지고 있다.

달라진 것이 있다. 앞선 시대에서는 '정치적 죽음'을 당한 이들의 유가족이었다면, 이 시대에는 '사회적 참사'를 당한 이들의 유가족이다. 그런데 이들에게서 달라진 것은 가족을 잃어버린 이유만이 아니다. 소중한 사람들의 죽음 앞에서 동시대성을 깨닫는 위치가 달라졌다. 정치적 죽음을 당한 이들의 유가족이 열사의 뒤를 이어 동시대인이 되었다면, 이들은 그 죽음 곁에서 우리 시대의 첫번째 동시대인이 되고 있다.

특히 세월호 이후 정치적 압력과 사회적·경제적 회유로 사회의 부재를 은폐하는 치안이 전혀 작동하지 않는 '기이한' 유가족을 만나고 있다. 이들은 한데 내쳐져 울부짖는 것으로 끝나지 않는다. 치안에 굴복하여 사회로부터 사라지거나 제거되지도 않았다. 과거에도 그랬지만 이 시대 참사의 유가족들은 사회로부터 사라지는 것을 강경하게 거부하고 있다. 세월호 유가족에서부터 고(故) 김용균의 어머니에 이르기까지 한국사회는 아주 익숙하지만, 매우 낯선 괴물의 부활, 운동의 귀환을 경험하고 있다.

참사를 당하고 죽은 이들의 뒤로 남겨진 유가족은 묻지 않을 수 없다. 내가 사랑하는 이가 왜 이 일을 당해야 하는가. 그리고 나는 왜 이 일을 당해야 하는가. 그것은 사랑하는 이가 당한, 그리고 자기 자신이 당하고 있는 '운명'에 대한 질문이지만 그 운명은 개인의 운명이기만 한 것이 아니다. 운명을 질문하는 순간, 그들이 던지는 질문의 앞부분에 생략된 '이 사회에서'가 떠오르게 된다. 왜 이 사회에서는 이것이 운명이어야 하는지를 묻게 되는 것이다.

그렇기에 사회적 참사를 당한 이들은 개인의 운명을 넘어 사회의 응답을 기대하고 기다린다. 정치적 죽음과 달리 사회적 참사는 죽음이 사회 밖으로 밀어내기 위해 일어난 일이 아니라, 사회 안에서 일어난 일이기에 사회가 작동하고 정치가 가동될 것이라 믿고 기대하며 기다린다. 그렇기에 처음에 이들은 저항이 아니라 호소한다. 대답해줄 것을 호소하고 그 응답을 기다린다.

여기서 사회란 무엇인가를 다시 질문하게 된다. 학자들에 따라 사회는 다르게 정의되고 쓰이지만, 이 맥락에서 나는 지그문트 바우만(Zygmunt Bauman)을 따라 '사회가 작동한다는 것은 어떤 참사를 개인의 불운으로 두는 것이 아니라 공통의 운명으로 두고 그것을 막기 위해 공동의 노력이 발동하는 것'이라고 말하고 싶다. 공통의 운명이라고 생각하기에 공동으로 행동할 수 있는 것, 그것을 통해 비로소

사회가 작동한다고 말할 수 있다. 참사가 벌어졌을 때 그저 참사가 아니라 '사회적' 참사라고 이름 붙이는 것 자체가 바로 개인의 불운이 아니라 모두에게 일어날 수 있는 공통의 운명임을 뜻하는 것 아니겠는가?

그러나 응답하지 않는 '사회'가 있다. 사회적 참사를 '천재가 아닌 인재'라고 반복해서 떠들지만 그 안에서 공통의 운명을 보고 공동의 행동을 취하는 것이 아니라 오히려 그것이 공통의 운명임을 은폐하는 데 혈안이 된 '사회'가 있다. 돌아오지 않는 응답을 보며 유가족은 깨닫게 된다. 자신이 사랑하는 이의 죽음은 사회 '안'의 죽음이 아니라 사회 '밖'으로 밀려나는 죽음이며, 그것은 공통의 죽음이 아니기에 어떤 공동의 행동도 존재하지 않는다는 것을 말이다.

세월호는 이런 사회의 죽음, 나라의 부재에 대해 온 구성원이 집단적으로 깨닫게 된 사건이었다. 유가족들은 이 죽음이 묻는 공통의 운명에 대한 공동의 행동을 묻고자 청와대로 행진했다. 이 죽음을 모욕한 KBS라는 공영방송 앞에서 차가운 냉대를 경험하고 다시 청와대로 향했을 때 돌아온 것은 응답이 아니라 외면이고 침묵이었다. 아니, 그때 그 현장에 있던 사람들, 그 현장을 보고 있던 사람들은 알게 되었다. 권력이 응답을 거부하고 있다는 것을 말이다.

그리고 유가족들은 바깥에 있었다. 정확하게 말하면 바깥이 아니라 '한데'다. 한데란 사전적 정의에 따르면 하늘을 가린 것이 없는 바깥을 말한다. 가린 곳이 없어 비가 오면 비가 오는 대로, 눈이 오면 눈이 오는 대로, 바람이 불면 바람을 그대로 맞아야 하는 곳이 '한데'다. 유가족들이 그날 경험한 것은 자신이 한데에 내팽개쳐진 삶, 즉 벌거벗은 삶(bare life)이라는 점이다. 사회가 구성원들에게 '가리는 하늘'이라면, 한데에 내던져진 삶이란 사회가 작동하지 않는 삶이다. 모든 삶을 살게 한다는 그 거짓, 심연이 폭로되면서 말이다.

그렇기에 사회적 참사의 유가족은 사회에 대한 호소를 통해 사회의 부재라는 이 시대의 동시대성에 도달한 첫번째 사람들이다. 이것이 사회적 참사의 유가족이 정치적 죽음의 유가족과 다른 위치다. 유가족이 정치를 작동시킨다는 점에서 이들은 정치적 죽음을 맞이한 이들의 유가족의 계보를 잇지만, 첫번째 동시대인이라는 점에서 이들은 개인의 비참함에서 시대의 사회적 참사를 응시하고 항거하다 정치적 죽음을 맞이한 이들의 계보를 잇는다.

첫번째 동시대인, 이들에게 무엇을 묻고 무엇을 들을 것인가?

사라지기를 거부하는 남은 자들, 이들에 의해 시대의 어둠은 지속적으로 폭로된다. 사건의 당일, 당일의 사건이 드러내는 '어둠'에만 국한되는 것이 아니다. 유가족은 죽음의 순간에 시간이 멈춘 이들이다. 그렇기에 그들에게는 돌아갈 일상이 없다고 말한다. 그 시간 이전으로 돌아갈 수 없기에 그 이후를 살아갈 수도 없다. 그 시간에 붙박이가 된다. 그 시간 이외의 다른 시간을 살지 못하기에 참담하게도 이들은 "곁으로 돌아갈 날만 기다릴 뿐"이라고 말한다.

그러나 사라지기를 거부하며 동시에 그 시간에 붙박인 유가족은 "이제는 되었다" "충분하지 않으냐, 지겹다"라고 말하는 사회를 향해 질문하기를 멈추지 않음으로써 지속적으로 이 시대의 심연으로

파고들고 그 심연을 경험한다. 이 사실이 중요하다. 그들이 잊힌 존재가 되지 않기로 결심하는 순간부터 그들은 우리 사회의 심연을 지속적으로 경험한다는 사실 말이다. 이런 점에서 드러나야 하는 진상, 규명되어야 하는 진상은 그 사건의 원인과 해결 과정의 문제만이 아니다.

만일 진상이라는 것이 그 사건의 진상만을 의미한다면 그것은 아직 '사회'의 진상이 아니다. 이 사회의 진상이란 남겨진 자들의 삶이 증언하는 진상이다. 사건 자체와 사건에 연루된 삶을 다루는 것에서 드러나는, 이 사회가 인식하는 '공통의 운명'에 대한 진상이며, 그 고통의 운명에 대한 '공동의 행동'(의 부재)에 대한 진상이다. 또한 그런 공통의 운명을 인식하고 공동의 행동이 형성되는 것을 방해하는 '치안'으로서의 진상이며 정치의 부재에 대한 진상이다.

그렇기에 우리가 더 물어야 하고 더 들어야 하는 것은 사건의 진상에 대한 유가족의 입장만이 아니다. 사건의 진상이라고 한다면 그것에 대한 유가족의 의견이 절대적으로 옳을 수도 없으며 그것을 무조건 옳다고 여겨서도 안 된다. 그런 태도야말로 비당사자가 취할 수 있는 가장 비겁한 태도다. 3·11 동일본대지진 이후 참사 현장에서의 당사자와 비당사자의 관계에 대해 이소마에 준이찌(磯前 順一)는 비당사자는 당사자에게 '상황을 도려내는 말'로 '아픔'을 주는 것을 각오해야 한다고 말한다.* 준이찌의 말처럼 비당사자는 그렇게 당사자와 "긴장 관계를 각오하고" '대화'를 나누는 사람이어야 한다.

그러나 우리가 유가족의 말을 통해 들어야 하는 진상이 있다면 그

* 이소마에 준이찌 『죽은 자들의 웅성임』, 장윤선 옮김, 글항아리 2016, 269면.

것은 사건의 진상을 묻는 과정에서 이들이 경험한 것을 통해 드러나는 우리 사회의 진상이다. 비록 이들의 삶은 그날의 사건의 순간에 붙박였다고 하더라도 사건의 진상을 물음으로써 지속적으로 이 사회(의 어둠)를 경험하고 있다. 역설적으로 유가족은 우리 사회의 어둠, 심연을 경험하는 사람들로 살아가고 있다. 따라서 유가족으로부터 들어야 하는 증언은 그 순간에 대한 유가족의 고통이나 견해, 입장이 아니라, 참사 이후 이들이 '동시대인'으로서 우리 사회를 어떻게 경험하고 있는가 하는 점이다.

이런 점에서 우리는 사회적 참사의 유가족이 무슨 말을 하는지 귀를 기울이기 전에 우리가 그들에게 무엇을 묻고 있는지를 돌아봐야 한다. 그들에게 우리는 지속적으로 그날에 대해서만 물어보고 있는 것은 아닌가? 그날 그들이 느꼈던 참담함과 고통, 그들이 생각하는 그날의 진실(사실은 그들이라고 알 수 있는 것이 아닌)에 대해서만 물어보고 있는 것은 아닌가? 우리는 그날 이후, 그들이 경험하고 있는 이 사회의 심연에 대해서는 어떤 질문을 던지고 있는가?

이것은 우리가 그들을 어떤 존재로 생각하는지를 묻고 있는 것이다. 많은 경우 우리는 그들과 동시대인으로서 그들의 고통에 다가서야 한다고 생각한다. 동시대인으로서 그들에게 다가서서 그들의 고통에 공감하고 그들을 위로해야 한다고 생각한다. 이를 통해 마치 회복될 수 있는 사회가 있는 것처럼 행동한다. 그렇기에 우리는 우리가 다가서고 싶은 고통에 대해서만 그토록 집요하게 물어보고 있는 것인지 모른다.

그러나 지금까지 말한 것처럼 사정은 정반대이다. 이 시대에 위로와 공감을 통해 회복할 사회 따위는 애초부터 없었다. 바로 이 사실을 그들은 경험했고 지금도 경험하고 있는 것이다. 대신 '사회의 부재'의 폭로를 은폐하는 치안만이 집요하게 작동하고 있다. 이 역시 그들이 사건 이후의 삶에서 지속적으로 경험하고 있는 것이다. 이런 점에서 다시 강조하자면 이들이 시대의 어둠에 우리보다 먼저 도달한 첫번째 동시대인이다. 다른 말로 하면, 우리가 아직 동시대인이 아닌 것이다.

전태일 열사는 평화시장에서 동시대인이 되고자 하였기에 스스로 산화했다. 정치적 타살을 당한 이들이 그뒤를 이었다. 동시대성을 응시한 존재들이었기에 그것을 은폐하고자 하는 권력에 의해 타살을 당했다. 그뒤에 남겨진 자들, 유가족이 사랑하는 이의 죽음에서 동시대성을 보았다. 그리고 지금, 이 동시대인의 계보를 잇고 있는 사람들이 사회적 참사의 유가족이다. 사회가 존재하고 정치가 작동할 것이라고 기대했다 처참히 배신을 당한 그분들 말이다. 그리고 그 정치와 사회를 끈덕지게 호출하면서 스스로가 이 시대의 동시대성을 경험하고 있는 그분들 말이다.

전태일 열사의 산화와 함께 한국의 지식인과 종교인, 그리고 몇몇 시민들은 처절히 깨달았다. 자신들이 시대의 빛에 눈이 멀어 어둠을 응시하지 못하는 존재라는 것을 말이다. 빛에서 어둠으로 눈을 돌려야 했다. 자신의 모든 감각세포를 활성화하여 어둠을 응시하며 먼저 가버린 분들과 동시대인이 되고자 했다. 그것이 남겨진 자들의 의무였다. 죽고 사라져 이제는 물을 수 없고 답할 수 없는 분들의 삶과 그 의미에 대해 묻고 또 물으며 그들과 동시대인이 되고자 했다. 말할 수 없는 자들에게 묻고 그 답을 듣는 것은 불가능한 일이다. 동시대인이 된다는 것은 그렇게 불가능한 것을 시도할 때 겨우 가능한 것이었다.

그러나 이 시대에 첫번째로 동시대인이 된 세월호 유가족들은 아직 말할 수 있다. 계속 말할 수 있고, 계속 말하고 있다. 그렇기에 자신이 아직 동시대인이 아니라는 것을 깨달은 자는 이들에게 묻고 응답하며 동시대인이 될 수 있다. 관건은 그들에게 무엇을 묻고 무엇을 듣는가 하는 점이다. 우리는 이 책에서 참사 이후 '오늘도 지속되고 있는 삶'을 살아가고 있는 그들에게 무엇을 묻고 있고, 무엇을 듣고 있는가? 여기에 한국사회의 실력이, 심연이 존재한다.

이 책에 함께한 가족

인터뷰를 요청했을 때 마음을 내어준 57명의 세월호 유가족과 생존자 가족에게
깊은 감사를 전합니다.

희생학생 가족

고영환 (고우재 아빠)

김광배 (김건우 아빠)

김금자 (임요한 엄마)

김명임 (곽수인 엄마)

김순길 (진윤희 엄마)

김연실 (정차웅 엄마)

김정윤 (김건우 아빠)

김정해 (안주현. 엄마)

김종기 (김수진 아빠)

문연옥 (이태민 엄마)

박보나 (박성호 누나)

박요섭 (박시찬 아빠)

박유신 (정예진 엄마)

박은희 (유예은 엄마)

박정화 (조은정 엄마)

박혜영 (최윤민 엄마)

성시경 (김혜선 엄마)

안명미 (문지성 엄마)

양옥자 (허재강 엄마)

오병환 (오영석 아빠)

유경근 (유예은 아빠)

유영민 (유혜원 아빠)

유점림 (이지민 엄마)

유해종 (유미지 아빠)

유희순 (김호연 엄마)

윤경희 (김시연 엄마)

윤옥희 (김웅기 엄마)

은인숙 (강승묵 엄마)

이미경 (이영만 엄마)

이영수 (이영만 형)

이영옥 (박수현 엄마)

이우근 (이정인 아빠)

이지성 (김도언 엄마)

이지연 (김제훈 엄마)

임영애 (오준영 엄마)

임종호 (임세희 아빠)

장 훈 (장준형 아빠)

장순복 (이준우 엄마)

전 옥 (남지현 엄마)

전명선 (전찬호 아빠)

전수현 (오경미 엄마)

전인숙 (임경빈 엄마)

정부자 (신호성 엄마)

정성욱 (정동수 아빠)

정유은 (김주아 엄마)

조순애 (강 혁 엄마)

최경덕 (최성호 아빠)

최순화 (이창현 엄마)

최지영 (권순범 엄마)

한재창 (한세영 아빠)

홍영미 (이재욱 엄마)

생존학생 가족

김성한 (김소진 아빠)

문석연 (이시원 엄마)

박윤수 (박소희 아빠)

장동원 (장애진 아빠)

희생교사 가족

김성욱 (김초원 아빠)

최재규 (최혜정 아빠)

그날이 우리의 창을 두드렸다
세월호의 시간을 건너는 가족들의 육성기록

초판 1쇄 발행/2019년 4월 10일
초판 3쇄 발행/2019년 5월 7일

지은이/416세월호참사 작가기록단
펴낸이/강일우
책임편집/이하림 홍지연
본문디자인/장상호
조판/박지현
펴낸곳/(주)창비
등록/1986년 8월 5일 제85호
주소/10881 경기도 파주시 회동길 184
전화/031-955-3333
팩시밀리/영업 031-955-3399 편집 031-955-3400
홈페이지/www.changbi.com
전자우편/human@changbi.com